中关村绿色国情与战略研究系列丛书

环保风暴的理性回归

曹凤中　刘伟生　徐　云　著

中国环境科学出版社·北京

图书在版编目（CIP）数据

环保风暴的理性回归/曹凤中，刘伟生，徐云著．—北京：中国环境科学出版社，2011.9

（中关村绿色国情与战略研究系列丛书）

ISBN 978-7-5111-0502-8

Ⅰ．①环… Ⅱ．①曹… ②刘… ③徐… Ⅲ．①环境影响评价法—研究 Ⅳ．①D912.6

中国版本图书馆 CIP 数据核字（2011）第 027704 号

责任编辑 高速进
责任校对 扣志红
封面设计 玄石至上 梁楚晗

出版发行 中国环境科学出版社
（100062 北京东城区广渠门内大街 16 号）
网　　址：http://www.cesp.com.cn
联系电话：010-67112765（总编室）
发行热线：010-67125803，010-67113405（传真）
印　　刷 北京中科印刷有限公司
经　　销 各地新华书店
版　　次 2011 年 9 月第 1 版
印　　次 2011 年 9 月第 1 次印刷
开　　本 787×1092 1/16
印　　张 14.25
字　　数 290 千字
定　　价 48.00 元

前言

从 2009 年末哥本哈根气候大会的博弈，到 2010 年底的坎昆会议虽坚持了《京都议定书》方向，但仍未能完成“巴厘路线图”的谈判，说明当今的环境问题与政治、经济等问题紧密地联系的复杂性。从国内形势分析，环境决策已不单纯是环境污染治理、生态保护，还直接涉及经济发展与政治改革。正是在这个大背景下，中关村绿色国情与战略研究小组应运而生，主要致力于研究我国经济、环境、社会的宏观战略。

解决中国环境问题的关键在于环境保护必须进入宏观决策程序，首先应以国家的发展战略为指导，开展战略环境影响评价，从经济发展的源头控制环境问题的产生；树立经济与环境融合的理念，建立经济与环境融合的协同决策程序，协同决策的结果使各个部门实现联动，使解决环境问题成为各个部门的共同目标，成为全国人民的共同行动。

“区域限批”实施的经济与环境捆绑式实施机制，是经济与环境协同决策的创新。

就环保风暴而言，可以在很短的时间内，集中了政府、人大、政协、公众的力量，形成巨大的浪潮，冲击违反环境评价法的相关事件，涤荡着单纯追求 GDP 的思想意识和行为，唤起保护“生存性环境权益与发展性环境权益”的爱国热情。在风暴过程中，冲破了部门利益与地方保护势力的羁绊，在地方政府的领导下，建立了以地方环境保护局牵头，有关部门组成的联动机制，在一定限度内解决了违反环境保护法的行为，也在一定程度上解决了某些遗留的老大难环境污染问题。

环保风暴一方面与法制相悖，一方面运动式管理只能是短期行为，运动一来暴风骤雨，风暴一过去，不少现象又恢复原态，弊端依然存在。因此，完善法制建设，建立与其相适应的机制与体制等才是根本的选择。从现实来看，环境影响评价法的执行与否，关键在于地方政府的环境行为，所以对地方政府建立有效的问责制非常必要，这是建立长效机制的最佳选择，所以说环保风暴需要理性回归。

从我国目前的情况看，如何执行区域限批政策，尚需深入研究区域限批政策的体系、理论基础并进行政策试验，提出中国环境影响评价执法模式进一步改进的途径。

解决经济与环境矛盾的关键是把环境保护融合到经济发展之中，最佳切入点是环境影响评价。

环境影响评价工作，是环境与经济发展融合的结合点，因为环境影响评价是把环境保护的要求直接落实在经济发展上，因此，对环境影响评价进行制度设计，是解决机制与体制缺失的现实选择。

2010 年 3 月 11 日，环境保护部副部长张力军就节能减排和应对气候变化问题答记者提问。有记者问：为什么我们见不到“环保风暴”了？还有一些意见认为最近几年来环保部报喜不报忧的情况又开始抬头，您如何看待？张力军回答：环境保护工作不是靠一两个“风暴”就能从根本上解决问题的[①]。环境保护涉及经济、环境、政治、社会各个学术领域，涉及国民经济的各个部门，环境问题的解决，绝不是靠

① 人民日报，2010-03-11.

一两个风暴就能解决的。

“环保风暴”是实施“区域限批”等环境影响评价政策措施之一，本来就是环境保护部门的正常执法行动，在初次实施时被媒体炒作为“环保风暴”。风暴过后，2009年6月11日，环境保护部对两大电力巨头——华能集团和华电集团，开出了历史上最严厉的环评罚单，暂停审批两家企业除新能源及污染防治项目之外的建设项目。一些地方政府也推行了区域限批政策，如唐山市政府决定，对2010年6月30日前完不成治理达标任务，私自继续违法生产、排污，未通过环保部门验收的单位，除采取高压措施断水断电，予以关停外，凡发现未按期整治到位而擅自恢复生产的企业，对其所在县（市）区实行环保目标考核“一票否决”，直至区域限批。这是环境保护部门正常的执法行动，可以说这是环保风暴的理性回归[①]。

由于我国经济的快速发展，今后工程建设项目仍然会存在一些较为突出的环境保护问题：“未批先建”等违法行为屡禁不止，规划未依法进行环评就通过审批，个别地方监管措施软化。因此，采取区域限批等政策，还需要持续不断地进行，力度还需继续强化。

“区域限批”直接剑指钢铁、电力、冶金等违规建设的项目，“株连”受罚地区其他项目，产生的轰动效应令公众感到欢欣鼓舞，政府与公众都习惯了运动式管理的模式。从表面上看是环境保护与经济发展的博弈，而从更深的层次剖析是局部与全局的博弈、政绩与民生的博弈、强势集团与政府监管部门之间的博弈。要深层次解决这些问题，不可能依靠一两次风暴就能解决，环境保护问题的根本解决必须从机制与体制上着手。

① 曹凤中. 限批风暴大见长效　环评需要长效机制[J]. 陕西环境，2008（4）：11.

2011年6月3日，环境保护部李干杰副部长在国务院召开的新闻发布会上指出，不断深化项目环评对不符合要求的59个项目不予受理、暂缓审批或退回报告书，涉及总投资904亿元，给低水平重复建设和产能过剩项目设置了不可逾越的“防火墙”。

世界将掀起新一轮的科技革命、产业革命，形成新能源、绿色经济等一系列竞争浪潮。长期持续的高速经济增长与资源能源、环境保护的矛盾日益突显。过去不平衡的经济结构和粗放的经济发展方式，将难以适应后危机时代的国际竞争和国内又好又快发展的需要。要改变这种局面，必须转变发展方式，必须降低经济发展的速度，提高经济发展的质量。环境保护工作面临新的挑战与机遇，环境影响评价工作在推进经济结构调整和优化升级，扶持战略型新兴产业发展方面，将会起着重要作用，为此，必须尽快提高环境影响评价工作的质量，才能适应新的形势。

作　者

2011年6月18日

目 录

第一章

环境问题与环保风暴

2005 年 1 月 18 日，在我国环境保护发展史上写上了新的一页，这一天国家环境保护总局掀起了震撼全国的环保风暴。时任国家环保总局局长解振华在 2005 年全国环境保护工作会议上说，国务院总理温家宝在讨论《政府工作报告》时说："环保总局现在也动真格了，查处了一批违规上马的项目，非常好！"解振华还对专程来京参加会议的各地局长们说："曾培炎副总理也很支持我们的这次行动。"[①] 两会委员们认为，环保风暴刮得好，但如果各地将环保法规不折不扣地施行，并把环保问题变成每个单位、每个地方政府必须要考虑的因素，只要正确处理好环境保护和经济发展的关系，"鱼"和"熊掌"是可以兼得的[②]。

一、国家环境保护管理部门掀起了震撼全国的环保风暴

（一）第一次环保风暴

2005 年 1 月 18 日，国家环境保护总局宣布停建金沙江溪洛渡水电站等 13 个省（市）的 30 个违法开工项目，并表示要严肃环保法律法规，严格环境准入，彻底遏制低水平重复建设和无序建设。掀起了第一场震动全国的"环保风暴"。

被国家环境保护总局亮"红牌"紧急叫停的 30 家违法违规环评项目名单，几乎全是投资额上亿元甚至数十亿元的电力大项目，有的甚至是经国务院或其他部委批准立项的。这是《中华人民共和国环境影响评价法》（以下简称《环境影响评价法》）实施后国家环境保护总局首次大规模对外公布违法开工项目。

这些项目包括装机容量仅次于三峡工程的国家发展战略性项目金沙江溪洛渡水电站，包括为三峡工程配套的延伸性投资项目，牵涉到 8 个省、三大电力公司以及与国家环保总局同属部级单位的长江三峡工程开发总公司，堪称史无前例。

掀起"环保风暴"，在中国环保史上是史无前例的，不仅让人感到耳目一新，

---

① 温总理肯定"环保风暴" 2007 年列入官员政绩考核. 第一财经日报，2005-01-28.

② 代表委员谈"环保风暴"：鱼和熊掌可以兼得. 人民日报海外版，2005-03-07.

而且更让民众感到振奋，受到鼓舞。这场风暴既提高了公众的环境意识，促进政府民主管理意识的增强，同时把环境理念、管理体制、机制、技术和方法中的薄弱环节暴露出来，使人们对生态、对建设、对工程、对科学带来不尽的启迪和反思。

这一执法行动给地方政府和大中型企业上了一堂生动的环保课，维护了法律的尊严。企业不能忽视法律的存在，否则将会受到惩罚。

“环保风暴”对以后的环保工作会带来深远的影响。这次执法行动是一块敲门砖，会启动随后的一系列公众听证、战略环评、环评的公正性等改革。在中国发展方向选择的关键时刻，通过公开的争论将把各种得失利弊展现在公众眼前，会帮助公众理解“科学发展观”的深刻含义，理解经济与环境融合的必要性，理解实施经济与环境捆绑式机制的必要性，并求得最大限度的社会共识。这次环保风暴，显示的不仅是政府坚决推进环境治理的决心，更重要的是让公众看到：环保部门的职责意识和使命意识不会因为各种压力而动摇，不少人还是第一次对环保法律重视起来。这一举措标志着环境影响评价制度和公众参与得不到落实、缺乏沟通渠道的局面开始发生变化。

（二）第二次环保风暴

2005 年 11 月 13 日，中国石油吉林石化公司双苯厂苯胺装置发生爆炸，爆炸事故区域排出的含有 100 吨左右苯、苯胺、硝基苯等的污水流入松花江水体，造成了松花江水污染的重大环境事件。“11·13”爆炸事故导致的松花江污染案件成为刮起第二次“环保风暴”的直接起因。

自松花江事件之后仅仅 4 个月，全国又发生了 73 起与水相关的环境污染事故，环境形势非常严峻。一系列严重的突发环境事件，对公众健康、社会稳定、经济发展甚至外交局势均造成重大损失。为消除化工、石化行业环境风险隐患突出的问题，国务院要求国家环保总局对全国化工企业进行集中的拉网式排查。

2006 年 2 月 7 日，国家环保总局决定对 127 个分布在环境敏感区附近的化工类项目进行环境风险排查。排查结果显示，我国现有化工企业 2.1 万多家，其中沿长江、黄河分布的占 50%以上，存在安全隐患的企业有 100 多家。一些工业园区和化工企业沿江河湖海建设，存在较大的环境安全风险；一些企业建在城市饮用水源上游，或紧邻居民区，对群众生产生活安全构成了威胁。

2006 年 4 月 5 日，国家环境保护总局通报了对 127 个化工项目进行的环境风险排查中期结果——由国家环保总局直接排查了总投资为 605.7 亿元的 20 项。排查结果显示，81%布设在江河水域、人口密集区等环境敏感区域，由于相应的防范机制存在明显缺陷，有 45%的化工石化项目被视为重大风险源。

以上事实及其预示，使企业的守法意识极大增强，建设项目的环评执行率明显提高，社会各界对环评工作的意义有了充分的认识。一些化工大省根据本省实际情况出台了地方环保法规，江苏省制定了《全省化工生产企业专项整治方案》，浙江省出台了《浙江省突发环境污染事故应急预案编制导则（试行）》等。

国家环境保护总局和监察部联合发布《环境保护违法违纪行为处分暂行规定》，把环境保护和治理当作考核各级政府官员的指标，作为干部选拔任用和奖惩的依据之一。

（三）第三次环保风暴

2007 年 1 月 10 日，国家环境保护总局发动了第三次环保风暴，通报了投资 1 123 亿元的 82 个严重违反环评和“三同时”制度的钢铁、电力、冶金等项目，并首次使用“区域限批”①的办法，对唐山市、吕梁市、莱芜市、六盘水市 4 个城市及国电集团等 4 家电力企业处以“区域限批”的制裁，以遏制高污染产业盲目扩张。

消息传出后，很多人把注意力集中到 82 个项目和区域限批的问题上，却忽视了一个关键性的新闻点：2006 年，国务院年初提出的能耗降低 4%、污染物排放量降低 2%的目标并没有实现。

这意味着“十一五”期间单位 GDP 能耗降低 20%的目标必须在余下的 4 年内完成，每年要降低 5.4%，但这几乎难以实现。

由于经济增长方式没有根本转变，固定资产投资仍然过高，其中很大一部分又是高耗能、高污染行业。一些地方政府领导和企业负责人对加强环保“口惠而实不至”，虽然签订了目标责任书，但并没有切实履行污染削减承诺，虽然建了治污设施，但并不正常运行。

重大环境污染事件的原因，表面看似责任在企业，实则其根源在当地政府。地方保护主义浓厚，“政府不作为”是导致污染事件的根本原因，有关政府和部门负责人应负重要责任。

（四）第四次环保风暴

2007 年 7 月 3 日，针对国内当前严峻的水污染形势，国家环境保护总局即日起对长江、黄河、淮河、海河四大流域部分水污染严重、环境违法问题突出的 6 市 2 县 5 个工业园区实行“流域限批”；对流域内 32 家重污染企业及 6 家污水处理厂实行“挂牌督办”。

运用市场手段是此次环保风暴区别于以前三次的最大不同。环保总局和中国银监会出台绿色信贷政策，未执行环评审批和验收的项目、未按环保审批要求落

① 所谓“区域限批”，是指如果一家企业或一个地区出现严重环保违规的事件，环保部门有权暂停这一企业或这一地区所有新建项目的审批，直至该企业或该地区完成整改。

实环保措施而被环保部门查处的企业将不能得到各金融机构的信贷支持。以此为开端，环保总局将联合更多部门在近年内研究出台绿色保险、绿色证券、绿色财税等一系列新政策，最终建立全新的环境经济政策体系，结合行政与市场的力量来遏制污染恶化趋势。

在日益受到重视的环境保护问题上，证监会监管部门的审核包括冶金、化工、石化、煤炭、火电、建材、造纸、酿造、制药、发酵、纺织、制革和采矿业等重污染行业；上市公司再融资必须符合三年内未受到环保部门处罚的硬性条件。此外，本次募集资金投资于重污染行业的，需取得环保部门出具的符合国家环保政策的确认文件或环境评价报告的批复。

2007 年 7 月 1 日起，《财政部、国家税务总局关于调低部分商品出口退税率的通知》开始实施。针对 2 831 项商品的出口退税政策开始实施的新标准，进一步取消了 553 项“高耗能、高污染、资源性”产品的出口退税，降低了 2 268 项容易引发贸易摩擦的商品的出口退税率；并将 10 项商品的出口退税改为出口免税政策。这次调整涉及 2 831 项商品，约占海关税则中全部商品总数的 37%。

通过上述政策调整的趋势不难发现，国家环保总局、央行、银监会、证监会、保监会、财政部、税务总局、海关总署等部委的通力携手，对于构建绿色环境政策体系不可或缺。而通过相关政策的尽快出台及实施，从市场要素配置层面实现“节能减排”和产业结构、经济增长模式的转变，已成为国务院宏观调控的共识。

环保风暴对于触动地方各级政府、提高社会的环境意识和觉悟都有重要作用。但要想真正改变经济发展对环境损耗的多年积弊，还需要一个长期的过程。2007 年 1 月 10 日，国家环境保护总局通报了全国 82 个环境违法项目，并宣布启动“区域限批”的行政惩罚手段，来遏制高污染高耗能产业的迅速扩张趋势。国家环保总局将对 4 个电力集团、4 个行政区域所有建设项目实行停批、限批。这是环保部门成立近 30 年来首次启用这一行政惩罚手段。

环保总局指出，环境违法的背后，是一些地方和行业受到了地方利益和部门利益的驱动。国家督察组在湖北的抽查结果直接印证了这一判断：一些地方政府不仅不支持环保执法，还出台了很多干扰和限制环保执法的“土政策”，成为环保执法的一大绊脚石。

（五）2009 年的区域限批行动

2009 年 11 月，国家环境保护总局升格为环境保护部后决定，暂停审批金沙江中游水电开发项目、华能集团和华电集团（除新能源及污染防治项目外）建设项目、山东省钢铁行业建设项目环境影响评价，以遏制违法建设及“两高一资”重复建设项目。环保部还叫停了上述地区和企业涉及的 5 个项目，这些项目的主要工程均被责令停止建设，部分项目被要求对环境影响进行补充论证并进一步完善。

环境保护部这些“叫停”处理的执行和实际效果值得关注。此前，环保部暂停审批或责令整改的项目存在执行不力或简单整改后迅速恢复上马的现象。

这是环保部升级为部委以来，在国际金融危机中要“保增长、上水平、调结构”的大背景下采取的保证国家目标实现的重要措施。这不是突然行动，而是环保部常态的业务，今后应形成制度向社会公布。虽然对某个具体的投资者暂停审批，没有给太多的“限期整改”空间，但这是经过反复论证作出的成熟决定，体现了政府的决心。

以山东为例：山东省是我国钢产量大省和环境问题突出的地区之一，暂停审批钢铁行业建设项目，目的是推动山东省深入贯彻国务院关于钢铁产业调整和振兴规划，调整钢铁行业产业结构，加快淘汰落后产能，转变发展模式，加大建设项目环境违法行为整治力度。环境保护部要求，各地方必须依法审批建设项目环评，不得以简化审批、缩短审批时间为借口，降低环境保护要求，特别要严格控制“两高一资”、产能过剩等项目环评的审批，严厉查处违法建设破坏环境行为。环保部的通告称，日照钢铁的违规项目不符合《钢铁产业发展政策》，在没有经过环评审批的情况下，于 2006 年开始建设，烧结机、球团生产线、高炉、转炉等主要设施，并在 2006 年底陆续建成投运，目前除 2 150 mm 热轧带钢生产线基本建成未投产外，其余主体设备均已建成投产。山东省政府决定暂停新建设项目审批，并追究有关责任人的责任。

从 2009 年开始，区域限批已被纳入环境保护管理部门的正常执法渠道。

二、区域限批政策必然性分析

（一）环境污染严重，我国已经进入环境污染事故高发期

中国环境保护虽然取得明显进展，但环境形势依然严峻。“十五”环境保护计划指标没有全部实现，二氧化硫排放量比 2000 年增加了 27.8%，化学需氧量仅减少 2.1%，未完成削减 10%的控制目标。淮河、海河、辽河、太湖、巢湖、滇池（以下简称“三河三湖”）等重点流域和区域的治理任务只完成计划目标的 60%左右。主要污染物排放量远远超过环境容量，环境污染严重。全国 26%的地表水国控（国家重点监控）断面劣于水环境Ⅴ类标准，62%的断面达不到Ⅲ类标准；流经城市 90%的河段受到不同程度污染，75%的湖泊出现富营养化；30%的重点城市饮用水源地水质达不到Ⅲ类标准；近岸海域环境质量不容乐观；46%的设区城市空气质量达不到二级标准，一些大中城市阴霾天数有所增加，酸雨污染程度没有减轻。

全国水力侵蚀面积 161 万 km^2，沙化土地 174 万 km^2，90%以上的天然草原

退化；许多河流的水生态功能严重失调；生物多样性减少，外来物种入侵造成的经济损失严重；一些重要的生态功能区生态功能退化。农村环境问题突出，土壤污染日趋严重。危险废物、汽车尾气、持久性有机污染物等污染持续增加。应对气候变化形势严峻，任务艰巨。发达国家上百年工业化过程中分阶段出现的环境问题，在中国已经集中显现。中国已进入污染事故多发期和矛盾凸显期。

2005 年 11 月 13 日松花江水污染事件发生后，又发生了广东北江镉污染事件、辽宁浑河抚顺段水质酚浓度超标事件、广西红水河天峨段水质污染事件、湖南湘江株洲和长沙段镉污染事件、河南巩义二电厂柴油泄漏污染黄河事件和江西赣江水域油轮起火事故污染事件。以上多起环境事件进一步说明，由于布局性的环境隐患和结构性的环境风险，我国在今后一段时期内，突发性环境事件的高发态势仍将继续存在，加强环境监管，强化环保执法势在必行。

“十一五”主要污染物减排目标提前实现，2006—2009 年，全国化学需氧量和二氧化硫排放量分别下降9.66%和13.14%。部分环境质量指标持续好转，与2005年相比，2009 年环保重点城市空气二氧化硫平均浓度下降 24.6%；七大水系国控断面Ⅰ～Ⅲ类水质比例提高 16.1 个百分点。

在 2011 年 6 月 3 日国务院新闻发布会上，环境保护部李干杰副部长说：2010年我国部分环境质量指标好转。但是，环境总体形势依然十分严峻，面临许多困难和挑战。

（二）我国环境影响评价法的立法力度软化

《环评法》很多条文的规定过于原则，在实际操作中不易执行，在一定程度上导致规划环评在当时仍停留在试点阶段，难以在法律规定的范围内全面展开。例如，如何保证“将环境影响报告书结论以及审查意见作为决策的重要依据”，我们难以在现有的法律、法规中找到明确的答案。缺乏切实可行的、可操作的措施和规定，既影响到规划环评的执行到位，也容易使规划环评成为“走过场”的一种形式。违反规划环评的罚则过于简单，难以体现罚过相当的法律原则，未能形成足够的威慑力。

（三）我国环境影响评价法执法力度软化

导致制度失败的原因有很多。环境制度失败的思想根源在于狭隘的经济增长主义。我们的一些地方政府官员将经济建设与环境保护对立起来，以单纯追求GDP 为荣，而没有认识到环境与经济发展是息息相关、相辅相成的，正像世界银行在中国发展战略报告中提到的：倘若没有蓝天碧水，雄心勃勃的奋斗目标也是空洞的胜利。

近年来，我国环境立法体系逐步完善，主要环境保护领域都有法可依，但制定法律并不是立法的目的，提高环境法律实施有效性才是解决环境问题的关键。一般来讲，环境保护法存在细则不细，力度不够等问题。

在环境保护领域有法不依、执法不严在一些地方已经成为常见的现象。以全国人大的环保执法大检查为例，1989—2006年进行执法大检查18次，成绩不小，但查到的违法情况也不少。事实说明，我国环境法律存在实施有效性不足的问题。

市场失灵，我国市场制度下环境资源的价值无法通过市场交易方式（成本—效益）反映出来。如燃煤发电厂排出的废气物污染了环境，却不需要为此付费，这就是外部不经济性从而造成“市场失灵”。

政府失灵，我国地方政府追求GDP的狂热始终高调，政府的本能应是追求公平与正义，但是从来都是服从于效率。政府决策的结果往往是利益集团竞争均衡的产物。因此，实践中政府经常发生的两个行为是“不需要政府干预时的干预”和“需要政府干预时的不干预”。前者突出表现为政府任意干涉，一些损害生态环境的违法案件很难依法严惩。《中华人民共和国环境保护法》（以下简称《环境保护法》）被公认为“软法”，即使借助媒体和公众的力量，业内人士仍然对《环境保护法》的执行力度和效果表示怀疑。在一般情况下，“说停都是虚的”，被叫停的项目中，比如江苏太仓环保四期、宁夏石嘴山电厂项目都在照样施工，有的甚至已经开始发电。后者则突出表现为政府对一些破坏生态资源的行为缺乏必要和及时的公共管制。今日频频发生的“环境危机”和“生态灾难”，正是政府长期对环保重视不够，宏观调控失效的结果。

三、环保风暴运动式执法模式的弊端分析

新中国成立以来，国家通过各种“政治运动”，动员群众，达到某些目的。改革开放以后，已经杜绝了“政治运动”。但是由于“思维的惯性”，有些人还是自觉或不自觉地采用“运动式”的方式解决一些重大问题，例如“环境保护的运动式执法”，“运动”一来“作假”对付，“运动”以后一切照旧。

环境保护运动式管理具有两个显著的特点：它是一场短期内政府最大限度地动用自身资源，来应对某些“久治不愈”的管理顽症的集中清理整顿；这场急风暴雨式的执法与治理运动往往能够在随后的一段时间内获得良好的效果，但很快又将恢复平静，某些环境保护管理漏洞依然没能完全填补。

（一）环境保护运动式管理存在的问题

第一次环保风暴发生在2005年初，但我国环境保护执法大检查由来已久，环保专项执法行动从2004年4月底持续到11月底，全国共出动执法人员131万人次，检查企业60万家次，立案查处环境违法问题2.7万件，取缔关闭违法排

污企业 6 462 家，责令停产治理 3 861 家、限期治理 6 755 家，处理有关责任人 155 名[①]。2006 年 5—6 月，全国人大常委会将紧紧围绕建设资源节约型和环境友好型社会这一主题，对过去 3 年来已经检查过的《中华人民共和国固体废物污染环境防治法》（以下简称《固体废物污染环境防治法》）和《中华人民共和国水污染防治法》（以下简称《水污染防治法》）的实施情况及所提改进建议的落实情况进行一次跟踪检查，同时检查《中华人民共和国大气污染防治法》（以下简称《大气污染防治法》）的实施情况。2006 年 6－7 月湖南省进行了环境保护执法大检查，这次执法检查的重点是：环保职责履行与法规执行情况，工业废水和城市生活污水治理情况，大气污染防治情况，医疗机构等固体废物污染防治情况，高能耗、重污染企业停产情况，环保项目审查落实情况，以及环保执法到位情况与环保三年行动计划实施情况。其他各省也大多开展了此项工作。

环境保护执法大检查，可以说这是具有中国特色的一种执法形式。每年都查出一些企业“偷排污水”和违背环境影响评价法的“新建项目”，一些小煤矿、小化工、小炼焦等，禁而不止……这说明“环境保护执法失灵”是一种常见现象，已经是“见怪不怪”了。值得可喜的是自从 2004 年以后全国性的执法大检查已经收敛了。

国家早在 1994 年 5 月 24 日就正式宣布治理淮河污染，1999 年采取所谓“零点行动”以后，工厂全部停工，不准排污，用自来水冲洗河道……为了在“零点”达标，地方上什么办法都用上了。可是由于并没有从根本上堵住污染源，没有实行治污责任的经济补偿制度，没有建立起排污的责任追究机制等，光靠运动式的治理，靠行政命令式的单方推动，不考虑地方的经济发展，不考虑企业的治污成本要根治淮河污染之痼弊，显然勉为其难。靠上级政府高压态势下的暂时关闭停工，一旦“零点行动”过后，污染必然故态复萌，甚至变本加厉。最近几年也已经有所好转，但说明了一个深层次的道理，环境问题的解决不能靠政治口号，不能靠热情，要按科学规律去办。

在国家“十一五”发展规划中明确提出节能减排的目标，在经济快速发展与环境保护执法失灵的情况下，能完成我们的目标吗？这不得不引起我们对环境保护运动式管理模式的深思。

（二）环境保护运动式管理模式弊端的剖析

1. 运动式管理只是表面上达到环境保护目标，不考虑经济、技术可行性

一些地方赖以发展的企业多是污染严重的重工业，而且越是经济落后的地区，对于污染企业的依赖性越大，要他们关闭这些污染企业，无疑等于断了财政来源，夺了百姓的饭碗。在眼前的生存危机和未来的长远利益面前，地方政府往

① 国家环境保护总局. 污染反弹 环境执法面临挑战. 人民日报，2005-03-03.

往会选择前者而不是后者。笔者到甘肃省东乡县考察时，有人说：“环境污染影响到子孙后代，但是我们如果不在污染企业上班，就得饿死，哪还谈什么子孙后代。”在贫困地区，污染企业有一定的市场。对应运动式的环境管理模式，当地政府常常轻车熟路，得心应手，不仅善于以大呼隆的造势迎合上级，而且长于靠人海战术式的花架子应付检查和验收，声势很大，检查之后，依然如故。但不同的是，有些地方通过学习科学发展观，依靠科学技术的进步，逐步进行产业结构的调整，在发展经济的同时，环境质量反而有了很大的提高。

作为企业，当治污的成本直接影响到经济效益时，同样会喜欢运动式的检查。因为事实告诉人们，运动式管理的风头一过，排污照旧。于是有排污设施的不加以利用，没有的更是通过明排、暗排，将污染一排了之。更何况，企业违法的成本比它依法办事的成本要低多了。它宁可违法，宁愿交排污费，也不治污。

2. 运动式管理的协调机制是临时性的，没有建立长效机制

运动式的管理，一旦“达标”，就达到了目的。于是我们看到，在治淮过程中，达标过后一旦出现问题，淮委称自己只是一个行政管理部门，在事故处理上并没有太多的执行权。污染下泄事故一旦发生，上游、中游和下游之间就开始了由谁承担责任的争论。安徽向河南讨损失，江苏又向安徽要说法。而在推诿扯皮中，使真正的肇事者逃离了惩罚，使补救措施失去了最佳时机，更使受害者的赔偿遥遥无期。运动式管理中的高效运转、携手联动，由于并没有形成日常的制度规范，在运动过后就变成了推三阻四，低效低能的处理工作模式。

3. 运动式管理，造成“运动不止，问题不止”

运动式管理是基层部门发现问题后汇报给上级部门，经过层层传递后呈送给最高决策机构，再由决策机构发出命令后下达到基层部门，最后进行大规模行动。这种社会管理方式的成本之高，投入产出效益的反差之大，以及“运动不止，问题不止”的恶性循环，都使得运动式执法成了违背市场价值规律的奢侈品。同时，运动式执法也是与法制相悖的，因为运动式执法屡屡出现的根源所在就是某些政府职能部门在日常监管中的无所作为甚至“反作为”，有法不依、执法不严，环境保护法规不健全，组织结构不合理，集权式管理，腐败与官僚主义，信息沟通渠道不畅，人力资源配置失当等。而运动式管理的短期效果，又客观上助长了那些职能部门的管理惰性。

4. 我国初步建成了环境保护法体系，但可操作性差；立法投入少，执法投入大，执法成本高

我国环境保护法规初步建成了法律体系，但是存在许多问题。一是环境法律体系尚不完备，存在着一些重要的立法空白，如缺少土壤污染、化学品管理、生物安全、遗传资源保护、核安全等法律法规；二是一些环境管理制度不适应需要，一些环境管理制度缺少法律依据，一些环境管理制度的后续工作有待加强等；三是环境法律配套滞后，不少环境法律的条例、规章、标准、政策迟迟不能出台，影响了法律的贯彻执行；四是缺少一部专门约束政府行为的环境法律，地方保护干扰正常执法现象普遍；五是环境民事赔偿尚无法律依据，弱势群体受到环境损害后得不到必要补偿；六是环境损害社会保险的法律缺失，一些重大环境事故的后续补偿无经费来源，其后果只能由国家负担或由受害群众分摊；七是环境法律法规中的处罚力度弱，缺乏强制手段，表现为违法成本低，守法、执法成本高，取证难、举证难、执行难。

20 世纪 80 年代初，我们国家制定一个环境标准一般投入经费 20 万元，制定或修订一个污染物防治法大约一二百万元。立法投入少，制定的法规太宏观，可操作性差，给执法造成了很大的障碍。全国一年环境保护执法大检查动员上百万人次，投入几十亿元，真是“本末倒置”。进入 21 世纪，这种情况有所改变。

“运动式管理”这种自上而下的管理方式越来越无法适应全新的市场环境。以往计划经济下的中国是“大政府、小社会”，政府拥有足够的强有力的行政管理权力和资源，能够应对社会中出现的问题，但我们已经身处一个各种生产要素日益活跃的市场经济社会。环境保护运动式管理已走到了生命的尽头。无论是政府还是公众，都会发现这种自上而下的突击管理方式越来越无法适应当下全新的市场环境。

（三）环境保护运动式执法背离了法制的基本原则

作为政府职能部门，在特定时期针对本行业领域内的突出问题，组织专项集中行动，统一开展执法大检查，看上去并无不妥。

从法治角度来看，环境保护污染事件在曝光之前没有将污染的情况检查出来，是环境保护部门的监管失职，放纵了企业的违法行为；在曝光之后不问青红皂白，进行封杀，是环境保护部门滥用职权，侵害了合法企业的依法经营。这两种情况下，环境保护部门都要承担相应的责任。

前者应当追究环境保护部门监管者失察之责，严重甚至构成渎职犯罪；后一种情况，受侵害的厂家可以提出行政赔偿诉讼，因为环境保护监管部门在尚未确定污染的具体程度下，就要求停产，违背了行政处罚先取证后处罚原则。

目前的问题是有些地方政府保护污染企业，使环保部门不能正确进行执法。只要环境保护部门能够严格依法办事，正确履行法定职责，绝大多数问题可以得到有效解决，不需要也不必要依靠那种自上而下的集中行动和统一大检查来推进工作。

由于环境问题涉及国民经济的各个部门，还涉及上层建筑，今后应当健全环境保护立法体系，做好实施细则，建立权威的多元化环境执法队伍，创建环境保护管理的长效体制与机制。

（四）环境保护运动式管理模式是计划经济时代的产物

在计划经济时代，用以规范各行业健康发展的手段比较单一，行政权力的自上而下集中统一行使往往成为行业监管部门推进工作、解决问题的一种“常态”，行政执法常常按照“问题突出—集中打击—问题再突出—再集中打击”的逻辑展开。随着市场经济体制的逐步建立，法制的日益完善，各行业的管理日益纳入法治轨道，日常的依法办事和规范管理势必要代替以往“齐动员”“一阵风”式的运动式执法模式。

一波又一波的运动式行政执法，例如，环保风暴发生了多次，不能说没有效果。例如，白银市实施限批政策后，白银公司解决了十几年的环境污染问题，白银的天变蓝了！只是这样的监管思路和办法，始终在“违法—查处—再违法—再查处”的循环中打转转。而每经历一轮循环，执法的综合成本更高，违法者的胆儿越大、花样越多。运动式执法把执法异化为临时政策，用以代替长久生效的法律原则，使得法律变为可松、可紧、可宽、可严、可硬、可软的橡皮泥。“由于运动式行政执法具有临时性和反复性的特点，有时其打击违法的长期效益并不明显。运动式执法方式产生的根源在哪？有关部门为什么会青睐这种执法方式？就执法体制而言，我国环境保护行政执法权横向分散，职权交错，多头执法，出现管理‘真空’现象。而面对处于市场经济中的环境保护工作而言，由于环境保护立法可操作性太差，执法资源又显得缺乏，在这种情况下，各执法部门通力合作，集中人力、物力、财力的运动式行政执法方式往往容易得到认同。”

政府应当告别那种运动式执法的管理思维，以更加科学和理性的方式摸索市场经济的规律所在。深层次解决环境保护的机制与体制问题，只有这样，我们才能真正避免一次又一次的“环境污染事故”，才能摆脱不断重复的事后整顿的怪圈。

四、环保风暴的理性回归

（一）抛弃运动式管理的思维惯性，把区域限批纳入正常的执法渠道

中国特色的环境保护执法模式应是环境保护执法的长效机制与短期的环保风暴相结合。地方政府追求 GDP 的力量是顽强的，本质不会改变，通过几次风暴想解决问题那是把经济发展与社会关系的复杂性看得太简单了。我们的环境保护的机制与体制没有适应经济发展的形势，是一个弱势部门，执法不力的现象屡见不鲜。必要时实施区域限批政策，在短期内动员一切力量，形成威慑力，解决突出的环境问题。

但是建立长效机制①是环境保护工作的根本所在，建立与我国经济发展相适应的环境保护机制与体制是我们的追求。

（二）完善环境保护法律体系，加大执法力度

当前，有些地方主要领导仍然存在唯 GDP 至上的思想，致使地方保护主义严重，甚至出现不惜以牺牲环境为代价换取短暂经济增长的现象，给基层环保部门的执法带来极大的困难和不利影响。

今后 5～10 年，中国将修改多部环保法律法规，并增加新的法律法规，形成完备的环境法律法规标准体系。为了解决环保法律法规太“软”的问题，《环境保护法》将作“根本性”修改，并将有望上升为国家基本法。

环境保护部继续强化从中央到区域到地方的执法机构。

建立一套完整的环境经济政策体系，利用市场的力量遏制污染。绿色信贷政策，未执行环评审批和验收的项目、未按环保审批要求落实环保措施，依法被环保部门查处的企业将不能得到各金融机构的信贷支持，已发贷款也将被追回。以此为开端，环境保护部将联合相关部门以最快速度就绿色财税、绿色保险、绿色证券进行研究，并出台一系列环境经济政策。环保风暴属于政府行为的外部性②，政府规制与政府行为外部性的有机结合有利于环境污染问题的解决。

（三）改革现行环保行政管理体制

改革现行的环保体制是一个长期的命题，其基本思路：一是环保行政体制实行条条管理的试验。以此解决基层环保部门“顶不住”的问题；二是加大环境保护部直属的区域管理中心的职能；三是健全环保管理网络体系；四是建立和完善基层环境监测预警体系和环境监察执法体系。

（四）环境问题的本质是经济问题，环境问题的解决需要改变经济的发展方式

环境问题的实质是经济问题。我国传统的经济发展模式正在改变，从环境影响评价项目审查来看，我国新建的项目，技术水平基本上和国际接轨，污染物排放都达标。关键在于地方控制的量大面小的中小企业，污染相当严重。笔者到邯钢调研，邯钢周围的小钢铁的排污量大于邯钢。在地方保护的情况下，国家很难控制小钢铁的发展，也很难控制农村面源的污染。

---

① 长效机制：是能长期保证制度正常运行并发挥预期功能的制度体系，它必须随着时间、条件的变化而不断丰富发展和完善。长效机制要有比较规范、配套的制度体系；要有推动和监督制度运行的组织。

② 政府行为的外部性是政府行为对其他主体强加了不可补偿的成本或给予了无需补偿的收益的情形。同时，政府行为的外部性又有其特殊性。政府行为正外部性是维持社会经济的稳定与发展的基本条件；而政府行为的负外部性的存在引起了对其内部化的分析。

传统工业化发展方式已使中国资源环境到了难以承受的底线，而传统的治理方式已不能解决积累的环境问题。因此，不符合产业政策的违规项目被责令停止建设和停止生产，例如，在被停止建设和停止生产的项目中，就有投资 6 亿元的年产 20 万吨的铁合金项目。这对于钢铁行业来说，将有效遏制产能的过剩；而对于钢材和钢铁炉料市场而言，也有利于缓解供需矛盾，对国内钢材市场平稳运行无疑会产生积极作用。

2009 年底中央工作会议明确提出，如果不从根本上转变经济发展方式，调整产业结构，我国的资源能源将难以支撑，生态环境将被破坏。

（五）加大公众参与的力度作为建立环境保护机制与体制的突破口

中国的环保事业目前面临的最大问题不是阻力过大，而是动力太小。中国的环保事业必须要依靠政府，但不能过于依赖政府。只有在社会力量与政府层面形成良性互动之后，才能使所谓“环保风暴”深入中国社会的基层，也只有这样才能解决环境保护的机制与体制问题，才能实现经济与环境的融合。

美国的环保风暴就是民间推动的，美国政府出于维持强劲的经济发展，一直对环保持消极态度，拒绝签署《京都议定书》即为例证。但美国人民却日益觉醒，自下而上地发起了全民环保运动。美国民间环保组织或非政府组织对美国整体环境的保护起着主要推动作用。我国公众参与正在发展，环境保护民间组织已经有了 3 000 多个，在解决一些环境污染事件中也起到了一些作用，今后无论从参与的高度上、深度上、广度上都应当给予支持。2010 年 11 月，国务院发布的关于加强法治政府建设的意见中指出，要把公众参与、专家论证、风险评估等作为重大决定的必经程序。

（六）完善多部门联动机制

多部门联动机制，就是在环境管理过程中有效地组织政府内部各部门之间，政府与社会组织之间的沟通与互补，通过信息交流、整合资源、协调行动开展执法行动，从而保障环境保护执法系统的运作模式。

（七）通过专项治理，着力解决工程建设领域存在的突出环境保护问题，环境影响评价长效机制逐步建立

专项治理不是环保风暴的重复，而是在环保风暴基础上的爬高，是迈向建立环境影响长效机制的重要一步。

区域限批政策自 2007 年 1 月 10 日首次施行以来，效果明显，唐山市、吕梁市、六盘水市、莱芜市、白银市等被国家环境保护总局实行区域限批、流域限批后，很快加大了在治污整改上的力度，进一步优化产业结构，提升产业层次，延

伸产业链条，促进资源深度利用，从而达到了改善环境状况与节能减排的目标。区域限批，不但可以把大量污染严重、破坏生态的建设项目挡在门外，维护人民群众的环境权益，保障环境安全，而且将加快经济增长方式的转变。

环境保护机制与体制短时期内不会有突破，环境保护长效机制的建立尚需时日。但“区域限批”和“流域限批”等行政手段有天生的弱点，就是“阶段性”“短期性”，但和面临的环境问题相比，还是杯水车薪。区域限批正在向深度发展，以 2009 年的情况来看，以水电项目停建为突破口，检查政府投资和使用国有资金项目特别是扩大内需项目为重点，用两年左右的时间，从强化环保工作角度出发，对 2008 年以来规模以上投资项目的环境保护有关情况进行全面排查。要通过专项治理，着力解决工程建设领域存在的突出环境保护问题。区域限批正在向长效机制的方向发展。

2009 年 10 月 1 日开始实施的《规划环境影响评价条例》，是实施经济与环境融合机制的突破口。政府规制与政府行为外部性的有机结合有利于环境污染问题的解决。

2009 年环境保护部成立了由部长周生贤任组长的专项治理工作领导小组，并研究确定了专项治理工作的总体要求：以政府投资和使用国有资金项目特别是扩大内需项目为重点，用两年左右的时间，从强化环保工作角度出发，对 2008 年以来规模以上投资项目的环境保护有关情况进行全面排查。要通过专项治理，着力解决工程建设领域存在的突出环境保护问题。

当前工程建设领域仍然存在一些较为突出的环境保护问题：“未批先建”等违法行为屡禁不止，规划未依法进行环评就通过审批、环保资金使用不规范的现象仍然存在。根据国家环保部门统计，2010 年，重大项目有 29 个存在未批先建问题，占项目总数的 9%，5 个项目擅自变更。个别地方将“保增长”片面理解为“保投资”，导致环保政策放松，监管措施软化。对上述问题如不加以调控和引导，势必带来重大环境影响。由于环境问题涉及国民经济的各个部门，有时还涉及上层建筑，今后应当转变思维模式，首先建立与健全环境保护立法体系，做好实施细则，建立权威的多元化环境执法队伍，创建环境保护管理的新模式。

在今后很长的历史时期内，经济与环境的博弈会不断演变，建立和完善环境影响评价的新的机制与体制，建立长效机制遏制污染于平时，保护环境于常态，严格执法于全天候，在特殊的情况下，采取环境保护的专项行动。

我国运动式执法，不单是环境保护，还有煤矿安全、食品安全等，好像成为人们的思维定式。我们深入地调查与分析了环境保护的执法模式得出结论：单靠一两次环保风暴解决环境影响评价执法存在的问题是不可能的，需要建立环境影响评价执法的长效机制。这个就像我们打扫卫生一样，建立长效机制，每天都要打扫，但是过节时需要进行大扫除。

第二章

国外环境保护发展历程说明建立环境保护长效机制的必然性

发达国家在经济发展初期，发生了震惊世界的八大公害事件之后，立即采取严格的立法措施，治理环境污染。随着经济的发展，污染物排放逐渐增多，逐步完善法规，成立环境保护机构，加大执法力度。现在已经建立了一整套环境保护管理的法规，制定了完善的机制与体制。

我国“环保风暴”的发起，是因为地方保护，环境保护执法软化，有法不依司空见惯，必须靠人大、政协、公众等力量共同参与，被媒体炒作为“环保风暴”。从 2009 年开始，我国不再炒作环保风暴，而是采取正常的执法行动，这是非常正确的，可以说这是环保风暴的理性回归。

一、发达国家环境保护发展的历程

工业革命以来，发达国家在解决环境污染问题上，经历了先污染、后治理，先破坏、后恢复的过程，其间付出了惨痛的代价。最早的工业国英国，其首都伦敦在二氧化硫等污染物的笼罩下一度成为“死亡之都”；最大的工业国美国，其国土曾被“黑风暴”肆虐十年，浩瀚的五大湖至今仍“鱼生凋敝”。

发达国家对环境保护工作的认识是随着经济增长、污染加剧而逐步发展的，其间大致可分为四个阶段。

第一阶段，经济发展优先——制定强制性法规

20 世纪 60 年代以前，发达国家的主要目标是发展，对环境保护工作并不重视。20 世纪 60 年代开始，由于实行高速增长战略，能源消耗量大增，公害问题开始引起人们的重视。这一时期发生了震惊世界的“马斯河谷烟雾”“洛杉矶光化学烟雾”等八大公害事件，在付出惨痛的代价后，人们终于开始觉醒。在 1962 年出版的蕾切尔·卡逊所著的《寂静的春天》一书中，用大量翔实的事实描述了

有机氯农药对人类和生物界所造成的影响，推动了世人环境意识的觉醒。

制定法规，在 20 世纪 50—60 年代发达国家政府开始制定各种法律法规来规范生产企业的环境行为，要求企业在追求经济利益的同时也要进行环境污染治理。20 世纪 60 年代，工业废气排放导致了严重的光化学烟雾现象。1969 年，东京在实施《烟尘限制法》《公害对策基本法》《大气污染防止法》等国家环境立法的基础上，颁布了《东京都公害控制条例》，严格执行有关控制规定，使二氧化硫等污染物从排放浓度控制转向排放总量控制。

欧美环保法律的产生程序：首先由国会议员提出环保法案，这一法案获国会参、众两院通过后，再提交总统给予批准，一旦被总统批准，就成为法律。一部法律通过之后，国会众院把法律内容公布于国家法典。联邦法律详细阐述有关环境保护的各项纲要，并授权国家环境保护管理部门为实施纲要制定具体法规。

第二阶段，环境与经济并重时期——完善环境法规，加大执法，强化环境保护机构

20 世纪 70 年代，发达国家为了解决环境问题，生产污染治理的环境保护设备企业逐步发展，人们的观念出现了从公害防治到环境保护的观念转变，从而进入保护环境时代。

1972 年 6 月 5 日，联合国在瑞典首都召开了人类首次环境保护会议，提出了“只有一个地球”的口号，通过了著名的《人类环境宣言》。

人们的环境意识真正觉醒了，许多国家把环境保护写进了宪法，定为基本国策。随着环境科学研究的不断深入，污染治理技术也不断成熟，环境污染的治理也从“末端治理”向“全过程控制”和“综合治理”的方向发展。

欧美法律法规的主要特点是详细、明确、冗长。每一部法律均有数百页之长，每部法律法规有众多的章节、小节、条款、附录。仅有法律知识或仅有环保专业知识的人往往很难完全读懂环保法，因此，在双方对某些部分理解不同时，双方都必须请环保律师来说明。

美国政府设立环境保护机构是从 20 世纪 70 年代开始，其环境保护行政管理体系由联邦、州、地方政府（县、市）三级组成。其中，政策、法规的制定主要由联邦这一级负责，执法主要由州这一级负责。

美国的法制建设比较完善，公民法制意识强，且美国社会特别重视记录，特别是违法记录，有不良记录的人或企业往往在今后的工作和生活中会受到各种限制，因此，很少有人去违法，其执法成本相对较低。所以，在美国环保法律法规的制定完善是一项重要的工作。法律法规明确规定的，就是要求企业、公民努力做到的，也是执法部门认真执行的，很少有协调变通的事情，且对违法行为的处

罚相当严厉，如罚款，对违反规定的排污行为可处每天 1 万美元的罚款。美国几个著名的环保法如《清洁空气法》《清洁水法》等法案是美国环保工作取得成果的主要法律依据，这些法案的实施，使美国大气、水污染得到有效控制并改善了大气、水环境质量。

日本于 1971 年成立“环境厅”。明确提出“环境权”的理念，健全了环境影响评价制度，不断修订某些有效的政策，趋势是逐步提高环境标准。欧洲国家大都在这一时期成立了环境保护机构。

美国国家环境保护局直接对总统负责，是主要的执法主体，工作中心在于各州，各州环境保护局及地区办事处是执行环保法律、贯彻环保项目的主要承担者，地方政府在环保事务中往往是作为环境保护的一个实施者，各地方的环保执法以州环保局的地区办公室负责。

第三阶段，实施可持续发展战略阶段——利用经济手段，实施经济与环境捆绑式机制，架构政府—企业—公众的共同治理模式

20 世纪 80 年代以来，人们开始重新审视传统思维和价值观念，认识到人类再也不能为所欲为地成为大自然的主人，人类必须与大自然和谐相处，成为大自然的朋友。

1987 年由挪威首相布伦特兰夫人在《我们共同的未来》中提出了可持续发展的思想。1992 年 6 月在巴西里约热内卢召开了人类第二次环境大会，通过了《里约热内卢环境与发展宣言》和《21 世纪议程》两个纲领性文件。各国普遍认识到：人类社会要生存下去，必须彻底改变靠无限制地消耗自然资源同时又破坏生态环境而维持发展的传统生产方式，人类必须走经济效益、社会效益和环境效益融合的可持续发展的道路。

进入 20 世纪 90 年代，日本的环境管理观念发生变革，从经济优先转为经济与环境兼顾。政府颁布《环境基本法》《节能法》《再循环法》，实施环保计划，提出实现可持续发展的社会。

环境问题是市场调节失灵的产物，因此环境保护工作必须由政府来调节和干预。美国是市场经济高度发达的国家，政府在调节和干预环境保护工作的时候不单用行政手段，而是充分发挥经济杠杆的作用，以经济的手段来调动治污的积极性。在清洁空气法案颁布后，美国联邦政府就把各州的大气环境质量与各项经济建设资金捆绑在一起，在规定限期内，该地区大气环境质量达不到国家规定标准，联邦将停止在该地区的工业扩建项目，对新建项目将不给予排污权，同时停止最大的一项基金——联邦公路建设基金的拨款，其他的政府基金和贷款也被取消。这样，州政府不得不下决心治理大气污染，从工业企业的点源到汽车等流动源，均进行了全面的治理。其直接的推动力就是经济的手段，各地方都不肯失去联邦的基金支持。联邦对各类环境污染治理项目建立各种基金，给予各州以资金上的支持。

在这样的大背景下，“污染预防”成为新的指导思想，环境标志认证、ISO 14001环境管理体系认证推动的“绿色潮流”席卷全球，深刻地影响着世界各国的社会和经济活动。20 世纪 90 年代，发达国家的环境管理发生了理念上的变革。企业则开始自觉守法，由“被动治污”转向“主动治污”。各大公司变得十分重视开发环境模拟和协调技术，从产品设计和生产的最初环节就把环境保护手段纳入其中。保护环境已经成为公民的自觉行动，架构政府—企业—公众的共同治理模式成为发展目标。

第四阶段，环境全球化——推行低碳经济，把绿色的理念拓展到全社会

气候变化势必会危及整个人类的生存，积极应对气候变化，减少温室气体排放，已成为人们追求的目标。温室气体的排放主要是发达国家造成的，因此，发达国家与发展中国家在减排问题上应当承担共同但有区别的责任。为此，发达国家与发展中国家发生了严重分歧，环境问题直接涉及政治和国家发展，但是树立“绿色”的理念，推行“低碳经济”已经成为世界各国的共同追求。

2009 年底的哥本哈根气候变化会议无果而终，2010 年底的坎昆会议仍没有完成“巴厘路线图”计划，虽然如此，但“低碳”时代已经来临了。

随着经济全球化、环境全球化的大潮，发达国家公众的环保观念再次飞跃，推进循环经济，建设循环型社会已经成为全社会的共同目标，企业主动型治污理念的强化，公众参与保护环境的热情高涨，全球在朝着经济、社会全面绿化的领域快速发展。所以，发达国家没有必要在全国造成声势，动员议会等力量，严格执法。再说根据西方的传统文化，也没有运动式执法的惯例。

二、日本经济发展中处理经济与环境问题的启示

发达国家在环境保护发展历史上经历了先污染、后治理，先破坏、后恢复的过程，为此付出了惨痛的代价。从日本环境保护发展的历史来看，既没有环保风暴，也没有环境保护执法大检查。日本的经验说明：解决环境污染问题就靠立法与执法，随着时代的发展，环境政策也在深入发展。

日本是中国的近邻，相比欧美，其历史文化和经济发展模式与中国都有更多的相似之处，如何处理经济发展与环境保护的关系，日本的经验值得我国借鉴。

（一）日本在经济发展过程中环境政策的演变

1. 第一阶段——先污染后治理

20 世纪 60 年代以前，经济发展优先，对环境保护并不重视。20 世纪 60 年代开始，由于实行高速增长战略，能源消耗量大增，公害问题开始引起人们的重视。特别是水俣病等公害事件的出现，使一些人逐步认识到“经济发展不能以牺牲环境作代价”。

2. 第二阶段——环境与经济并重

20 世纪 70 年代日本建立和形成了一批有竞争力的生产环境保护设备的企业，出现了从公害防治到环境保护的观念转变，从而进入环境保护时代。

总体而言，20 世纪 70—80 年代是日本经济的快速增长时期，虽然日本制定了一系列环境政策，但企业仍采取被动型的环境污染治理方式。

3. 第三阶段——从“摇篮到坟墓”全过程控制

20 世纪 90 年代，可持续发展的理念使日本的环境管理模式发生了根本上的变革。日本企业则开始从被动执法到自觉守法，由“被动治污”转向“主动治污”。各大公司变得十分重视开发环境模拟和全过程控制技术，采取从“摇篮到坟墓”的控制政策（从产品设计和生产的最初环节一直到变为废物）。

4. 第四阶段——发展循环经济，构建循环型社会

进入 21 世纪，日本环保观念再次飞跃，循环型社会系统的确立，企业主动治污理念的强化，发展循环经济，使日本朝着构建循环型社会的方向快速发展。

从日本经济发展的历程中可以看出，环境保护的发展阶段基本上和我国相似，仅在时间上落后 10～20 年。从最近发展来看，我国整体上处于重化工发展阶段，由于经济发展不平衡，不同地区环境保护处于不同的发展阶段。但是从发展方向上来看，我国提出来构建环境友好型与资源节约型社会，与日本的循环型社会的构思基本上是一致的。特别是在 2009 年底举行的哥本哈根气候变化会议上，提出构建低碳社会的目标，已经成为世界各国共同追求的方向。

（二）当代日本处理经济与环境问题的主要经验

1. 建立“环之国”，把发展循环经济和构建循环型社会上升到国家战略转变的高度

日本政府认为发展循环经济不仅是产业发展模式的转换，更是经济发展战略的转变；不仅是新的观念的产生，更要采取具体的行动。日本政府在循环经济建设中发挥主导作用的四大路径是：一是科学制订循环经济发展规划；二是制定推进循环经济的法律法规体系；三是实施促进循环经济发展的优惠政策；四是倡导全民环保，推进公众参与。从而强力推进循环经济从企业走向社区，走向社会，

推进循环型社会的建设。

1994 年 12 月日本内阁制定环境基本计划，首次提出“实现以循环为基调的经济社会体制”。1998 年日本制定“新千年计划”，把循环经济作为构建 21 世纪日本社会发展的目标。2000 年 5 月召开“环保国会”，参、众两院表决通过和修订了《推进建立循环型社会基本法》《促进资源有效利用法》等多项法规，提出建立“环之国”，即创建循环型社会的国家目标。“环之国”会议机制由日本内阁成员与 10 位日本民间的有识之士组成，其基本理念是彻底抛弃 20 世纪的“大量生产、大量消费、大量废弃的社会模式”，谋求建立“以可持续发展为基本理念的简洁、高质量的循环型社会”，以及“以清洁生产、资源综合利用、生态设计和可持续消费等为指导思想的、运用生态学规律来指导人类社会经济活动的循环经济发展模式”。

2．经济发展和环境保护同步走，强制性改变经济发展结构

日本于 2004 年召开“环保审议会”，专门研究设计未来 20 年日本环保产业的发展蓝图。审议会还公布了公众环境意识调查，截至 2003 年底，日本积极购买环保产品的国民比率已经从 2001 年的 33%上升至 65%，同时，积极参加环保活动的人从 3 年前的 20%升至 50%，这说明日本国民对环保的认知和热情大大提高，这为环保产业的市场化提供了巨大的可能性。

根据审议会提出的未来设计蓝图，经济发展和环境保护必须同步，而且环境保护是经济发展的前提。预计到 2025 年，日本的环保市场规模将达 100 万亿日元，可以创造 200 万人的就业机会。届时，日本将成为世界最先进的环保国家。

为了实施经济发展与环境保护同步走，日本进行了如下循环系统结构的构建。一是构建“循环经济”的三维产业体系；二是发展绿色工业；三是大力发展分解产业；四是构建区域循环经济；五是注重风能、太阳能、地热资源等可再生能源的开发利用，实现从“能源耗竭型”经济向“能源再生型”经济的转型；六是构建“循环经济”的技术体系。

为了促进循环型社会的发展，实施经济发展与环境保护同步走，制定了一系列资金投入政策。在预算制度、融资制度上都对发展循环经济给予支持，如对废弃物再资源化工艺设备生产者给予相当于生产、实验费的 1/2 的补助；对引进先导型合理利用能源设备予以补贴，其补贴率为 1/3，补贴金额最高上限为 2 亿日元；对从事 3R 研究开发、设备投资、工艺改进等活动的各民间企业，根据不同情况分别享受政策贷款利率等。

强化循环经济发展的技术创新体系。日本政府 2001 年公布的《关于科学技术的综合战略》就把环保和循环生产列为今后 5 年的重点战略领域之一。目前如土壤、水质和大气净化技术，环境激素、二噁英等有害化学物质的分解技术，工业和生活垃圾处理及循环利用技术等各种环保技术不断走向市场。可降解塑料、再生能源、“零排放”技术和工艺、有机农业等“绿色技术”得到快速发展。以循环利用废弃物为前提的“逆生产方式”在整个生产过程中普及。

发展循环经济、建设循环型社会是一个系统而复杂的工程，但通过不断地创新、发展，以“最佳生产、适量消费、最少废弃、循环利用”为基本特征的新工业化社会终将到来。

虽说日本是发展循环经济最早的国家之一，与彻底的真正意义上的循环经济和循环型社会还有较大的差距，有待于深层生产技术的进一步发展和循环生产、循环经济体制的进一步完善。但日本毕竟向“循环型社会”迈出了一大步。日本建设“循环型社会的实践表明，已开启了走向新工业化社会的大门。

（三）日本构建循环型社会，实施经济发展与环境保护同步走策略的启迪

哥本哈根气候变化会议前后，我国经济发展模式已经开始发生转变：一是以工业化、城镇化为动力，建立以拉动内需为主导的经济模式大趋势；二是以改革和创新为动力的经济结构调整和产业升级的大趋势；三是强制性的由出口导向型向拉动内需型方向转变；四是发展低碳经济成为重点；五是在经济全球化和区域经济一体化的背景之下，实行全方位国际合作的大趋势。在这个背景下，如何借鉴日本的经验，推进我国环境保护工作就非常必要了。

1. 把环境保护与构建循环型社会（或环境友好型与资源节约型社会）上升到国家战略转变的高度，需要建立强有力的执行机制

日本参、众两院表决通过和修订了《推进建立循环型社会基本法》，提出建立“环之国”，即创建循环型社会为国家目标，并且设定了目标值，也就是说构建循环型社会不仅是提倡，而且建立了考核指标体系。

我国提出构建环境友好型与资源节约型社会，可以说我国经济与环境政策的思路还是很先进的，关键在于没有建立指标体系，没有相应的机制与休制保证，更谈不上如何落实与检查。因此，地方政府单纯追求 GDP 的政绩冲动，很难在短的时间内消除，构建循环型社会只是倡导。

我国的国家发展战略已经开始转变。今后需要把发展绿色经济的内涵融入我国国民经济发展计划，首先开展战略（政策）环境影响评价。

为了保证落实，还需要进行机制与体制的变革。

2. 经济与环境的融合是理念，经济发展与环境保护同步是具体行动

我国提出科学发展观，已经为解决经济发展与环境保护提出了方向，环境保护部部长周生贤提出经济与环境融合的理念，是把科学发展观与我国环境保护工

作结合的创新。周部长说，通过积极推行三个转变[1]，目的是把环境保护融合到经济发展之中，坚持以保护环境、优化经济增长，这也是实现全面建设小康社会奋斗目标的必由之路。从此，环境保护事业，应该说当前的中国环境保护已经进入全新的发展时期。这个时期，我们的战略目标是建设环境友好型社会，战略任务是加快推进这三个转变，直到环境保护完全融入经济发展。

3. 推进经济发展与环境保护同步的政策

实际上，我国已经在实施经济发展与环境保护同步的政策，例如建设项目环境影响评价与“三同时”已经实施多年，已经成为环境保护介入经济领域的切入点。由于战略环评直接涉及各个部门的核心利益，受到部门与地方的抵触，但我国环境保护形势严峻，已经严重地影响经济的发展，同时又受到全球环境保护的压力。在这种情况下，环境保护冲破了各个部门与地方政府的阻碍，我国规划环评条例也于 2009 年 10 月 1 日实施，政策环评还在议论之中。因此，我国实施经济发展与环境保护同步的政策基础条件已经具备了。

现在的问题是要建立经济发展与环境保护同步的指标体系，在此基础上建立考核机制。

当前，我国环境保护法规体系初步建立，在进一步完善环境保护立法的同时，关键在于执法。在这种情况下，我们实施经济发展与环境保护同步的政策有利于强化执法的力度。

---

① “三个转变”：一是从重经济增长轻环境保护转变为保护环境与经济增长并重，在保护环境中求发展；二是从环境保护滞后于经济发展转变为环境保护和经济发展同步推进，做到不欠新账，多还旧账，改变先污染后治理、边治理边破坏的状况；三是从主要用行政办法保护环境转变为综合运用法律、经济、技术和必要的行政办法解决环境问题，自觉遵循经济规律和自然规律，提高环境保护工作水平。

第三章

建立长效机制，必须完善我国的环境保护法律体系

环保风暴的发生说明我国的环境保护法律体系的不足，建立长效机制就必须建立与完善我国的环境保护法律体系。

所谓环境法律体系，不是指某个具体的环境法律、法规或法律规范，而是指所有环境法律规范，环境法律、法规和其他法律表现形式及其他法律渊源的总和。

一、中国环境保护法律体系的概念与特征

（一）环境法的概念与特征

广义的环境法体系即环境资源法体系的简称，是指由相互联系、相互补充、相互制约，旨在调整因开发、利用、保护、改善环境资源所发生的社会关系的法律规范和其他法律渊源所组成的系统。

环境法律规范体系，是从法律规范角度对环境法体系的定义。由于对何谓法律规范存在着不同的理解，因而环境法律规范体系的范围也有相应的区别。根据法律规范由假定、指示和制裁三要素组成的观点，环境法律规范体系仅指制裁性的法律规范，不包括宪法中有关环境保护的原则性规定、环境法律法规中不包含制裁内容的规定。根据法律规范由条件、处理和后果三要素组成的观点，环境法律规范体系的范围要大于上述范围，它包括制裁性法律规范、奖励性法律规范和其他法律规范。用法律规范来概括环境法体系的局限性在于，它可能将对环境法律法规的司法解释、判例，以及法律中的序言、法律术语定义和其他指导性内容，排除在环境法体系的范围之外。

总之，环境法律体系不是指某一个法律规范、某项法律规定或某个环境法规，而是具有共同宗旨、性质相似、相互关联的一系列法律规范、法律规定和法律渊源的集合。这里的法律规范，是指由国家制定或认可，以国家强制力保障其实施，并由假定（或条件）、指示（或处理）、后果三要素组成的行为规则；包括但不限于由假定、处理和制裁三要素组成的制裁性法律规范。这里的法律规定和法律渊

源，是泛指各种法律、法规以及国家认可的其他法律规范性文件和法律渊源中的有关规定，包括实体内容、政策原则、程序性规定、习惯和判例等。这一含义实际上是对环境法的表现形式或渊源的概括。

（二）我国环境法律规范体系[①]

环境法律规范体系包括：指导性的环境法律规范，综合性的环境法律规范和部门性的环境法律规范；实体性和程序性的环境法律规范；有关环境资源的民事法律规范、刑事法律规范、行政法律规范和国际法律规范。也可以将环境法律规范分为制裁性、奖励性、命令性、禁止性、授权性、义务性、任意性、解释性等各种不同功能的法律规范。

1. 宪法规范

宪法中有关合理开发、利用和保护、改善环境的规定，称为宪法规范。例如，1982 年《中华人民共和国宪法》规定："国家保障自然资源的合理利用，保护珍贵的动物和植物。禁止任何组织或个人用任何手段侵占或者破坏自然资源"（第 9 条）；"一切使用土地的组织和个人必须合理地利用土地"（第 10 条）；"国家保护和改善生活环境和生态环境，防治污染和其他公害。国家组织和鼓励植树造林，保护林木"（第 26 条）。宪法法律规范属于指导性法律规范的范畴，它具有指导性、原则性和政策性。

2. 行政法规范

环境行政法律规范又称国家环境行政管理法律规范，是指调整因实施国家环境行政管理而产生的行政关系的各种法律规范，主要包括如下内容：国家环境行政监督管理体制和行政管理部门的分工；环境行政监督管理机关和行政相对人的权利和义务；各种环境行政行为和行政管理措施、行政补救措施；环境行政监督管理的制度、程序；环境行政责任和行政制裁。环境行政法律规范是环境法律规范的主要组成部分，是进行国家环境行政管理、加强环境行政执法的法律依据，也是单位和个人在国家行政管理下从事有关环境行为的法律保障。目前我国的环境法律规范大多数属于环境行政法律规范。

3. 民法规范

环境民事法律规范，是指调整平等主体之间因环境行为而产生的民事权利义务关系的法律规范，包括民法中有关环境规范和环境法律法规中有关民事规范；前者如《中华人民共和国民法通则》第 134 条关于"违反国家保护环境防止污染的规定，污染环境造成他人损害的，应当依法承担民事责任"的规定，后者如《中华人民共和国环境保护法》（以下简称《环境保护法》）第 41 条的规定。环境民事法律规范主要包括如下内容：与合理开发、利用、保护、改善

---

① 蔡守秋. 环境资源法教程[M]. 武汉：武汉大学出版社，2002.

环境有关的自然资源所有权、使用权和其他民事权利；与合理开发、利用、保护、改善环境有关的民事义务；与开发、利用、保护、改善环境和自然资源有关的民事侵权行为、民事责任和民事制裁。环境民事法律规范是在开发、利用、保护、改善环境的活动中保护民事权利、履行民事义务、承担民事责任、解决民事纠纷的法律依据。

4．刑法规范

环境刑事法律规范是指在开发、利用、保护、改善、管理环境中有关犯罪和追究刑事责任的法律规范，包括刑法中有关环境规范和环境法律法规中有关刑事规范；前者如 1997 年《中华人民共和国刑法》第六章第六节关于“破坏环境资源保护罪”的规定，后者如《水污染防治法》第 43 条的规定。环境刑事法律规范是追究环境犯罪的法律依据，其主要内容是各种环境和自然资源的犯罪及其罪名、犯罪构成和刑罚。

5．诉讼法规范

环境诉讼法律规范是有关环境诉讼的程序性法律规范，是进行环境诉讼的法律依据。它包括环境行政诉讼法律规范、环境民事诉讼法律规范和环境刑事诉讼法律规范。如《行政诉讼法》（1989 年 4 月）、《民事诉讼法》（1991 年 4 月）、《刑事诉讼法》（1978 年 7 月，1996 年 3 月修订）中的有关规定。

6．技术性法律规范

技术性环境法律规范是环境技术规范的法定化，是有关合理开发、利用和保护、改善环境的技术性措施和要求的法律规范，是环境法所特有的一类法律规范。技术性环境法律规范的内容主要包括：各种环境标准及其制定与实施；环境监测规程和监测制度；合理开发、利用、保护、改善环境的工艺、技术、规程、措施和要求。技术性环境法律规范是引导、控制各种合理开发、利用和保护、改善环境的活动的法律依据。

7．其他法律规范

环境法具有综合性，除了上述法律规范之外，它还包括有关经济法律规范、国际法律规范以及不属于上述法律规范范畴的其他法律规范。

（三）环境保护法发展的特征

1987 年，世界环境与发展委员会发表了著名的《我们共同的未来》，该报告提出“可持续发展”的概念，可持续发展逐渐被许多国际组织和国家采纳和实施。

1．可持续发展成为环境保护法的指导思想和原则

20 世纪 80 年代中期以来，环境法发展的一个重要特点是环境法在理论和实践上都受到可持续发展的强烈影响，当代环境法的指导思想正在发生一些新

的、重大的变化：可持续发展理论正在成为环境法学的基本理论，可持续发展正在成为环境法的指导原则，环境法正在成为实施可持续发展的主要工具，环境法中的污染防治战略正在发生变化，环境法更加重视预防原则、全过程管理、清洁生产、源头控制和总量控制，环境法正在朝着可持续环境法的方向发展。由于环境法的指导思想、原则、战略，是对环境法具有全局影响、全程影响、长远影响、根本影响的因素，是对环境资源领域的人与人的关系和人与自然的关系的总体调整，因而环境法的指导思想的变化即战略化具有十分广泛、深远的影响和作用。

2．环境法涉及更加广泛的环境、资源问题和经济、社会可持续发展等跨领域问题，环境立法的综合化、一体化进一步加强

环境法涉及的环境、资源问题及与之相关的跨领域问题越来越多，调整这些问题的方式方法越来越协调，有关环境资源的各种法规的联系和结合日益紧密；许多国家特别是广大发展中国家已经或正在根据新的可持续发展战略，修改或制定领域性、部门性、行业性的环境资源基本法和跨领域、跨部门、跨行业的环境资源综合性法律，其中在 1987—1997 年制定或修改的环境资源基本法和环境资源综合性法律的国家就有 70 多个，多数工业发达国家已经基本形成比较系统、健全的环境资源法体系。这些现象被称为环境法的综合化、一体化。

3．环境道德和环境（生态）伦理[①]成为环境法学认识论的重要组成部分和环境法治的重要条件

当代环境法存在着一种借助环境道德解决认识问题，并将一些环境道德规范法定化的趋势，其主要表现是：环境伦理、生态道德逐渐进入环境法的认识论，环境道德规范不断被法定化，环境法律规范不断被道德化，环境道德或生态伦理逐渐成为环境权利、自然体权利的伦理根据和实行环境法治的条件。这种趋势使得环境法规范有了环境道德规范的支持，环境法学的认识论有了环境伦理学的基础，从而使环境法学的理论更加成熟和更加富有说服力，使得依法处理人与自然的关系，实现环境法治有了伦理道德基础。

4．环境民主日益成为环境法的基本原则和制度

环境污染和资源危机是当代最严重的社会问题之一，民主和人权是当代世界的重要潮流。当代民主运动、人权运动与环境保护运动的紧密结合，是促进环境法民主化的基本动力。当代环境权理论和新自然法学派所提倡的正义论、民主论、权利论，对环境法的民主化具有重要影响。环境民主、正义、公平对环境法影响的必然结果是环境法治观的推广。目前国际社会和各国都认识到，环境污染、资源危机既是人与人的关系问题，也是人与自然的关系问题，只有实行环境民主，

① 环境（生态）伦理学是关于人与环境关系的道德研究，主要是人们对待地球上的动物、植物、微生物、生态系统和自然界其他事物的行为的道德原则、道德态度和行为规范的研究。

依靠广大民众才能搞好环境资源保护工作，只有依法维护环境权、实现环境法治才能实现人与自然的和谐共处。无论从民主政治还是从人与自然的关系看，环境权、环境正义和环境民主都是环境法治的精髓和灵魂。因此，无论是当代的国内环境法还是国际环境法，是发达国家的环境法还是发展中国家的环境法，都将环境权、环境正义和环境民主作为环境法治的指导思想和原则；近年来很多国家在修改或制定环境法律时，都规定了公民环境权和公众参与环境保护管理等环境民主的内容。

5．环境法制建设日益成为宪法、国家计划和政党章程中的重大问题

随着环境问题的日益严重和全社会对环境保护认识的提高，国家政府和政党越来越重视环境保护和环境法制，环境问题成了需要政党和政治家出来解决的政治问题，人与自然的和谐相处成了需要国家通过其根本大法、国家计划和综合决策进行调整的国家大事，环境保护成了国家法律明确规定的国家的基本职能和基本国策。环境法的这一发展趋势被称为环境法的政治化。“政党绿化”的现象和“环保靠政府”的警句，正是环境保护和环境法政治化的产物。

6．环境法越来越多地采用经济手段、市场机制

当代环境法越来越多地采用经济政策、经济手段和市场经济机制这种现象，作为当代环境法的一种发展趋势和特点，是因为这个时期的环境法中的经济政策、经济手段和市场机制，与前一时期的经济政策、经济手段和市场机制相比较而言，具有更加深厚的历史根源和背景、有着科学的理论根据和理论指导、有繁多的种类和丰富的内容。

7．环境法采用越来越多的科学技术手段和科学技术规范

目前，环境影响评价、清洁生产、标准化管理等科学技术方法已成为将经济发展与环境资源保护相结合的主要工具，各种环境标准和其他有关环境无害技术的技术性规范在环境法中的作用日益突出。这种科学技术化趋势渗透，贯穿着当代环境法的整个领域，主要表现在如下几个方面：在环境法规中环境科学技术的名词和术语越来越多；环境法规采用越来越多的科学技术措施和手段，并且在将这些科学技术手段法律规范化、制度化方面取得越来越大的成功和进展；环境标准制度、环境标志制度、环境监测制度、环境影响报告制度、清洁生产制度或污染源削减制度等有关环境科学技术的法律制度逐步推广，越来越成熟。

8．环境法的实施能力和执法效率大幅度提高

改进环境法的实施突出地表现在环境执法机构建设方面。鉴于政府环境管理机构是实施环境法的组织保证，建立一个权威大、效益高、执法能力强的环境监督管理机构成了各国环境法制建设中的首要问题。

除了提升国家环境管理机关的级别和管理范围外，许多国家的环境立法还增加政府在处理环境事务方面的权力，特别是增强环境法执行机关（包括中央机关和地方机关）的强制执行权限。

当代环境法发展的一个重要领域是环境诉讼实践，发展环境诉讼是实施环境法的一个重要方面。

9. 各国环境法之间以及国内环境法与国际环境法之间的协调日益增强

随着全球市场和国际环境保护事业的发展，各国环境法之间以及国内环境法与国际环境法之间的协调日益增强，国内环境法因越来越多地吸收国际环境法规范而出现了国内环境法国际化的现象，国际环境条约因越来越多地吸收传统上由国内环境法规调整的内容而出现了国际环境法国内化的现象，各国环境法因相互之间的交流和合作的日趋加强而出现了相互协调的现象。这类现象被称为当代环境法的全球化、趋同化。

目前，《环境保护法》的修订正在热议之中，在立法目的确立、适用范围的确定、立法体例的安排、管理体制的设置、基本原则的创设、基本制度的构建、法律责任的构成和实施等方面，都有许多好的建议。中国环境保护法的发展问题也成为当今各国共同关心的热点。

（四）我国环境保护法的现状

从 1979 年颁布《环境保护法》，1989 年进行了修订，《环境保护法》对健全我国环境资源保护法律体系、保护和改善环境、促进经济、社会和环境的协调发展发挥了重要作用。建立与完善了环境保护法律体系，颁布了《中华人民共和国大气污染防治法》等近 30 部与环境保护有关的法律；国务院制定或修订了《危险化学品安全管理条例》《排污费征收使用管理条例》《野生动植物保护条例》等 60 余项行政法规；发布了《关于落实科学发展观　加强环境保护的决定》等法规性文件。国务院有关部门与地方人大、政府也颁布了 600 多部环保规章与地方法规。截至 2008 年 8 月 31 日，我国累计颁布各类环境标准达 1 187 项，其中含国家环境标准 1 131 项[①]。

1. 建立与完善了环境保护法律体系

中国初步建立了较为完善的环境保护法律体系。

2. 逐步强化了环境保护行政执法

除了常规执法外，我国还开展了环评执法行动，被称为“环保风暴”，扫荡了违反环境影响评价法的行动，在全国引起了轰动。2007 年全国就出动了环境保护执法人员 230 万余人次，检查企业 100 万家，立案查处违法问题 3.1 万件。

---

① 汪劲. 环保法制 30 年[J]. 环境保护，2008（11A）.

3. 环境司法[①]开始成为环境保护法治的最终保障

通过对环保行政决定的司法强制执行，打击了环境保护违法行为，强化了环境保护法律的权威。

近些年来，为了解决跨地域的环境污染案件，环保法庭开始在各地出现，在某种程度上也使得司法开始成为环保法制的最终保障。

现行《中华人民共和国环境保护法》在颁布实施后的 30 年中，环境保护事业得到长足发展，已成为经济社会可持续发展的重要组成部分，成为经济结构调整的重要手段。国家经济发展战略的变化，带动了环境保护战略和工作重点的重大转变，主要表现在：从污染防治为主向污染防治与生态保护并重转变，从点源治理向流域、区域综合治理转变，从末端治理向源头和过程控制转变，从浓度控制向总量控制转变，从以行政手段、法律手段管理为主向综合运用行政、法律、经济、技术等手段管理转变。

随着我国社会主义市场经济体制逐步完善和人民生活水平日渐提高，国民的环境意识和法律意识日益增强，现行《中华人民共和国环境保护法》已经远远不能满足我国经济、社会和环境发展的新需要。

（五）中国环境保护法律体系

环境保护法律体系主要包括：环境污染防治法系统，如防治陆地水污染、大气污染、海洋污染、土壤污染、固体废物污染、环境噪声污染等法规；自然保护法系统，如水土保持法，保护土地（壤）、水、海洋、森林、草原、湿地、沼泽、野生动植物、水生生物、野生药材、鸟类等法规；区域保护法系统，如保护城市环境、农村环境、劳动环境、风景名胜区（包括人文遗迹和自然遗迹）、对外开放地区环境等法规；环境保护管理法系统，如环境保护规划、环境保护监测、环境保护标准、排污申报登记、排污许可、排污收费、生态破坏补偿费、建设项目环境管理、环境影响评价、环境保护现场检查、环境保护限期治理以及环境保护行政处罚、行政复议、纠纷处理、事故处理等法规。

自 1979 年 9 月 13 日五届人大常委会第十一次会议原则通过《环境保护法（试行）》后，以防治环境污染为主要内容的环境保护法发展较快，目前已初步形成以《环境保护法》为首，以防治环境污染为主要内容的环境保护法体系。这个体系的环境法规大都以环境保护行政主管部门为主负责起草或负责提出法规草稿，

---

① 环境司法是人民法院和人民检察院依照法定的权限和程序，对环境纠纷和环境犯罪案件进行侦查、起诉、审判和监督的活动。其目的和作用是，国家通过行使环境检察权，打击和制裁环境犯罪，解决环境纠纷，维护法人和公民的环境权益，使环境得以保护。环境司法的主体是人民检察院和人民法院。人民检察院负责对环境犯罪人的批捕、提起公诉和部分环境犯罪案件的侦查；人民法院负责对环境纠纷案件和环境犯罪案件的审判。环境司法是国家整个司法活动和制度的一个新兴组成部分，在实践中分别容纳于民事、刑事、行政、经济司法之中，并分别依照相应的诉讼法和环境法中有关诉讼程序的规定进行。

包括：综合性的环境保护法规，防治水、海洋、大气、土地等环境因素污染的法规，防治噪声、放射性、固体废物等污染因素的法规，保护城乡生活环境的法规，环境监督管理制度方面的法规，等等。

在综合性的环境保护法规方面，主要有国务院发布的《全国污染源普查条例》《民用核安全设备监督管理条例》等。环境保护部发布的《环境行政复议办法》《关于修改〈放射性同位素与射线装置安全许可管理办法〉的决定》《建设项目环境影响评价分类管理名录》等。

当前，一些地方政府在单纯追求经济利益的错误政绩观指导下，大搞地方保护主义，成为环境违法行为的保护伞和挡箭牌。目前我国现行各单项环境资源法律多以公民、法人或者其他组织作为主要调整对象，而规范和约束政府行为的法律规定非常有限。《环境保护法》对环境监管主体的职能划分不清，责任不明，统一监管部门与分管部门之间、分管部门相互之间职能交叉、缺位、错位现象大量存在。

修订环境保护法已经成为当务之急。

1. 宪法

宪法是国家的根本大法，是整个国家法律体系的基础和核心，当然也是环境保护法律体系的基础和核心。《宪法》第 26 条规定："国家保护和改善生活环境和生态环境，防治污染和其他公害。"第 9 条规定："国家保障自然资源的合理利用，保护珍贵的动物和植物。禁止任何组织或者个人用任何手段侵占或者破坏自然资源。"《宪法》的这些对环境保护的规定是国家关于环境保护总的要求，是我国环境法制建设和环境保护活动的根本法律基础和立法依据。

2. 环境保护法

《中华人民共和国环境保护法（试行）》是 1979 年 9 月由全国人大常委会颁布的，经过 10 年的试行，于 1989 年 12 月由全国人大常委会通过正式颁布的。这部法是我国现行的综合性环境保护法。在整个环境保护法体系中，处于基本法的地位。《中华人民共和国环境保护法》是牵头的法律，是第一层次的法律。这部法律从保护我国环境的整体出发，对有关重大问题作了综合性的法律调整。共 6 章 47 条，对我国的环境保护任务、环境的定义、环境管理体制、保护环境的基本原则和要求、保护环境防治污染的根本法律制度和措施等作出全面系统的规定。

从它的内容来看，既包括保护自然资源的法律规范，也包括防治各种环境污染的法律规范。不同于单行法，保护某一环境因素（水法、森林法）或防治某一种污染源为内容。这些规范又是原则性的一般的规定，而不是具体详尽的法律规范。在环境保护法律体系中，从它的地位和效力看，仅次于宪法。它是各种环境保护单行法[①]、行政法规、规章、地方法律、规章立法的基本依据。

我国环境保护法律法规体系的构成：

《中华人民共和国宪法》（以下简称《宪法》）中关于环境保护的规定是制定环境保护法律法规的依据。

环境保护综合性法律——《环境保护法》；

环境保护单项法，分为污染防治单项法和生态保护单项法；

环境保护相关法，如《节约能源法》等；

环境保护的行政法规，如《危险化学品安全管理条例》；

环境保护的部门规章，如《危险废物出口核准管理办法》；

地方性法规和规章；

环境保护标准。

3．缔结和签署的国际环境公约

中国自1979年起先后签署了《濒危野生动植物物种国际贸易公约》《国际捕鲸管制公约》《关于保护臭氧层的维也纳公约》《关于控制危险废物越境转移及其处置的巴塞尔公约》《关于消耗臭氧层物质的蒙特利尔议定书（修订本）》《气候变化框架公约》《生物多样性公约》《防治荒漠化公约》《关于特别是作为水禽栖息地的国际重要湿地公约》《1972 年伦敦公约》等 30 多项国际环境公约和议定书。我国缔结或参加的环境保护国际条约、公约，也是我国环境保护法律体系的组成部分。

《生物多样性公约》《濒危野生动植物物种国际贸易公约》，关于水禽生境的国际重要《湿地公约》《东南亚及太平洋区植物保护协定》《国际热带木材协定》。

控制危险废物越境转移及其处置的《巴塞尔公约》、防止因倾倒废物及其他物质而引起海洋污染的公约。

4．我国环境法律、法规体系分类

《宪法》中关于环境保护的规定，是制定各种保护标准的基础。

综合性环境保护法——《环境保护法》；

环境保护单行法——《大气污染防治法》《水污染防治法》《固体废物污染环境防治法》《环境噪声污染防治法》等；

生态保护法——《野生动物保护法》《水土保持法》《自然保护区管理条例》等；

自然资源保护法——《土地管理法》《森林法》《草原法》等；

环境管理法——《环境影响评价法》《建设项目环境保护管理条例》《全国环境监测管理条例》等；

---

① 我国环境保护单行法制定的技术流程，根据环境对人体健康的影响制定环境基准，结合我国经济发展的实际情况再制定环境标准，在此基础上制定有关的单行法。

环境标准——《污水综合排放标准》《地表水环境质量标准》《大气污染物综合排放标准》等；

环境责任和程序法——《征收排污费暂行办法》《资源税暂行条例》《环境行政处罚办法》等。

表 3-1 中华人民共和国环境保护法律框架

污染防治方面	《大气污染防治法》
	《水污染防治法》
	《固体废物污染环境防治法》
	《环境噪声污染防治法》
	《环境影响评价法》
	《海洋环境保护法》
	《清洁生产促进法》
	《循环经济促进法》
生态保护方面	《野生动物保护法》
	《水土保持法》
	《水法》
	《森林法》
	《草原法》
	《渔业法》
	《土地管理法》
资源利用方面	《矿产资源法》
	《煤炭法》
	《节约能源法》
相关法	《城市规划法》
	《防洪法》
	《文物保护法》
	《建筑法》
	《乡镇企业法》

5. 我国环境保护法律法规体系中各层次之间的相互关系

环境法律、法规体系中，国家级环境法对地方级环境法起着指导和制约的作用，它制约地方性环境法的范围、限度，决定地方性环境法的发展方向，其目的是保证我国环境法基本原则和制度的统一。地方性环境法规必须以国家环境法为依据，同时，地方性环境法规又是国家环境法的补充，进一步完善国家环境法的某些规定，为有效实现国家环境法铺平道路。

链接 3-1　合肥地方性法规限制环境执法甘当“保护伞”[①]

2006 年 11 月由合肥市第十三届人大常委会第二十九次会议审议通过、2007 年 3 月 1 日施行的《合肥市优化投资环境条例》第三十四条对包括环境执法在内的执法检查行动设置了“应当事先拟定包括检查依据、时间、对象、事项等内容的检查计划，并在实施检查 30 日前报同级人民政府企业负担监督管理部门和法制机构备案”等限制性的前提条件，实际上否定了《中华人民共和国环境保护法》等国家环境法律所认可的非定期现场检查的执法形式，把环境保护行政主管部门的现场检查活动变相地限定成了定期检查活动，限制了国家法律授予环境保护行政主管部门的行政监管权力。

正确行使权力，必须遵循权力运行规律、在公开透明的环境和法律制度的约束下依法行政。

国家环境法与地方环境法的权限规定为：国家环境法的权限高于地方性环境法的权限，法律高于行政法规，行政法规高于行政规章，即上一层次的权限高于下一层次的权限。我国参加和批准的国际环境法的效力高于国内环境法的效力，特别法的效力高于普通法的效力，新法的效力高于旧法的效力。其例外是：严于国家污染物排放标准的地方污染物排放标准的效力高于国家污染物排放标准。

根据环境法体系中这种不同层次法律、法规的效力关系，在具体运用环境法时，应当首先运用层次较高的环境法律、法规，然后是环保规章，最后才是其他环境保护规范性文件。

6. 专门性环境保护法律法规

这部分法律法规主要是针对各种环境要素或特定的保护对象分别作出的具体法律规定，是进行环境法制管理的直接依据。这种法，为数众多，内容广泛。从它调整的任务和内容来看，大体上可分成三类：

（1）防治环境污染的法律法规

这类法律法规是我们环保执法部门常用到的。在防治水污染方面：水污染防治法、实施细则，以及各级立法部门制定的防止地表水污染、防止地下水污染、防止饮用水源保护区污染等水环境方面的法律法规。

在防治大气污染方面：《大气污染防治法》、有关的地方性法规和规章等。这些法律法规，规定了大气污染防治的监督管理机构和措施，防治燃煤污染、机动车船排气污染、防治废气粉尘和恶臭污染的要求和措施，以及违法者承担的法律责任。

在防治噪声污染方面：《环境噪声污染防治法》；在正在制定的固体废弃物方

① 步雪琳. 合肥日报，2007-07-24.

面：《固体废物污染环境防治法》；在防治核污染方面：国家制定了《民用核设施安全监督管理条例》《核材料管理条例》《放射性同位素与射线装置放射防护条例》等法规，对防止核污染作了严格的规定。

还有防治海洋污染方面、防治农药污染方面、防治化学物品污染方面，国家和地方都制定了法律法规。

（2）保护自然环境和资源的法律法规

主要在《土地管理法》《森林法》《水法》《草原法》《矿产资源法》《野生动物保护法》等。这些法律既是自然资源法，也是环境保护法。内容之一就是保护和合理利用自然资源，以便既满足社会生产生活的需要又保护自然界的生态平衡。

（3）对环境进行行政管理、监督、监测的法规

这类法规主要包括国务院和有关主管部门制定的《征收排污费暂行办法》《建设项目环境保护管理办法》（《环境影响评价法》已颁布）《全国环境监测管理条例》等。

7．环境保护标准

环境质量标准、污染物排放标准、环境基础标准、方法标准（监测、测量方法、样品标准）。

8．其他法律中环境保护方面的规定

在《民法》《刑法》《经济法》等部门法中也有不少环境保护方面的法律规范，这些规范也是环境保护法律体系的组成部分。

9．程序法

《行政处罚法》《行政诉讼法》《行政复议法》《国家赔偿法》《环境保护行政处罚办法》等。

10．国际环境法的发展

国际环境法的实施与国家责任直接联系在一起，如果国家不履行甚至违反其依国际环境法所承担的义务，那么就得为之承担相应的国家责任。

（1）国际环境法的发展

人类社会的生产活动已经达到了空前的全球化规模，各国因利用、保护和改善环境而发生的国际交往也达到了空前广泛的程度。到这个时候，为适应这种生产的全球化和世界范围的因利用、保护和改善环境而发生的国际交往的需要，国际环境法迅速发展起来。

从国际环境法的发展史中，我们可以明显地看到各国的经济基础对于各国形成有关环境保护的协调意志的决定作用。国际环境法的主体，主要是世界上 180 多个独立的主权国家。这些国家的经济基础的性质不一样，生产力的发展水平不一样，自然资源和环境条件不一样。这些经济基础方面的差异必然引起各国在环境问题上的矛盾和斗争，影响各国在环境问题上形成意志的协调。这从一方面说

明经济基础对于国际环境法的决定作用。从另一方面看，假如作为各国经济发展的物质基础的地球环境遭到毁灭性的破坏，各国的经济就会从根本上动摇甚至崩溃。各国共存于唯一的地球这一事实决定了各国之间的相互依赖性，要求它们在事关经济发展和人类生存的基本物质条件的问题上取得一致。各国由此而有协调其利益和意志的必要性和可能性。正如《21 世纪议程》所说的，"各国政府认识到，现在有一种新的全球性努力，要将国际经济系统的要素与人类对安全稳定的自然环境的需求联系起来。"[①] 美国法律哲学家埃德加·博登海默也指出："所有法律制度都将上述价值服从于对公益作出的某些迫切需要的考虑。"[②]例如，欧洲国家在保护欧洲环境方面的一系列公约都是欧洲各国协调其经济利益和政治意愿的产物。又如，在全球范围内，《保护臭氧层维也纳公约》及其议定书是发达国家与发展中国家协调其经济利益，形成保护人类环境的协调意志的一个比较成功的例子。

（2）国际合作原则

国际环境法的基本原则是指：为各国所公认且普遍适用于国际环境关系各个领域的对国际环境保护有指导意义，构成国际环境法基础的根本准则。它是国际环境法规范的一个重要组成部分。国际环境法中有许多为各国所接受的原则，其中自然资源的永久性主权原则，预防环境损害原则，共有资源共享共管原则，合作保护人类环境原则，不损害域外环境原则，共同但有差别的保护全球环境责任原则，和平解决国际争端原则等。

（3）国际环境法与我国环境法的关系

我国签署的国际环境法与国内环境法具有同等效力。

国际环境纠纷问题通常需要迅速的解决，纠纷的持续往往会给环境造成无法弥补的损害；环境纠纷本身常常包含不确定的科学和社会经济因素，它们不仅涉及国家的主权，而且经常涉及国际社会的共同利益。这也是国际环境法的特殊属性的体现。

由于国际环境保护制度很多是通过框架公约加上实施公约的议定书而形成的。在这些制度中，有效力的规范常常会随着对环境现象的科学认识以及各国间合作的发展而有所变化，缔约国在发展这些规范是一般会考虑所有相关的因素，以便公正地平衡缔约国间的不同利益。通常，缔约国定期举行会议，各国有义务报告本国实施公约的情况，并相互进行审查。在这方面，非政府的环境保护组织可以发挥重要的作用。

非政府组织虽然不是国际环境法的主体，但其在国际环境法的实施中的作用是不容忽视的。在实施国际环境法的途径中有一种情况涉及比较复杂的国际法

---

① 21 世纪议程. 北京：中国环境科学出版社，1993.

② 埃德加·博登海默. 法理学——法哲学及其方法[M]. 邓正来，姬敬武译. 北京：华夏出版社，1987.

问题，即当国际不当行为对国家管辖范围以外的环境造成损害的时候，谁有权利或资格以全人类的名义对损害国家管辖范围以外的环境的致害方提出权利要求的问题。

大多数环境条约只是一般要求按条约的条款解决争端，更有环境条约明文规定不适用于国家管辖范围以外的环境。

国内环境法可以通过国家强制力保证实施，而国际环境法则没有一个公认的国际权威或国际强制力来保证它的实施。目前，国际环境法尚未承认一国享有代表国际社会对损害国家管辖范围以外的环境的国家提起类似于国内法中的集体诉讼的权利。从保护全球环境的角度看，这项权利最终需要得到国际社会的承认，其前提是，它必须是一项以国家主权原则和共同但有区别的责任原则为根据的平等的权利，而不是一项可以被少数国家用来限制别国的发展和为本国谋取私利的手段。

全球环境与发展问题，已成为国际各国共同关心的焦点，是全球性问题。解决这个问题，需要世界各国和地区协调一致的努力和发展卓有成效的合作。

11．适用环境法律规范的司法解释

环境法之间的关系：

环境法律—行政法规—地方法规—行政规章—地方规章。

法院审理环境案件时，依据法律、法规，参照规章。

特别法优于一般法，后法优于前法，或叫新法优于旧法。

环境损害赔偿诉讼时效《民法通则》是一般法，《环境保护法》是特别法，相对于《水污染防治法》，其又是一般法。

我国的环境法适用于中华人民共和国领域和我国管辖的其他海域。

领域由四部分组成：

领陆，即国界内的大陆和岛屿。

领水，即内水和领海。1958 年我国声明领海宽度为 12 海里。

领空，即领陆和领水上空的空间。

地下领土，即领陆、领水对应的底土。

其他海域：是指我国领海之外享有一定管辖权的海域，包括毗连区、专属经济区和大陆架。

12．环境法的时间效力范围

我国的环境法对时间效力范围都作了具体规定，即规定了施行的时间，从施行之日起，法律即发生效力，环境法对生效之前发生的环境保护方面的事项没有追溯力。

（六）环境保护法存在的问题与建议

环境保护法制定时间比较早，随着时间的变迁，经济的发展，环境保护法已经不能满足形势发展的需要，存在一些问题，需要在今后修订时加以完善。

1. 法律空白

由于环境基本法是围绕环境与自然资源的保护展开的，而环境和自然资源是相互联系、相互制约的，因此环境基本法既应加强两者的综合法律调整，还应全面和均衡地加强两者的专门法律调整。但是，现行的《环境保护法》忽视了区域环境的综合性法律调整，在专门法律调整方面侧重于污染防治，在水、矿藏、草原、土地等自然资源的保护方面缺乏基本的规定。

在一些新的重要环保领域，尚缺专门立法，例如生态安全、环境健康、温室气体控制等。

随着人们环境意识的提高，环境污染纠纷案件每年以 25%的速率递增，环境公益诉讼和环境损害责任立法也刻不容缓。

2. 《环境保护法》的地位需要提高

根据我国宪法和立法的规定，国家立法机关制定的法律包括由全国人大制定和修改的基本法律（也称基本法）与由全国人大常委会制定和修改的除基本法律以外的其他法律（也称一般法）两大类。尽管这两类法律均为立法机关制定，但由于宪法赋予全国人大立法权的特殊地位，使得其制定的法律在效力高于其的常设机构常委会制定的法律。无论是从借鉴西方国家的环境立法实践出发，还是从环境与资源保护在国家社会、经济发展中的重要程度出发，我国都有必要制定一部高位阶的环境保护基本法来指导和统领单项环境与资源保护法律。应当呼吁由全国人大制定《环境保护法》作为国家基本法予以修改制定，而不是一相情愿地凭空将《环境保护法》作为国家基本法来对待。

3. 立法过于原则和粗略，影响环境执法效果

《环境保护法》在立法上采取“宜粗不宜细”的原则，导致了对法律条文的规定过于原则和抽象，造成法律实施无法体现充分性、完整性和可操作性。如《环境保护法》和各个环境保护单项法律都对检举控告权、制定标准、环评和“三同时”制度、现场检查、限期治理等进行类似相同规定，形成法与法之间的简单重复。法律规定与立法目标相违背。在《环境影响评价法》中，关于“补办”环评报告的规定就是与立法目标相悖，这个规定就是默许企业违法，使违法“合法化”。

法律规范不具体，例如“规划环评”太原则了，不能具体操作，造成许多地方都没有进行规划环评，造成了环境违法案件，使环境执法处于尴尬的境地。又如《环境保护法》第 7 条关于监督管理体制的原则规定，由于没有具体细化统管部门与分管部门的职责，缺乏明确有效的协调机制，再加上部门之间职能交叉过

多，实践中经常出现一些方面多个部门同时管，越权抢权；有些方面又无人负责，互相推诿。特别是《环境保护法》中多处出现“严重污染”“采取措施”以及“根据不同情节”“根据危害后果”等模糊式规定，使执法部门掌握了较大的自由裁量权，甚至为滥用法律或不作为提供了借口，这都使环境执法质量有一定折扣，降低环境执法部门的执法效力，直接影响环境保护法律的权威。

4．立法目的和指导思想在一定程度上忽视“以人为本”

对公众权益的保障不力，使我国发生环境污染事故中的受害者，很难通过法律保障自己的生存权。1997 年的《刑法》规定“重大环境污染事故罪”以来，全国才判过 20 起案件，与实际发生的重大环境污染事故不匹配。

5．加大执行力度

现行《环境保护法》对环境违法行为规定的惩罚力度弱，造成企业“违法成本低”；还有一些多发的、常见的环境违法行为存在法律处罚的“空洞”，有些法律条文在基层执法中无法执行，有些法定处罚幅度过宽、没有量化，配套法规出台滞后，缺乏直接强制执行手段等，最终导致环境执法难。《环境保护法》的修订立足于环境执法的实际，在行政处罚力度和行政强制措施等方面取得重要突破。在环境行政监管方面，必须按法律程序走，而不能当场强制制止。由于缺少查封扣押、冻结、没收、取缔等行政强制手段，使得环境违法行为得不到及时制止。

6．环境保护统一监督管理问题

《环境保护法》中规定，县级以上地方各级人民政府环保行政主管部门，对本辖区环境保护责任实施统一监督管理，同时又规定国家其他 13 个行政主管部门依照有关法律的规定对环境污染防治和资源的保护实施监督管理。据此，我国在环境保护领域实行的是统管和分管相结合的多部门分层次的执法体制。同时，针对环境保护的监督管理，环保部门到底行使哪些职权，而其他部门又行使哪些职权，环境部门的统管地位体现在哪些方面，其他部门不履行职责环保部门怎样处置等，《环境保护法》均没有作出具体规定，再加上环保部门的行政级别同其他部门是平行关系，甚至低于某些职能部门，致使环保部门不能也无法监督这些部门，所谓的统一监管在实践中也成为一句空话。

对环境保护执法人员本身的违法行为应进行整顿，2007 年 3 月颁布了我国环境保护处分方面的专门规章《环境保护违法违纪行为处分暂行规定》。

环境保护管理部门的地位不断提高，但还是一个弱势部门，尚需强化。

环境保护部门对违法行为基本上没有行政强制执行的权力，降低了违法者的违法成本。

7．强化政府环境责任

近年来，我国环境法的调整对象由过去相对单一的排污者呈现多元化趋势，行政许可、规划环评等越来越多的政府行为被纳入环境法的调整范畴。《“十一五”规划纲要》将到 2010 年主要污染物排放总量减少 10%作为具有法律效力的约束性指标，并明确约束性指标“是在预期性基础上进一步明确并强化了政府责任的指标”。现行《环境保护法》对政府环境责任规定不足，政府对环境保护的公共管理职能难以体现，而且也难以彻底解决当前环境执法中地方保护主义障碍。据统计，我国每年发生的环保纠纷案件有 10 多万件，但真正告到法院的不足 1%。

（七）近期需要突破的问题探索

1. 在立法目的和指导思想上确立经济与环境融合的基本原则

在可持续发展的基本战略背景下，在当前全国环境保护法工作严峻形势下，必须对环境保护法的立法目的和指导思想重新定位，确立经济与环境融合的基本原则，把实施可持续发展作为环境保护法的最终目的。

2. 在职责定位上，确定政府为环境第一责任人，并建立环保问责制

应在环境保护法中明确规定，保护环境是国家、政府、公民、企业、社会团的共同责任，但首先是政府的责任，党政“一把手”是本区域内环境保护的第一责任人，同时建立环境保护责任追究制度和领导干部环保绩效考核制度。将环保绩效作为干部的一项重要政绩来考核，实行环保工作“一票否决制”；对不履行环境责任造成环境违法事件的相关责任人，坚决追究责任。

3. 理顺环境执法体制，落实环保部门统一监管职责

针对环境执法主体过多，执法权力过于分散，环境执法比较混乱的现状，环境保护法必须改革现行环境执法体制，理顺环保部门和其他有关职能部门的职责权限，要最大限度地统一环境执法主体，整合环保行政资源，把分散于各职能部门的执法权尽量集中到环保职能部门。

4. 赋予环保部门直接行政强制执行权，建立和完善环境行政强制制度

目前，环境保护法授予环保部门的权限是检查权、罚款权、建议权，这个权限范围已远远不能适应环境保护的需要，为实现可持续发展，保护人民群众的根本利益，环境保护法有必要建立和完善行政强制制度，强化环境行政执法，提高环境执法效率。要赋予环保部门直接行政强制执行权，如查封、扣押、没收、停产等强制措施的权力，从而保证执法人员能立即制止违法行为的继续。

（八）发展前景分析

中国环境法正在形成一个比较完整、科学、合理的法律体系，已经成为中国环境保护和可持续发展的最为重要的基础和支柱，已经成为中国社会主义法律体系中新兴的、发展最为迅速的重要组成部分。

1. 实行环境法制的基本要素

实行环境法制，简单地说就是将环境（保护）工作纳入法制的轨道。具体地

说，实现环境法制应该包括如下要素：

第一，要有一套体现环境正义、公平的，符合环境道德和生态伦理的，正确协调人与自然关系的，能够实现经济、社会和环境的协调、可持续发展的，旨在促进人与自然和谐共处的环境法律，即制定一套良好的、科学的环境法体系。“正义”历来被法学家认为是最重要的一项法律原则和法治原则，环境法中的正义就是符合自然或自然规律、实现人与自然的和谐共处。

第二，要重视和强调环境民主和公众参与，确定和保障公民的环境权，将环境民主与环境法制结合起来。公民环境权具有基本人权、道德权利、自然权利的某些性质，从法律上肯定、确认、尊重和保障环境权是环境法治区别于人治的最根本的价值追求。

第三，要强调环境法律的权威，公正、普遍地实施环境法律，在环境法律面前应该人人平等。国家行政机关和司法机关必须公正、严格地执行环境法律。

第四，要形成环境法治意识和环境道德风气，将环境法的实施与提倡环境道德和生态伦理等精神文明建设结合起来。

既承认人的价值又承认环境的价值，既尊重人的尊严又尊重大自然的尊严，这是环境法的基本价值取向；既有大量直接调整人与人的关系的法律规范，又有大量直接调整人与自然的关系的法律规范，还有同时调整人与自然的关系和人与人的关系的法律规范，这是环境法的鲜明特点。正如民法包括物权、债权这些基本规范体系一样，环境资源法也包括环境权、自然资源权这些基本规范体系。关于调整人与自然的关系的法学理论则充分地体现了上述价值取向和基本法律规范的作用。任何理论都体现一种价值观念，任何法律学科理论都为其基本法律规范服务，但是没有哪种传统部门法学理论能够像关于调整人与自然的关系的法学理论那样，充分体现环境法的价值取向和基本法律规范。

在包括各部门法学理论在内的各种法学理论发展史上，道德和伦理一直对法学理论具有重要影响。环境法学也有与其相对应的道德和伦理，这就是环境道德和生态伦理。环境道德，又称生态道德、地球道德，是一定社会调整人与自然之间的关系的道德规范的总和，其核心是有关人类尊重、爱护、保护自然和环境的道德。环境伦理或生态伦理是处理人与自然的关系、提倡人与自然和谐共处的伦理。环境道德含有对待自然的“义务”性规范，这种“义务”是促使将环境道德上升为环境法律义务即环境道德规范法制化的基础。环境道德规范法制化，是将人类环境道德理念、原则、规范上升为法律的过程，也是好的环境法律由此产生和发展的过程；良好的环境法律，就是符合环境道德的法律，就是促进环境公平和环境正义的法律，它在某种程度上决定着环境法律的本质和特点，从而构成环境法治的基石。环境道德和环境法律的结合，即环境道德规范的法制化和环境法律规范的道德化，是环境法治得以成立不可或缺的两个阶段，也是人类社会实现人与自然和谐共处的历史过程。

2. 近期目标

目前我国环境政策虽多，却不能完全适应环保工作的要求，主要表现为：经济、技术政策偏少，实用的政策偏少，政策间缺乏协调；现有环境法律法规偏软，可操作性不强，对违法企业的处罚额度过低，环保部门缺乏强制执行权；地方保护主义严重干扰环境执法，有法不依、执法不严、违法不究的现象还比较普遍，一些地方监管不力的问题还很突出；执法监督工作薄弱，内部监督制约措施不健全，层级监督不完善，社会监督不落实。

以提高立法质量为目标，以加大对违法行为处罚力度为突破口，以增强立法可操作性为关键，以规范政府环境责任为保障，抓紧制定修订一批当前急需的环境法律法规。当前和今后，环境法制建设将聚焦5项工作。其中首要工作就是集中力量修改好《环境保护法》，力争突破长期困扰环境执法的“老大难”问题，特别是地方保护主义的问题；而新修订的法律还会将新兴的管理制度通过立法形式固定下来，特别要强化体现环境与发展综合决策的宏观制度。抓紧修订现有不适应历史性转变的法律法规也已成为当务之急，重点解决“违法成本低、执法成本高、守法成本高”的突出问题，着力解决饮用水安全、饮食娱乐服务业污染扰民、城市噪声污染等严重影响群众切身利益的环境问题。

填补法律领域和管理方面空白的工作已经启动，这将为地方立法与执法提供法律保障，具体工作包括抓紧制定《转基因生物安全法》，研究论证起草有关土壤污染、化学物质污染、臭氧层保护、畜禽养殖污染防治和环境监测等方面的法律法规。同时，抓好环境法律法规实施的配套立法。尽快起草法律明确授权的《饮用水源环境管理条例（草案）》等法规规章，尽快颁布《环境保护目标责任考核办法》。而全面清理环境法律法规更引人关注，不仅要对不适应历史性转变、不便于基层执法、不能有效惩治环境违法行为、可操作性差的环境法律、行政法规和部门规章进行全面清理，还要提出“立、改、废”的建议。

政府的环境法律责任未通过立法予以明确，导致政府及其主要负责人在环境与发展关系的决策面前出现“重经济增长、轻环境保护”的现象。当前我国环境问题恶化的现实告诉我们，如果不将环境保护的法律责任明确赋予各级政府而不是政府部门、不建立追究政府主要负责人的环境法律责任制的话，地方各级政府及其主要政府官员还将为追求本地区短期的经济利益而忽视长远的环境利益，那么环境破坏的悲剧还将在我国继续发生。政府和主要官员也有自己的利益，如果不加强政府的环境保护法律责任，那就难以遏制住政府和主要官员盲目追求经济增长，忽略环境保护的原动力。

3. 远期要制定环境法典

我国的各种环境保护法主要是细则不细，缺乏可操作性；经济性手段尚需完善等，这是一个长期的任务。可以首先完善《环境保护法》与各项专门法，在此基础上制定环境法典。

每一部新的法典都具有新时代的设计意图，它标志着一个时代的终结和另一个时代的到来。在人类跨进 21 世纪之后，经济、社会、环境都发生了重大的变化。对于环境危机的风险预防意识正在得到加强，风险预防原则和环境一体化管理成为环境法中的关键词。风险预防原则因其防患于未然之优势在世界各国的环境立法中得以体现。所有的政策措施都是基于该原则加以重新设计。另外，环境一体化的优势在于综合考虑环境问题，而不再仅仅只是对单个环境因素和环境问题逐一加以调整，这样可以避免各个部门之间政策的冲突，降低本身的内耗。综合性的环境法成为环境管理一体化思想的成果，而环境法典①成为其中突出的代表。

环境法典的编纂在学术界还存在争议，这是一项非常复杂的工作。

我国制定《环境保护法》已经 30 年了。随着经济的发展，如果不采取进一步的变革，很可能我国的环境改善会继续沿着线性的道路发展，而引起环境退化的因素却呈指数性发展。健全与完善环境保护法，成为我国发展的必然选择。我国正在寻求一种创新的方法来实现环境保护与经济发展并行，这一方法将为中国人民带来持久的经济增长，同时也创造了舒适、优美的生存环境并最终惠及全世界。

二、环境影响评价法

我国是最早实施建设项目环境影响评价制度的发展中国家之一。1979 年，第五届全国人大常委会第十一次会议通过了《中华人民共和国环境保护法（试行）》，首次把对建设项目进行环境影响评价作为法律制度确立下来。以后陆续制定的各项环境保护法律，均含有建设项目环境影响评价的原则规定。我国环境影响评价制度的建立和实施，对于推进产业合理布局和企业的优化选址，预防开发建设活动可能产生的环境污染和破坏，发挥了不可替代的积极作用。

进入 21 世纪，经济的高速发展，给环境保护造成了巨大的压力，重化工产业的发展和自然资源被过度开发利用所造成的环境污染与生态破坏越来越突出，除建设项目环境影响评价需要进一步完善外，因有关政策、规划不当，所造成的环境问题已经成为我国经济发展的“瓶颈”。国内外环境保护发展历史经验证明，

---

① 法典编纂：重新审定某一法律部门的全部现行法律规范，废除已经陈旧的，修改相互抵触的部分，弥补其缺陷或空白，使之成为基于某些共同原则、内容协调一致、有机联系的统一法律。这种法律就称为法典。法典较单行法规系统、完备，是一种新的立法文件。随着法典的颁布，相应的单行法规即被废除。

同建设项目相比，政府一些政策和规划对环境的影响范围更广，历时更久，而且影响发生之后更难处置。政府行为的环境影响也就成为各国关注的问题。

我国经济发展的历史表明，政府及其有关部门制定的某些政策和规划，相对于具体的建设项目来说，实施后对环境的影响更加巨大，范围也更加广泛与深远。诸多事实说明，例如，厦门的 PX 项目、青岛丽东化工的芳烃项目，如果有关部门在提出有关政策和规划的时候能够慎重考虑相关的环境影响，并采取相应的环境保护措施，不仅可以防止其可能带来的环境破坏，也可大大减少事后治理所带来的经济损失和社会矛盾。虽然政策环评未列入《环境影响评价法》，但规划环评列入也是一大进步。

世界上一些国家开展的以政策和规划为评价对象的“战略环境影响评价（SEA）”，告诉我们，战略环评是预防污染的有效措施。我国一些地区对区域发展的规划等也逐步开展了环境影响评价，对战略环境影响评价制度的建立进行了有益的探索，积累了一定的经验。

（一）主要内容

《环评法》共分 5 章 38 条，立法目的是为了实施可持续发展战略，预防因规划和建设项目实施后对环境造成的不良影响，促进经济、社会和环境的协调发展。该法对环境影响评价的概念、原则、范围、程序及法律责任等都作出了明确规定。

1．环境影响评价的主要对象

根据《环境影响评价法》的规定，环境影响评价的对象包括法定应当进行环境影响评价的规划和建设项目两大类。

其中法定应当进行环境影响评价的规划主要是指：国务院有关部门、设区的市级以上地方人民政府及其有关部门，组织编制的土地利用的有关规划，区域、流域、海域的建设、开发利用规划（第七条）。

国务院有关部门、设区的市级以上地方人民政府及其有关部门，组织编制的工业、农业、畜牧业、林业、能源、水利、交通、城市建设、旅游、自然资源开发的有关专项规划（第八条）。

至于政策和计划，并未纳入《环境影响评价法》规定的环境影响评价对象。

2．对环境影响评价进行了详细的强制性规定

第七条明确规定：“未编写有关环境影响的篇章或者说明的规划草案，审批机关不予审批。”第十六条对可能造成重大环境影响、轻度环境影响、环境影响很小的，分别要求编制环境影响报告书、进行全面评价，编制环境影响报告表、进行专项分析或专项评价，填报环境影响登记表。这些强制性规定从源头上预防可能产生重大环境影响的规划及建设项目的出台和开工。

明确环境影响评价的原则是客观、公开、公正，综合考虑规划和建设项目实施后对各种环境因素及其所构成的生态系统可能造成的影响，为决策提供科学依据。

有关部门编制的规划，应当在规划形成初步方案至上报前，组织进行环境影响评价，并向审批规划的机关提出环境影响报告书。环境影响报告书应当包括三项主要内容：一是实施该规划对环境可能造成的影响的分析、预测和评估；二是预防或者减轻不良环境影响的对策和措施；三是环境影响评价的结论。法律还规定：设区的市级以上人民政府在审批专项规划草案时，发现有明显不良环境影响的，应当及时提出改进措施。作出决策前，应当先由人民政府指定的环境保护行政主管部门或者其他部门召集有关部门代表和专家进行审查，并提出书面审查意见。对环境有重大影响的规划实施后，编制机关还应当及时组织环境影响的跟踪评价，并将评价结果报告审批机关。

应当指出的是，环境影响评价的审查，不仅是环境管理行政主管部门的一项重要职责，而且有关部门也要积极参与，并负责对规划实施后的跟踪评价，如果弄虚作假，造成失实的，要追究法律责任。这些规定就是让有关部门从编制规划起直到规划实施后，都要对自己的行为负责，把环境保护作为发展事业的组成部分，作为自己管理工作的一部分，而不是作为应付环境监督管理部门的事情。这种规定是有其积极意义的。

3. 充分保护公众的知情权和参与权

法律对公众参与环境影响评价（《环境影响评价法》第十一条、第二十一条）也作了明确的规定：专项规划与建设项目的编制机关对可能造成不良环境影响并直接涉及公众环境权益的规划，应当在该规划草案报送前，举行论证会、听证会或者采取其他形式，征求有关单位、专家和公众对环境影响报告书草案的意见。编制机关应当认真考虑有关单位、专家和公众对环境影响报告书草案的意见，并应当在报送审查的环境影响报告书中附其对意见采纳或者不采纳的说明。这些规定，都对公众和专家参与规划和建设项目环境影响评价的范围、程序、方式和公众意见的法律地位作出了明确规定。使公众的意见成为环境影响报告书不可缺少的组成部分。公众参与是我国首次列入《环境影响评价法》的，是在以往的环保法律中所没有的，说明国家非常重视维护公民的环境权益，重视公众参与环保决策和监督。

4. 突出了规划环评的作用

对规划的环境影响评价范围、程序、评价的内容、评价结论的法律地位及规划编制和审批部门的职责等都作出了明确规定，明确要求谁规划、谁环评、谁对环评结论负责。同时规定，依法应当进行环境影响评价的规划，在报送规划草案时必须同时附送环境影响评价文件，否则，审批机关不予以批准。此外还明确了规划环评不仅仅在规划和项目建设之前，还要进行规划的跟踪评价，发现有明显不良环境影响的，及时提出改进措施，从而动态地掌握规划实施和项目建成后的环境影响，确保环境质量。

链接 3-2　厦门 PX 项目

投资 108 亿元、将为厦门带来巨大经济效益的厦门 PX 项目本来进行得一帆风顺（PX 是一种化工产品，化学名叫二甲苯）。2004 年 2 月国务院批准立项，2005 年 7 月国家环保总局审查通过了该项目的《环境影响评价报告》，国家发改委将其纳入“十一五”PX 产业规划 7 个大型 PX 项目，并于 2006 年 7 月核准通过。投资方的资金也已到位，按计划 2007 年就应该开工了。

2007 年“两会”期间，厦门大学化学教授、全国政协委员赵玉芬联合了另外 104 名政协委员，向政府提交了一项提案，建议暂缓 PX 项目建设，重新选址勘查论证。此提案一经媒体披露，立刻引来厦门人的关注，尤其是在厦门海沧“未来海岸”买了房子的业主，更是坐不住了。消息迅速在厦门市民中流传，表达对 PX 项目的不满。

由市政府召开的“厦门环评座谈会”，有 21 名专家及百余名民众代表参加，有近 90%的市民代表发表了反对在厦门投产 PX 项目的意见。

最后政府决定 PX 项目迁址，实现政府与民意的双赢。

在实施西部大开发的战略中，国家对“西气东输”“西电东送”和“青藏铁路”重大规划，对内蒙古“十一五”发展规划，也都进行了环境影响评价。这些情况表明，在规划环境影响评价方面，我国也有了一定的实践基础。

5. 在程序设计上充分考虑了环境影响评价的公正性

《环境影响评价法》第十九条规定：“为建设项目环境影响评价提供技术服务的机构，不得与负责审批建设项目环境影响评价文件的环境保护行政主管部门或者其他有关审批部门存在任何利益关系。”法律还规定预审、审核、审批建设项目环境影响评价文件，不得收取任何费用。为审批过程中可能出现的不正之风预设了预防措施。

在经济转型的实践中，如何认识效率与公平，才能走出以往的一些理论困境，超出现实中的要么要效率、要么要公平的“两难”抉择。从社会哲学的宏观视角抓住问题的实质，环境影响评价提供了重要的方法论依据。

6. 对法律责任的规定相当明确

《环境影响评价法》全文有 38 条，其中就有 7 条法律责任条款，而这当中又有 5 条是针对政府行政机关制定的，说明《环境影响评价法》加大了对政府行政机关的法律约束。《环境影响评价法》有关法律责任的规定，将政府行政机关的权力与责任对等起来了。今后，在环境保护中，政府只想行使权力，不想承担责任是行不通的了。

如对规划编制机关违法的主管人员、直接责任人，规定了由上级机关或者监察机关给予行政处分；对建设单位的违法行为，规定了行政主管部门责令停工、罚款，给予主管人员、责任人行政处分等处罚措施；对环境影响评价提供技术服务的机构弄虚作假的，可罚款甚至吊销资质证书。

7. 强化对建设项目的环境影响评价管理

强调为建设项目环境影响评价提供技术服务的机构必须取得相应资质，任何单位与个人都不得为建设单位指定其项目的环境影响评价的机构。同时明确要求，建设项目的环境影响评价应当避免与规划的环境影响评价重复。

8. 开展规划环评是重要突破

在《环境影响评价法》颁布前，我国颁布的环境保护基本法和单行法均只针对具体的建设项目作环评规定。相对于具体的建设项目而言，区域的建设和开发利用规划、自然资源的开发利用规划和行业发展规划的实施，对环境造成的影响更为广泛。这些规划和具体项目之间，通常是“源头”和“末端”的关系、“面”和“点”的关系。现在国家以法律的形式，将环评的范围从建设项目扩大到有关规划，确立了对有关规划进行环评的法律制度，使我国的环评制度更趋完善。

《环境影响评价法》第七条　国务院有关部门、设区的市级以上地方人民政府及其有关部门，对其组织编制的土地利用的有关规划，区域、流域、海域的建设、开发利用规划，应当在规划编制过程中组织进行环境影响评价，编写该规划有关环境影响的篇章或者说明。

根据《环境影响评价法》的规定，依法进行环评规划的主体是：国务院有关部门和设区的市级以上地方政府及其有关部门，县、乡（镇）一级政府组织编制的规划，本法未作要求，可参照《环境影响评价法》的有关规定进行环评，但应符合上级的规划，执行上级的规划安排。

关于规划环评的方式，依据本条和第八条所列规划的不同，相应规定了两种不同的规划环评方式。对于本条所列的综合规划的评价方式，是由规划编制机关在规划编制过程中组织进行环评，并编写作为规划组成部分的环境影响篇章或者有关环境影响说明，而不需另行编制规划的环评报告书和对报告书进行审查。至于本条所列规划中，哪些应当编写环境影响篇章，哪些只需编写有关环境影响说明，《环境影响评价法》未作具体规定，有待于有权机关进一步作法律解释。

第八条　国务院有关部门、设区的市级以上地方人民政府及其有关部门，对其组织编制的工业、农业、畜牧业、林业、能源、水利、交通、城市建设、旅游、自然资源开发的有关专项规划（以下简称专项规划），应当在该专项规划草案上报审批前，组织进行环境影响评价，并向审批该专项规划的机关提出环境影响报告书。

北京六里屯垃圾焚烧发电项目，在选址问题上，北京市环境保护局依据2005年的法律、法规、国家标准及产业政策批复该项目环评报告书的行为符合法定权限和程序，并无不当。但是，由于垃圾填埋场所在地政府并未落实北京市环保局1995年对该项目依托的垃圾填埋场环评审批时提出的“填埋场界外500m之内不宜兴建永久居住设施、现有设施应予搬迁”的要求，致使原址周围的人口数量不断增加，环境功能实际上发生了较大变化，导致目前在六里屯垃圾填埋场旁新建垃圾焚烧发电项目，可能加重该区域居民的环境风险。

第十条、第十一条对规划的内容与专项规划的编制机关的责任进行了规定。编制机关应当认真考虑有关单位、专家和公众对环境影响报告书草案的意见，并应当在报送审查的环境影响报告书中附具对意见采纳或者不采纳的说明。

本条是关于公众参与专项规划环评的规定，但对于参与的形式、程序规定得不具体、不详细。关于公众参与专项环评的方式，“论证会”是指：专项规划编制机关邀请有关专家、具有一定的相关专业知识的公众代表和有关单位的代表召开论证会，对专项规划环评报告书的相关内容进行全面论证，提出论证意见。“听证会”是指：专项规划的编制机关，按照规范的听证程序，邀请与专项规划有利害关系的有关单位、公众代表和专家召开听证会，就专项规划环评报告书的内容直接陈述意见，进行辩论和举证，听取公众意见。“其他形式”是指：专项规划编制机关除了论证会和听证会以外，还可以采用座谈会、书面征求意见等形式，征求有关单位、专家和公众对专项环评报告书（草案）的意见。

第十二条与第十三条明确了专项规划的编制机关在报批规划草案时，应当将环境影响报告书一并附送审批机关审查；未附送环境影响报告书的，审批机关不予以审批。

在第十五条对环境有重大影响的规划实施后，编制机关应当及时组织环境影响的跟踪评价，并将评价结果报告审批机关；发现有明显不良环境影响的，应当及时提出改进措施。

按照《行政监察法》的规定，监察机关是人民政府行使监察职能的机关，依照行政监察法对国家行政机关、国家公务员和国家行政机关任命的其他人员实施监察。监察机关根据检查、调查结果，遇有违反行政纪律，依法应当给予警告、记过、记大过、降级、撤职、开除行政处分的，可以作出监察决定或者提出监察建议，并应当按照国家有关人事管理权限和处理程序的规定办理。

第三十条是对规划审批机关对未依法进行环境影响评价的规划草案违法予以批准的法律责任的规定。

依照本条规定，规划审批机关有违法审批行为的，应当对该审批机关直接负责的主管人员和其他直接责任人员依法给予行政处分。按照《国家公务员暂行条例》的规定，对国家公务员的行政处分包括：警告、记过、记大过、降级、撤职、开除六种。具体给予哪种行政处分，可根据行为人的情节轻重，按照干部管理权限，由有关机关作出。本条规定的作出行政处分决定的机关是规划审批机关的上级机关或者监察机关。

现实是规划环评并不落实，一些行业和区域规划并没有进行规划环评。为了追求政绩，地方保护主义严重，一些建设项目不经过环评，进行建设。但是按条例是应当处罚的，现实是很少进行。例如，江苏省的铁本钢铁项目投资上百亿元，未经过环境影响评价。

按照规定，环境保护行政主管部门或者其他部门的工作人员徇私舞弊，滥用职权，玩忽职守，应承担以下法律责任：

行政处分：环境保护行政主管部门或者其他部门的工作人员徇私舞弊，滥用职权，玩忽职守，违法审批建设项目环境影响评价文件的，依法给予行政处分。按照《国家公务员暂行条例》规定的警告、记过、记大过、降级、撤职、开除六种行政处分，根据违法行为的情节决定所给予的处分。构成犯罪的，依法追究刑事责任。这里讲的构成犯罪，是指构成《刑法》第三百九十七条规定的国家机关工作人员滥用职权，玩忽职守，徇私舞弊的犯罪。构成本条的犯罪，除主体是国家机关工作人员以外，还须具备以下条件：①客观上实施了徇私舞弊、滥用职权或者玩忽职守的行为；②必须有由于徇私舞弊、滥用职权或者玩忽职守的行为导致公共财产、国家和人民利益遭受重大损失的严重后果。对于构成滥用职权，玩忽职守的犯罪的，依照《刑法》第三百九十七条第一款的规定，处三年以下有期徒刑或者拘役；情节特别严重的，处三年以上七年以下有期徒刑；对于构成徇私舞弊的犯罪的，依照《刑法》第三百九十七条第二款的规定，处五年以下有期徒刑或者拘役；情节特别严重的，处五年以上十年以下有期徒刑。

（二）发展分析

项目环评实施多年还是存在一些问题，需要加大执法力度。根据国内外的经验和做法，有必要将环境影响评价的范围，由单纯地评价建设项目，扩大到评价对环境有影响的一些政策和规划。

1. 区域限批实施的经济与环境捆绑式实施机制是环境管理模式的创新

所谓“区域限批”，是指如果一家企业或一个地区出现严重环保违规的事件，环保部门有权暂停这一企业或这一地区所有新建项目的审批，直至该企业或该地区完成整改。区域限批是我国环境政策的一个创新，需要进一步完善。

区域限批政策自施行以来，效果明显，唐山市、吕梁市、六盘水市、莱芜市、白银市等被原国家环保总局实行区域限批、流域限批后，很快加大了在治污整改上的力度，进一步优化产业结构，提升产业层次，延伸产业链条，促进资源深度利用，从而达到了改善环境状况与节能减排的目标。区域限批，不但可以把大量污染严重、破坏生态的建设项目挡在门外，维护人民群众的环境权益，保障环境安全，而且将加快经济增长方式的转变。

2007 年 1 月 10 日，原国家环保总局又一次掀起了“环保风暴”，82 个项目涉及 1 123 亿元的投资被叫停。原国家环保总局吸取了前两次风暴中的教训，采用了“相对有效的措施”，即“区域限批”，这是环保部门成立近 30 年来首次启用这一行政惩罚手段。

白银市区域限批后建立污染源信息数据库，突出抓好银光公司、白银公司、国电靖远发电公司等重点污染工程建设，对水泥、电石、铁合金、造纸、淀粉等重点行业进行整治，完成 15%“双超双有”企业的强制性清洁生产审核。通过市区东大沟、西大沟、垃圾处理厂的建设，改善区域环境质量。同时，白银市还规定：今后凡没有完成减排任务和责任书任务的县区，不能参与评优，有关责任人不得提拔；凡没有完成任务的工业园区，实行区域限批，不得新建除污染防治之外的项目，凡没有完成任务的企业，实行停产整顿。

区域限批的实施促进了经济的发展与环境的改善。白银市白银公司制酸项目在改造完成之前，白银市每年的优良天气不到 160 天，这个项目 2007 年 3 月投产之后，优良天气超过了 240 天，从而大大地改善了白银市的环境。

2．需要加大经济处罚力度

在《环境影响评价法》中，投资上百亿元项目的违法者，最高罚款额才 20 万元，违法成本太低，这对违法者没有威慑力。2007 年新修订的《水污染防治法》规定，罚款额“上不封顶”这是非常正确的。

3．公众参与需要正确引导

在环境影响评价制度中引进公众参与机制，是民主化的标志，《环评法》对公众参与环境影响评价作出规定，是否就意味着公众参与环境影响评价制度真正建立起来了呢？通观我国《环境影响评价法》以及其他相关的立法，我们认为，我国环境影响评价制度的公众参与机制尚未真正形成。就公众参与制度而言，我国《环境影响评价法》还存在着诸多不完善的地方，如对“公众”缺乏明确的界定，对参与方式与阶段规定也不尽全面合理，对公众参与权的侵害没有提供司法救济渠道。不仅如此，从公众参与环境影响评价的前提条件来看，我国《环境影响评价法》对公众所应有的对环境影响评价相关信息的知情权也没有作出具体的规定，从而使得公众参与环境影响评价机制在根基上存在重大缺陷，这一缺陷对公众参与环境影响评价制度建立有着根本性的影响。因为，环境信息公开制度是直接决定公众参与环境影响评价机制是否真正形成的核心因素。

2007 年 2 月 14 日《南方都市报》刊登了一篇名为《青岛逾 5 亿美元化工项目引发市民恐慌》的文章，立刻在社会上引起强烈反响。青岛丽东化工在建项目以及中石化“大炼油”项目立刻成为千夫所指。民众纷纷将其与厦门 PX 事件相联系，呼吁管理及决策部门尊重民意，保护青岛的碧海蓝天和居民的生活环境。

厦门 PX 事件历经半年时间终于落下帷幕，福建省政府和厦门市政府决定顺从民意，将厦门海沧区兴建 PX 项目迁往漳州古雷半岛。

对两个芳烃项目公众参与有不同的结果，令人深思。

当前，民众的环保、安全意识与日俱增，人们已经对化工生产中对环境和健康可能产生的危害提高了警觉。但大多数民众缺乏对化学品性质和化工生产过程的了解，一味恐惧，全盘否定。认为凡化学物质一律有毒有害，凡化工厂一律污染严重，危害巨大。这无疑人为恶化了化工企业的形象。

我们暂且不探讨丽东化工芳烃项目的建设指标是否真得符合环评要求，其环境风险究竟有多大；也先不深究国外企业纷纷来华投资建厂、生产的"如意算盘"，单是化工项目建设屡屡引发争议和恐慌的尴尬现实已不得不引起我们的深思。

4."限期补办手续"应予以删除

《环境影响评价法》第三十一条与第二十四条的规定重新报批或者报请重新审核环境影响评价文件，擅自开工建设的，由有权审批该项目环境影响评价文件的环境保护行政主管部门责令停止建设，限期补办手续；逾期不补办手续的，可以处五万元以上二十万元以下的罚款，对建设单位直接负责的主管人员和其他直接责任人员，依法给予行政处分。

建设单位若存在《环境影响评价法》第三十一条的违法行为，属于行政许可法规定的擅自从事的未经许可的活动，自然应当责令停止建设，恢复到违法之前的状态。

而该法条"限期补办手续"则属强人所难，不问相对人的意思，强行责令补办，不仅忽视了相对人的意愿，也违背了环评的许可性质。限期补办环评手续，在立法之初就有对"违法"的措施，但是这种措施是否得当？

三、水污染防治法

我国 COD 排放数据统计始于 1997 年，当年 COD 排放总量为 1 073 万 t，其中县以上工业 COD 666 万 t，约占 62.07%。近 10 年，COD 排放总量呈一定幅度的波动，1998—2007 年总体呈下降趋势，但近两年有所回升。其中生活 COD 排放量持续增加，工业 COD 排放量变化趋势类似 COD 排放总量（图 3-1）。

2006 年，全国地表水体总体水质属中度污染，其中辽河、海河为重度污染，松花江、黄河、淮河为中度污染。2007 年入夏以来，太湖、巢湖、沭阳地区相继发生水污染事件。据原国家环保总局调查数据显示，目前全国有 3 亿农村人口的饮用水存在安全问题。

总的来说，当前我国的水污染形势已经发展到非常严重的地步，呈现出复合性、流域性和长期性等特点，并处在急剧转型过程中，其主要特征包括以下方面：从单一污染向复合型污染转变；从工业污染为主向生活污染为主转变；面源污染问题日益突出。

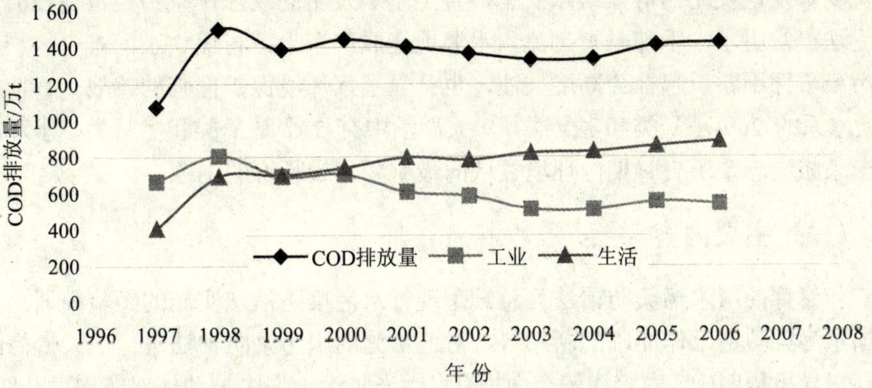

图 3-1　1997—2007 年我国 COD 排放量变化趋势

2007 年 5 月，太湖蓝藻大规模暴发，水源地水质遭受严重污染，给无锡市群众生活带来很大影响。巢湖、滇池也不同程度出现蓝藻。6 月 29 日，温家宝总理专程到江苏无锡对太湖污染及治理情况进行调查研究，就“三湖”治理工作作出具体部署。

太湖、巢湖、滇池是长江水系的三颗明珠，周边地区都是风景胜地，历史文化悠久，城乡经济繁荣，但一个时期以来“三湖”污染日益加剧，水环境继续恶化，必须引起高度警惕。要认真贯彻落实科学发展观，实行“远近结合、标本兼治、分类指导、因地制宜、科学规划、综合治理，加强领导，狠抓落实”的指导方针，通过全面、系统、科学、严格的综合治理，经过坚持不懈的努力，使“三湖”湖体富营养化加重趋势得到遏制，水质有所改善，逐步恢复“三湖”地区的自然风貌，努力形成流域生态良性循环、人与自然和谐相处的宜居环境。温家宝总理提出十点要求：第一，当务之急是采取有效措施，切实预防蓝藻再次大规模暴发，确保城乡居民饮水用水安全；第二，强化工业污染源的全面达标排放管理，禁止新上向“三湖”排放含氮、磷污染物的项目，从源头上减少污染；第三，加强污染处理设施建设并确保正常运行，加快污水处理厂、垃圾处理场和配套管网建设，提高污水集中处理率；第四，严格控制农业面源污染；第五，积极推进生态治理工程，实施湿地保护和恢复工程，建立生态湖滨带，做好调水引流工作；第六，加大污染治理投入，建立政府引导、企业为主和社会参与的污染治理投入机制；第七，科学论证，制定各个湖泊的综合治理措施和技术解决方案；第八，加强各方协调配合，太湖流域治理要建立高层次的组织协调机制，抓紧编制综合治理方案；第九，强化环境执法监督，加快制定太湖、巢湖、滇池等管理条例；第十，落实防污治污责任制，把各项目标、任务落实到基层、企业和个人[①]。

中国的水环境质量已经到了一个危险的临界点，从松花江水污染事故，到太湖蓝藻暴发危及无锡群众饮水安全，直至刚刚发生的汉江严重污染致使 20 余万人无法正常用水，千吨融雪剂流入水源地造成广东上万村民饮水困难……一起起水污染事件不断引起社会高度关注，也凸显了水环境保护面临的挑战。目前全国 7 大水系的 26%是Ⅴ类和劣Ⅴ类，9 大湖泊中有 7 个是Ⅴ类和劣Ⅴ类，水环境将是未来相当一个历史时期内环境领域的最重要、最紧迫的主题。

（一）主要内容

新修订的《水污染防治法》总结了现行水污染防治法实施的经验教训，结合我国水污染防治工作面临的新形势，对已实施的水污染防治法进行了大量修改，修订指导思想明确，内容比较全面，为水污染防治工作由被动应对转向主动防控、为江河湖泊休养生息奠定了坚实的法律基础。

修订后的《水污染防治法》共 8 章 92 条，比修订前增加了 30 条。不仅内容大为丰富，而且结构进行了很大的调整。修订后的《水污染防治法》有不少亮点，如明确提出保障饮用水安全，强化地方政府的责任，全面推行排污许可制度[②]，确立超标违法原则，强化淘汰严重污染的落后产能机制；还增加了水污染事故处置、污水集中处理设施监管、污染源自动监控设备等方面的规定；尤其是在加大对违法行为的处罚力度方面，这次修订取得了重大突破，修订后的《水污染防治法》中“法律责任”一章共 22 条，比现行的《水污染防治法》增加了 9 条，处罚手段上凸显了更多的刚性，明显增强了对违法行为的震慑力，既可对污染物的排放形成强大压力，又可对水环境的治理形成推动力。

1. 饮用水安全保障成首要任务

饮用水的安全问题，直接关系到人民群众的身体健康，关系到社会的和谐稳定，关系到经济社会的可持续发展。新修订的《水污染防治法》在第一条就增加了“保障饮用水安全”作为该法的立法目的，并且在第三条提出“水污染防治应当坚持预防为主、防治结合、综合治理的原则，优先保护饮用水水源，严格控制工业污染、城镇生活污染，防治农业面源污染，积极推进生态治理工程建设，预防、控制和减少水环境污染和生态破坏”，将“优先保护饮用水水源”放在了首位。

① 中央政府门户网站：http: //www.gov.cn，2007-06-30。来源：国务院办公厅。

② 排污许可证制度是指凡是需要向环境排放各种污染物的单位或个人，都必须事先向环境保护部门办理申领排污许可证手续，经环境保护部门批准后获得排污许可证后方能向环境排放污染物的制度（目前我国的排污许可证制度是以改善环境质量为目标，以污染物总量控制为基础，规定排污单位许可排放什么污染物、许可污染物排放量、许可污染物排放去向等的一项法律制度，是对排污者排污实施许可的一项环境管理手段）。

链接 3-3 丹江口市 5 家污染企业彻底关闭

南水北调中线调水源头丹江口市 5 家污染企业彻底“熄火”，这其中包括 1 家年产值过亿元的企业。丹江口市为保护好一库清水，从今年 4 月至 10 月，对辖区内 40 多家企业进行了摸底排查。他们对其中 13 家企业提出了限期整治措施，对 5 家国家明令淘汰的污染企业予以关闭或取缔。同时，该市还拒绝了两个欲来开发硅锰、黄磷高污染项目的投资开发商。

新修订的《水污染防治法》将饮用水水源保护专门列为一章，显示了对于饮用水水源地保护的决心和重视程度。在这一章中，一是完善了饮用水水源保护区分级管理制度。新法规定饮用水水源保护区分为一级和二级保护区，必要时，可以在饮用水水源保护区外围划定一定的区域作为准保护区；二是明确了饮用水水源保护区的划定机关和争议解决机制；三是对饮用水水源保护区实行严格管理，新法规定禁止在饮用水水源保护区内设置排污口；四是在饮用水准保护区内实行积极的保护措施。新法规定县级以上地方人民政府应当根据保护饮用水水源地的实际需要，在准保护区内采取工程措施或者建造湿地、水源涵养林等生态保护措施，防止水污染物直接排入饮用水水体，确保饮用水安全。

2．总量控制制度适用范围扩大

修订前的《水污染防治法》中是“对实现水污染物达标排放仍不能达到国家规定的水环境质量标准的水体，可以实施重点污染物排放的总量控制制度①”，将总量控制范围扩大到对重点水污染物排放实施总量控制制度，为实施减排的目标责任制提供了法律支持。新修订的《水污染防治法》第十八条规定：“省、自治区、直辖市人民政府应当按照国务院的规定削减和控制本行政区域的重点水污染物排放总量，并将重点水污染物排放总量控制指标分解落实到市、县人民政府。市、县人民政府根据本行政区域重点水污染物排放总量控制指标的要求，将重点水污染物排放总量控制指标分解落实到排污单位。省、自治区、直辖市人民政府可以根据本行政区域水环境质量状况和水污染防治工作的需要，确定本行政区域实施总量削减和控制的重点水污染物。”严格实施污染物排放总量控制制度，将加快淘汰落后生产能力，促进浪费资源、污染环境的违法排污企业停产关闭，推动循环经济和清洁生产的发展，促进产业结构优化升级。

① 排污总量控制制度，是指国家对污染物的排放实施总量控制的法律制度。在此概念中，“总量”一词指的是在一定区域和时间范围内的排污量总和或一定时间范围内某个企业的排污量总和。在新修改的《水污染防治法》中规定了排污总量控制制度。国家有关部门已确定在“九五”期间，对全国环境质量影响最大的 12 种主要污染物（烟尘、工业粉尘、二氧化硫、氰化物、石油类、化学需氧量、砷、汞、铅、镉、六价铬、工业固体废物）实行总量控制。

3. “区域限批”制度法制化

“区域限批”制度是以解决区域严重环境问题为切入点，从根本上推进地区产业结构升级和布局优化，走出低水平发展道路，实现经济发展与环境保护的协调统一。实践证明，“区域限批”制度作为环境执法手段，效果非常明显，既解决了一些遗留的严重环境违法问题，也扭转了一些地方政府先污染后治理的发展思路，使它们逐渐甩掉对高耗能产业规模数量的依赖，加速跨入发展新型产业的行列。新修订的《水污染防治法》规定：“对超过重点水污染物排放总量控制指标的地区，有关人民政府环境保护主管部门应当暂停审批新增重点水污染物排放总量的建设项目的环境影响评价文件。”这使得“区域限批”制度法制化，使“区域限批”制度从过去运动式的“风暴”变成常规化的法律制度，将使“区域限批”制度在调整产业结构、转变经济增长方式、实现减排目标和打击环境违法行为方面发挥更大的作用。

链接 3-4 太湖水污染敲响警钟

太湖，位于长江三角洲南侧，面积约为 2 425 km^2，为我国第三大淡水湖。20 世纪 50 年代，茫茫太湖碧波万顷，晶莹甜美的湖水清澈见底。60 年代，太湖依然山清水秀、碧波如镜，但环境污染引发的富营养化已初见端倪。70 年代，著名风景区鼋头渚一带出现成片的“水华”（蓝藻）。80 年代，湖面的“水华”像绿色油漆一般，布满半个太湖。90 年代，绿油油的“水华”数次大面积暴发，使太湖沿岸人民饮水出现困难。据有关部门监测，太湖总体水质最近十年下降了一个等级！这不能不引起人们的极大忧虑。专家经过调查研究后提出，太湖水质要在 10 年内恢复到 70 年代末 80 年代初标准，须投入 2 000 多亿元人民币。

从自然因素上来讲，无锡市太湖水位 2007 年比往年要低，也就是说水少。另外一个因素就是 2006 年是暖冬，2007 年 4 月，无锡的气温偏高，4 月平均气温都在 20℃左右，这样的气温适合于蓝藻的生长。这些是自然因素。但是人为因素在这里也是非常重要的，太湖湖体中的氮磷浓度是比较高的。

这些年太湖的治理使太湖水质局部有所改善，但是这个改善的指标主要是 COD，氮、磷还没有得到有效的控制。2006 年，太湖湖心区平均氮、磷的含量分别比 1996 年增加了 2 倍和 1.5 倍。2007 年 5 月以来，太湖大部分水域藻类叶绿素的含量局部地区的高达 230 g/L，这就为藻类生长提供了一个最为基础的物质条件，太湖呈全湖性的富营养化趋势。所以，它的自然因素和人为因素是同时影响的。

针对太湖蓝藻暴发的情况，原国家环保总局和江苏省政府、无锡市政府及有关部门共同商量了应对蓝藻暴发的应急方案，主要有五项措施：第一，要启动补水的机制，从长江向太湖进行补水，使太湖水位达到合理的高度，从而为减少蓝藻暴发创造条件；第二，实施化片分工，建围挡打捞，也就是说在建围挡以减少外来水华蓝藻聚集的基础上，安排专人采用打捞的方法把蓝藻捞出来，因为蓝藻在湖里死亡之后就使水有臭味；第三，加强对涉及排磷、排氮的监督管理工作，全面排查涉及排放磷、氮的企业，超标排放的一律停下来，达标排放的也要根据太湖湖体中氮磷的承受能力实行限产限排，同时也要求江苏省对太湖流域今后所有排放磷氮这样的污染企业停止审批；第四，鉴于无锡的“水华”暴发和今后一个时期还将会存在蓝藻暴发的实际情况，要求地方政府要制订蓝藻暴发的应急预案；第五，根据国外治理蓝藻的经验，研究为太湖流域购买捞藻船的可行性，也就是说要研究在太湖流域设置几条捞藻船比较合适，从太湖流域发生蓝藻开始就进行打捞，这样就会减轻蓝藻暴发的危害。

新修订的《水污染防治法》第十九条还规定：“国务院环境保护主管部门对未按照要求完成重点水污染物排放总量控制指标的省、自治区、直辖市予以公布。省、自治区、直辖市人民政府环境保护主管部门对未按照要求完成重点水污染物排放总量控制指标的市、县予以公布。县级以上人民政府环境保护主管部门对违反本法规定、严重污染水环境的企业予以公布。

4．强化地方政府责任

强化地方政府的责任，必须将环境指标纳入官员考核指标体系。新修订的《水污染防治法》第五条规定：“国家实行水环境保护目标责任制和考核评价制度，将水环境保护目标完成情况作为对地方人民政府及其负责人考核评价的内容。”同时规定：“县级以上人民政府应当将水环境保护工作纳入国民经济和社会发展规划。县级以上地方人民政府应当采取防治水污染的对策和措施，对本行政区域的水环境质量负责”。在新修订的《水污染防治法》中，地方政府还有确定本行政区域实施总量削减和控制的重点水污染物、分配总量控制指标、制定或适时修订国家水环境质量标准中未作规定的项目的地方标准，调解跨行政区域的水污染纠纷、合理规划工业布局，提高本行政区域城镇污水的收集率和处理率、划定饮用水水源保护区等责任。

《环境保护法》应该在强化政府环境保护法律责任上，有所突破。一方面，从西方国家环境基本法的立法实践看，环境基本法大都是将环境保护的法定权责，直接委任给各级政府及其主要负责人；另一方面，在依法治国的大背景下，政府与公民之间，是一种契约关系。政府应该具有对环境进行保护的法定义务，如果政府环境义务不履行或者履行不合格，政府的主要负责人就应承担法律责任。

5．构建全面防治水污染机制

当前，我国水污染排放的构成日趋复杂，工业污染还在发展，生活、农业污染又日益突出。让江河湖泊休养生息，必须在进一步加强工业污染防治的同时，实行工业、城镇、农业和农村、船舶水污染全面防治，实现上游、中游、下游水环境保护协调发展。原《水污染防治法》只是将水污染防治简单地分类为地表水和地下水的污染防治，新修订的《水污染防治法》将水污染防治重新进行归并划分为：一般规定、工业水污染防治、城镇水污染防治、农业和农村水污染防治以及船舶水污染防治，构建了一整套全面防治水污染的法律机制，如在工业水污染防治方面，新修订的《水污染防治法》制定了排污许可制度，落后工艺和设备淘汰制度、限期治理制度和严格的环境准入制度，还通过公布禁止采用的工艺名录和禁止生产、销售、进口、使用的设备名录，加快落后产能的淘汰和重污染企业的关闭，促进区域产业结构优化升级，大幅度削减污染，努力实现经济增长、污染减排。在新修订的《水污染防治法》中，城镇水污染防治、农业和农村水污染防治的重要性得到凸显，污染防治措施、手段和要求更加明确和具体，可操作性加强。

6．建立水环境信息统一发布制度

新修订的《水污染防治法》理顺了水环境监测机制，在第二十五条中规定由国务院环境保护主管部门负责制定水环境监测规范，统一发布国家水环境状况信息。很长一段时间以来，江河湖库水环境质量评价的标准并不一样，监管部门的评价标准也不一样，造成很多数据不一致，这对于污染情况和治污评价都有影响。而且多个部门向社会公告水质状况，往往因取水点位、计算方法、分析方法等的不同，造成向社会公告的环境质量数据有一定的差异，而使人民群众无所适从，甚至干扰正常的生产生活秩序而造成社会混乱。新修订的《水污染防治法》规定由国务院环境保护主管部门负责制定水环境监测规范，统一发布国家水环境状况信息，确保了向社会公布数据的统一和规范，今后将避免产生不同部门发布数据的差异，保证公众有效获得相关环境信息，为公众参与环境保护提供帮助，充分保障人民群众的环境知情权、监督权和参与权。

7．加大违法成本

“守法成本高，违法成本低”一直是水污染防治的“瓶颈”。修订后的《水污染防治法》加大了水污染的违法成本，“重典”治污，大大增强了对违法行为的震慑力。

一是对于造成水污染事故的罚款额不再有上限。现行的《水污染防治法实施细则》对水污染事故处罚的最高限额是100万元人民币，而新修订的《水污染防治法》则规定：“对造成一般或者较大水污染事故的，按照水污染事故造成的直接损失的百分之二十计算罚款；对造成重大或者特大水污染事故的，按照水污染事故造成的直接损失的百分之三十计算罚款”，同时，对超标排污或者超过重点水污染物排放总量控制指标的罚款数额，也修改为“处应缴纳排污费数额二倍以上五倍以下的罚款”，也就是说，超标排放行为越严重，造成的损失越大，罚的款就越多，即上不封顶了。

二是对造成水污染事故的直接负责的主管人员和其他直接责任人的罚款，即不仅是罚单位，还要罚个人。新法规定，企事业单位造成水污染事故的，除对单位给予处罚外，还可对直接负责的主管人员和其他直接责任人员处上一年度从本单位取得的收入百分之五十以下的罚款。新法同时还规定，违反本法规定，构成违反治安管理行为的，依法给予治安管理处罚；构成犯罪的，依法追究刑事责任。

三是对私设暗管排放水污染物的行为予以严惩。新修订的《水污染防治法》规定：违反法律、行政法规和国务院环境保护主管部门的规定设置排污口或者私设暗管的，由县级以上地方政府环境保护主管部门责令限期拆除，处二万元以上十万元以下的罚款；逾期不拆除的，强制拆除，所需费用由违法者承担，处十万元以上五十万元以下罚款；私设暗管或者有其他严重情节的，县级以上地方政府环境保护主管部门责令停产整顿。

新法还对不治理污染的实施行政代执行[①]，对擅自停运治理设施的取消了“故意”情节、取消了“超标”限制条件，即一旦停运即可处罚等。

8．增加水污染事故应急处置

从松花江事件后，平均每两天发生的一起环境突发事故中，70%是水污染事故。事实证明，水污染事故与公共危机往往只是一步之遥，水污染事故应急处置不好，对公众健康、经济发展、社会稳定甚至是外交局势都会造成重大损失。此次修订专门设定了“水污染事故处置”一章，将水污染事故的应急处置上升到了国家法律的高度。

新修订的《水污染防治法》一是完善了水污染事故报告制度，规定企业事业单位造成或者可能造成水污染事故的，应当立即向事故发生地的县级以上地方人民政府或者环境保护主管部门报告；有关地方人民政府及其环境保护主管部门要按规定上报事故，通告可能受到危害的毗邻或者相关地方人民政府和单位。造成渔业污染事故或者渔业船舶造成水污染事故的，向事故发生地的海事管理机构报告。二是明确了应急演练制度，规定对可能发生水污染事故的企业事业单位，应当制定有关水污染事故的应急方案，做好应急准备，并定期进行演练。新法同时还规定生产、储存危险化学品的企业事业单位，应当采取措施，防止在处理安全生产事故过程中产生的可能严重污染水体的消防废水、废液直接排入水体，防止

---

① “行政代执行制度”，也称“行政代履行制度”，即指法定义务人拒不履行或者履行法定义务达不到规定的要求，行政机关指定其他有履行能力的单位代为履行，履行费用由法定义务人承担的制度。它是一种间接的行政强制措施，是保证法定义务人履行义务的一种有效手段。

措施不当引发新的污染，减少水污染事故对环境造成的危害。

（二）发展分析

总的来讲，《水污染防治法》有了很大的突破，但是还是缺乏实施细则，特别是由于环境保护部门的权限所致，一些问题难以执行。

第七十一条　违反本法规定，建设项目的水污染防治设施未建成、未经验收或者验收不合格，主体工程即投入生产或者使用的，由县级以上人民政府环境保护主管部门责令停止生产或者使用，直至验收合格，处五万元以上五十万元以下的罚款。

给出了远高于原水污染防治法的罚款额度，但是如果下达责令停止生产的处罚后企业不停怎么办？等待法院强制执行吗？需要三个月到半年的时间才能做到（行政复议法规定了两个月的复议期，期限不到法院不支持强制执行）。等待期间非法排污将继续进行。现在电力供应部门不审核申请用电单位的合法性，起到了变相支持非法排污的作用，却没有法律规定可以追究电力供应部门的责任。也没有赋予环保部门对责令停产的企业实施建议断电或申请停止供电的权力。政府可以继续“负责任”地让企业以污染环境为代价创造税收。

因此，要进一步解决环境问题，必须解决环境保护的运行机制与体制。

四、大气污染防治法

我国在 1987 年制定了《大气污染防治法》，1995 年对这部法律作了修改，时隔五年，在 2000 年又对这部法律作出了修订。从制定《大气污染防治法》到连续地修改，说明了在我国环境的保护和改善是具有重要意义的，人们越来越重视法律手段在防治大气污染中的作用，也说明在现实中人们需要进一步强化对大气环境污染的预防和治理。当初制定这部法律是有明显的重要的意义的，后来通过两次修改，使它增添了新的内容，又确立了一些新的制度，原有的法律规范也得到了充实与完善，有的还作了相当大的改动。1987 年的法律条文为 41 条，经过两次修改，2000 年时增至 66 条。这些变化，正是以法律形式反映了国家要实现经济和社会可持续发展战略，着力控制大气污染，谋求良好自然环境的恢复，为人民造福所作的决策和所采取的积极行动。

该法共 7 章 66 条，对大气污染防治的监督管理体制、主要的法律制度、防治燃烧产生的大气污染、防治机动车船排放污染以及防治废气、尘和恶臭污染的主要措施、法律责任等均作了较为明确、具体的规定。

“十五”期间，全国 SO_2 增排 27.8%。2000—2002 年，SO_2 减排 3.4%。2002—2005 年，SO_2 增排 32.3%（图 3-2）。其中 86.6%的增量由火电贡献，火电 SO_2 排

放量占工业的比重已由 2002 年的 39.5%增至 2005 年的 51.0%。2001—2002 年，国家环保总局审批的火电项目共 83 个，2003—2005 年猛增到 557 个，火电项目占总项目的比例由 2001 年的 12.8%增至 2005 年的 39.2%。SO_2 排放量的不降反增与火电项目的超常规发展明显相关。

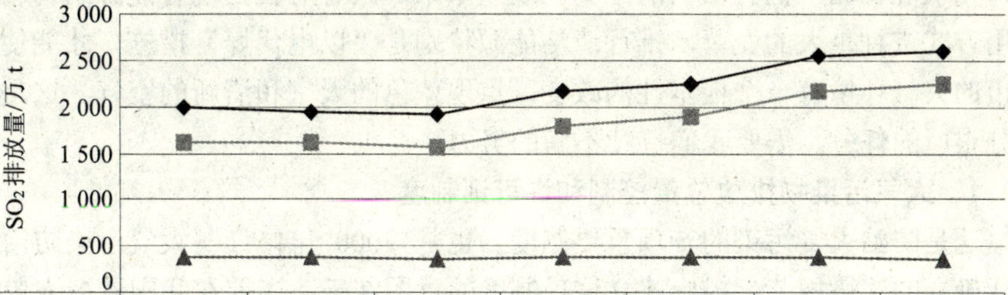

年份	2000	2001	2002	2003	2004	2005	2006
总量	1 995	1 947.8	1 926.6	2 158.7	2 254.9	2 549.3	2 588.8
工业	1 612	1 612	1 562	1 791.4	1 891.4	2 168.4	2 234.8
生活	383	381.2	364.6	367.3	367.3	380.9	354

图 3-2　我国二氧化硫排放情况

我国 SO_2 排放量的 90%、氮氧化物的 70%来自燃煤，而其中 50%左右来自火电厂。控制住各行业能耗，减轻火电厂的污染是 SO_2 污染治理的关键。2004 年，火电行业 SO_2 排放总量高达 1 300 多万 t。只有当全国的 SO_2 排放总量控制在 1 400 万 t 左右，我国酸雨污染的局面才能被扭转，而现在仅火电厂的 SO_2 排放量就突破了这个数量级。本来到 2002 年，全国 SO_2 排放量已比 2000 年减少了 68.5 万 t；“两控区”SO_2 排放总量也从 1 316.4 万 t 减少到 1 148.8 万 t，“十五”SO_2 控制目标有望实现。但自 2002 年末开始，我国火电、钢铁、建材等行业超常规发展，高能耗行业的产品年均增长率都在 10%以上，钢铁产量年增长率甚至达到 20%以上，而高耗能行业的单位产品能耗比世界先进水平平均高了 47%。2003 年全国煤炭消费量陡增到 15.8 亿 t，比 2002 年增加 2.1 亿 t，导致“两控区”和全国 SO_2 排放量分别比 2002 年增加 132 万 t 和 232 万 t。虽然 2003 年下半年国家采取了宏观调控措施，高耗能行业发展有所减缓，但 2004 年全国煤炭消费量仍增加到 19.6 亿 t，SO_2 排放量增加到 2 255 万 t，导致现在全国面临最严重 SO_2 高污染时期。

统计数据显示，生活 SO_2 排放几年来变化不大，主要是工业排放，其中重化工是关键。

（一）主要内容

从这次《大气污染防治法》修订的目标和预期效果来看，具有很强的阶段性，同改善大气环境质量，实现经济社会可持续发展的长远目标相比，同发达国家现有环境状况相比，仍有很大的距离。展望未来，只有对我国现有能源结构和煤炭利用方式进行重大的变革，推行清洁能源特别是"以电代煤"措施，才能使我国城市的大气环境有一个根本性的改变，重现蓝色的天空和清新的空气。这是一个十分艰巨的任务，需要我们持续不懈的努力。

1. 大气污染物排放总量控制和许可证制度

这是防治大气污染的一项重要制度，也是 2000 年修订《大气污染防治法》时新确立的法律规范。提出建立这项制度的意图在于，当前在我国许多人口和工业集中的地区，由于大气质量已经很差，即使污染源实现浓度达标排放，也不能遏制大气质量的继续恶化，因此，推行大气污染物排放总量控制势在必行。

在《大气污染防治法》中首先规定，国家采取措施，有计划地控制或者逐步削减各地方主要大气污染物的排放总量；地方各级人民政府对本辖区的大气环境质量负责，制订规划，采取措施，使本辖区的大气环境质量达到规定的标准；同时规定，国务院和省、自治区、直辖市人民政府对尚未达到规定的大气环境质量标准的区域和国务院批准划定的酸雨控制区、二氧化硫污染控制区，可以划定为主要大气污染物排放总量控制区。并且进一步明确，主要大气污染物排放总量控制的具体办法由国务院规定。

在这个基础上，《大气污染防治法》又规定，大气污染物总量控制区内有关地方人民政府依照国务院规定的条件和程序，按照公开、公平、公正的原则，核定企业事业单位的主要大气污染物排放总量，核发主要大气污染物排放许可证。对于有大气污染物总量控制任务的企业事业单位，《大气污染防治法》则要求，必须按照核定的主要大气污染物排放总量和许可证规定的条件排放污染物。

2. 污染物排放超标违法制度

该法对大气环境质量标准的制定、大气污染物排放标准的制定作出了规定，同时该法率先于其他环境污染防治法律明确了"达标排放，超标违法"的法律地位，规定：向大气排放污染物的浓度不得超过国家和地方规定的排放标准。超标排放的，应限期治理，并被处一万元以上十万元以下的罚款。

3. 排污收费制度

征收排污费制度的实质是排污者由于向大气排放了污染物，对大气环境造成了损害，应当承担一定的补偿责任，征收排污费就是进行这种补偿的一种形式。这种制度，一是体现了污染者负担的原则；二是实行这种制度可以有效地促使污染者积极治理污染，所以它也是推行大气环境保护的一种必要手段。因此，在《大气污染防治法》中作出如下一些规定：

国家实行按照向大气排放污染物的种类和数量征收排污费的制度，这是从法律上确立了这项制度。

- 根据加强大气污染防治的要求和国家的经济、技术条件合理制定排污费的征收标准。
- 征收排污费必须遵守国家规定的标准，具体办法和实施步骤由国务院规定。
- 征收的排污费一律上缴财政，按照国务院的规定用于大气污染防治，不得挪作他用，并由审计机关依法实施审计监督。

除了上述三项主要内容外，《大气污染防治法》还有以下重要内容：建设项目的环境影响评价和污染防治设施验收、特别区域保护、大气污染防治重点城市划定、酸雨控制区或者二氧化硫污染控制区划定、落后生产工艺和设备淘汰、现场检查、大气环境质量状况公报等制度。

上面的制度应该说是带有共性的监督管理措施，那么针对一些特定的污染源、污染物，《大气污染防治法》作了哪些规定呢？

《大气污染防治法》中除了上述对大气污染防治采取的一些带有共性的监督管理措施，而对防治燃煤污染、防治机动车船污染和防治废气、尘和恶臭污染则分别用专章作出了专门的规定。

4．防治燃煤污染的措施

在我国，煤炭占一次能源消费量的 70%左右，并且由于煤炭资源的相对丰富，它在我国能源结构中所占的重要地位不会轻易改变。所以对于燃煤特别是直接燃用煤炭导致的大气污染给予了重视，成为防治大气污染的一个重点，因而在《大气污染防治法》中专列一章规定了相关的措施，主要内容包括：控制煤的硫分和灰分、改进城市能源结构、推广清洁能源的生产与使用、发展城市集中供热、要求电厂脱硫除尘、加强防治城市扬尘工作等。

5．机动车船污染控制的措施

机动车船在流动中排放大气污染物，这种流动污染源有其特点，但是又必须加以控制，因此在《大气污染防治法》中专门对防治机动车船排放污染作出了明确规定：任何单位和个人不得制造、销售或者进口污染物排放超过规定标准的机动车船；在用机动车不符合制造当时的在用机动车污染物排放标准的，不得上路行驶；同时对机动车船的日常维修与保养、车船用燃料油、排气污染检测抽测等作出了原则规定。考虑到机动车船排放污染的流动性这一特征，在机动车船地方标准的制定权限方面也作出了特殊规定，即省、自治区、直辖市人民政府制定机动车船大气污染物地方标准严于国家排放标准的，或对在用机动车实行新的污染物排放标准并对其进行改造的，须报经国务院批准。

链接 3-5　北京市从 2003 年 8 月 1 日起提前执行国家机动车排放标准第二阶段排放限值（相当于欧Ⅱ标准[①]）

21 世纪初，北京市大气中的氮氧化物等污染物呈上升趋势。为使空气质量达到举办绿色奥运要求，北京市向国务院提出提前实施国家机动车排放标准第二阶段排放限值。

根据实施方案，自 2002 年 8 月 1 日起，汽车生产企业可向国家环保总局提出产品型号核准申请。自 2003 年 1 月 1 日起，通过型号核准并列入国家环保总局公告的车型，由北京市负责进行有关检查，对不符合上述标准的汽车停止办理车辆注册登记手续。

全国执行这一标准的时间为 2005 年。北京市的方案比在全国实施的时间提前了 2 年多。

6. 防治废气、尘和恶臭污染

废气、尘和恶臭是造成大气污染的主要污染物，必须采取一些特定的措施进行防治，以防止或者减轻对人体健康的危害，防止或者减轻对动物、植物的危害，防止对经济资源的损害，也要防止严重的污染所导致的大气性质的改变。在《大气污染防治法》中规定的主要措施有：

在防治粉尘污染方面，要求采取除尘措施、严格限制排放含有毒物质的废气和粉尘；在防治废气污染方面，要求回收利用可燃性气体、配备脱硫装置或者采取其他脱硫措施；在防治恶臭污染方面，规定特定区域禁止焚烧产生有毒有害烟尘和恶臭的物质以及秸秆等产生烟尘污染的物质；在防治城市扬尘污染方面，要求人民政府采取措施提高人均绿地面积，减少裸露地面和地面尘土，消除或者减少本地的空气污染源；在餐饮业油烟污染方面，要求城市饮食服务业的经营者，必须采取措施，防治油烟对附近居民的居住环境造成污染。

7. 履行国际公约

在消耗臭氧层物质替代产品方面，专门规定了国家鼓励、支持消耗臭氧层物质替代品的生产和使用。

中国虽然是发展中国家，但是中国政府积极参与有关活动。根据应对气候变化国际公约和《京都议定书》的要求，中国政府积极采取措施，主要有几点：

第一，我们应对气候变化，一定要和实施可持续发展结合起来，要做到既发展经济，还要减缓和适应气候变化。

第二，要坚持共同又有区别的责任，共同是大家都有责任应对气候变化，区别是各国历史累积排放不同，当前的人均排放不同，各国的国情不同，所以各自

① 北京提前实施欧Ⅱ汽车尾气排放标准. 新华社，2002 年 7 月 25 日.

履行的责任和义务就不同。

第三，坚持减缓和适应并重的原则。减缓就是发达国家要率先实现量化的减排，但是适应对发展中国家来说更为重要，现在所有发展中国家都在深受气候变化之害，适应问题也应该提到重要的议事日程。

第四，坚持公约和议定书是应对气候变化的主渠道。现在所有的多边跟双边的合作，都应该是公约和议定书的补充，而不是另搞一套。中国政府对这点态度是非常坚定的。

第五，要发挥技术创新和技术转让的基础和关键性的作用。我们希望能够通过谈判，实现巴厘岛路线图的时候，能够把技术转让和资金问题提到重要的位置，建立基金和技术转让机制，能够帮助发展中国家提高能力，在应对气候变化方面，作出积极贡献。

链接 3-6　80%的中小企业存在污染

国家环保总局政策研究中心对中国污染负荷的估算表明，40%～50%的污染负荷来自国内的中小企业。80%的工业型中小企业存在污染。据国家统计局和国家环保总局调查，目前我国有中小企业 2 900 多万家，占到了企业总数的99%，其中 80%以上的工业生产存在污染问题，占中国污染源的 60%。近几年中小企业的污染物排放总量增长较快，在全国污染物排放总量中的比例迅速提高，并成为中国环境污染的主导因素。而且中小企业的污染源正由过去的点状分布发展为城乡复合型的面状分布。由于经济利益的驱动、地方保护主义的影响和中国环保机制的缺陷，虽然国家环保部门对一些环境污染问题十分突出的中小企业地区多次督办，却见不到成效。地方利益作祟导致中小企业成污染主力军①。

链接 3-7　气候变化谈判争论的焦点

研究结果表明：大气中累积的人为 CO_2 排放约有 70%来源于发达国家，目前这一状况也没有得到根本改变。一直以来，气候变化谈判争论的焦点体现在“公平”（谁来减排）、“排放上限”（减排多少）和“实质性减排”（如何减排）三大问题上。

从《联合国气候变化框架公约》原则确认发达国家对气候变化问题负主要责任，到《京都议定书》为发达国家进一步规定具体量化的减排指标，都反映了国际社会的基本共识，而美国布什政府在 2001 年 3 月解释拒绝批准《京都议定书》立场时，认为该议定书对美国不公，因为议定书并没有要求中国和印度这类发展中大国减少 CO_2 排放量。

① 经济参考报. 2005-11-29.

链接 3-8 清洁生产机制

清洁生产机制（CDM）是发达国家通过提供资金和技术的方式，与发展中国家合作，在发展中国家实施具有温室气体减排效果的项目。这是一种双赢机制，是一个充满活力的国际合作机制，对中国引进国外资金和技术，推广可持续发展起到积极的促进作用。

例如，江苏龙源风力发电有限公司目前主要承担该集团在江苏沿海开发风电的任务。2004 年，龙源电力集团公司在国际招标中中标该项目并取得后续 50MW 项目的开发权，投资总额共计 13.6 亿元。

（二）发展分析

十年前很难看到很多城市是灰霾天气，现在无论内地，还是沿海地区，包括深圳、广州，经常发现灰霾的天气。灰霾天气为什么会出现？那就是因为大气污染造成的。说明现行的大气污染防治法的力度不够，难以解决大气污染问题。

1. 需要加大经济处罚力度

最近两年我国经济发展放缓，但经济发展对环境造成的持续压力并不会改变，面对这种形势，我们必须强化大气污染防治法的执行力度。向大气排放污染物的浓度不得超过国家和地方规定的排放标准。超标排放的，应限期治理，并被处一万元以上十万元以下的罚款。这种罚款力度，只能鼓励污染，罚款应当上不封顶，彻底铲除外部不经济性的因素。

北京的机动车保有量 2006 年已突破 350 万辆大关，2009 年突破 400 万辆，到 2010 年已经达到 480 万辆。环保部门的数据显示，北京全年首要污染物可吸入颗粒物中，50%以上来自燃料燃烧产生的污染，其中又以机动车尾气排放为主。因此，在大气环境质量提升难度越来越大的情况下，在进入低碳社会时，采取征收环境税来控制机动车污染势在必行。

2. 提高环境标准，充分发挥环境优化增长的作用

21 世纪初，北京市大气中的氮氧化物等污染物呈上升趋势。为使空气质量达到举办绿色奥运要求，北京市向国务院提出提前实施国家机动车排放标准第二阶段排放限值。

根据实施方案，自 2002 年 8 月 1 日起，汽车生产企业可向国家环保总局提出产品型号核准申请。自 2003 年 1 月 1 日起，通过型号核准并列入国家环保总局公告的车型，由北京市负责进行有关检查，对不符合上述标准的汽车停止办理车辆注册登记手续。

全国执行这一标准的时间为 2005 年。北京市的方案比在全国实施的时间提

前了两年多。北京市在 2008 年初率先实施欧Ⅳ排放标准。实施严格的排放标准，促使汽车工业与国际接轨的同时还加速了炼油工业的技术进步。

3．完善环境信息公开化，公众参与制度

从各国来看，公众参与是解决环境问题的第三支力量，从发展来看架构政府—企业—公众共同治理的模式是发展的大趋势，加大公众参与的力度首先是解决环境信息不对称问题，也就是必须实施环境信息公开化，最近几年，我国环境保护在实施信息公开化方面已经有了很大的进步。

4．发展低碳经济，减排温室气体的问题要纳入议事日程

低碳经济，就是以低能耗、低污染、低排放为基础的经济模式，或是含碳燃料所排放的 CO_2 显著降低的经济。低碳经济实质是能源高效利用、清洁利用和低碳或无碳能源开发。

当前电力和能源可持续供应面临的供需矛盾日益尖锐，以及温室效应气体排放和环境污染日益严重，应当通过提高能源效率、强化洁净煤发展、强化核电发展和强化可再生能源发展战略，来解决这两大挑战性问题。应强化能源节约和高效利用的政策导向，大力发展可再生能源，通过产业政策调整来发展循环经济，提高资源利用率。大气污染防治法中有些内容，但是力度不够。

法律制定得再好，环境执法机构难以严格执法。由于权力过大，所以，环保机构作为地方政府的一个部门，它很难严格执法。如何强化环境保护机构是一个亟待解决的问题。

五．固体废物污染环境防治法

2000 年，全国工业固体废物产生量为 8.2 亿 t，其中县及县以上工业固体废物产生量为 6.7 亿 t，乡镇工业的产生量为 1.5 亿 t。工业固体废物排放量为 3 186 万 t，其中乡镇工业的排放量为 2 146 万 t，占排放总量的 67.3%。危险废物产生量为 830 万 t，其中县及县以上工业产生量为 796 万 t，占产生总量的 95.9%。2006 年，全国工业固体废物产生量为 15.20 亿 t，比上年增加 13.1%；工业固体废物排放量为 1 303 万 t，比上年减少 21.3%。工业固体废物综合利用量为 9.26 亿 t。2007 年，全国工业固体废物产生量为 17.57 亿 t，比 2006 年增加 13.5%。

随着生活方式的改变，城市垃圾处理已成为痼疾。垃圾浮满三峡坝内以及有些江湖，还出现垃圾包围城市的现象，引起当地居民的强烈不满。2008 年我国的地方政府曾为垃圾堆放散发恶臭向居民道歉。2007 年全国城市环境管理综合考察的报告指出，城市生活垃圾无害化处理率平均为 67.58%。

根据中国固废网所搜集的相关统计资料显示，2007 年，我国城市生活垃圾年产量已达 1.5 亿 t，且以每年 8%～10%的速度递增着，垃圾已成为长期存在的城市污染源之一。

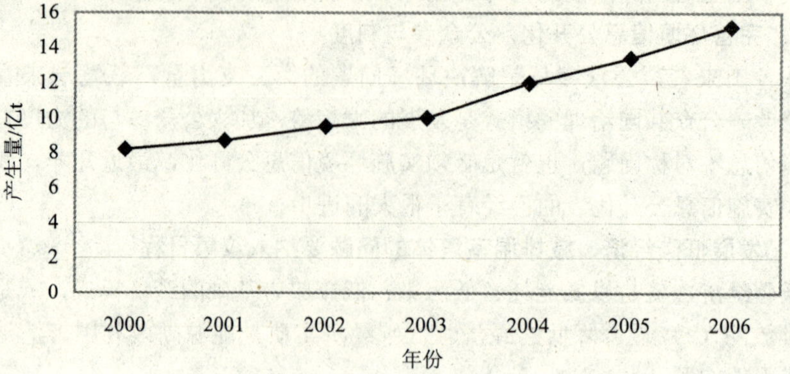

图 3-3 工业固体废物产生量增长图

（一）主要内容

1. 生活垃圾处置场所不能随意选也不能随意关

《固体废物污染环境防治法》第十七条与第三十八条明确提出：禁止任何单位或者个人向江河、湖泊、运河、渠道、水库及其最高水位线以下的滩地和岸坡等法律、法规规定禁止倾倒、堆放废弃物的地点倾倒、堆放固体废物。收集、贮存、运输、利用、处置固体废物的单位和个人，必须采取防扬散、防流失、防渗漏或者其他防止污染环境的措施；不得擅自倾倒、堆放、丢弃、遗撒固体废物。

县级以上人民政府应当统筹安排建设城乡生活垃圾收集、运输、处置设施，提高生活垃圾的利用率和无害化处置率，促进生活垃圾收集、处置的产业化发展，逐步建立和完善生活垃圾污染环境防治的社会服务体系。居民放置生活垃圾的场所不能随便选择，也不能说不用就不用，生活垃圾的处理也须按法律规定进行。

链接 3-9 环保自由裁量权开始细化①

2008 年为了节省运输和处置费用，江西省上饶市李某偷偷把工厂里的废渣运到一处偏僻的路段丢在路边，却恰巧被路过的环境执法人员发现。按照《固体废物污染环境防治法》第六十八条的规定，在运输过程中沿途丢弃、遗撒工业固体废物的，要处 5 000 元以上 5 万元以下的罚款。

5 000 元和 5 万元之间有 10 倍的处罚空间，到底是罚款 5 000 元还是 5 万元？

① 步雪琳，熊志强. 环保自由裁量权开始细化. 中国环境报，2008-07-22.

面对相差 10 倍的处罚空间，不光当事人心里会犯嘀咕，这同时也是执法人员面临的难题。

但是如今，在江西省，环境执法人员和当事人遇到这种情况时则少了几分困惑。针对环境法律、法规中自由裁量权宽泛的情况，江西省近日专门出台了《江西省环境保护行政处罚自由裁量权细化标准（试行）》（以下简称“细化标准”）。

《固体废物污染环境防治法》中这条只有一句话的规定被细化成了 3 种情况：“丢弃、遗撒 1 t 以内的，处以 5 000～1 万元罚款；丢弃、遗撒 1～3 t 的，处以 1 万～3 万元罚款；丢弃、遗撒 3 t 以上的，处以 3 万～5 万元罚款。这样一来，执法人员很快就能够根据李某丢弃固体废物的数量作出处罚判断。

链接 3-10　垃圾焚烧技术发展趋势

垃圾焚烧过程中会产生一种叫二噁英的物质，它是一种无色无味的脂溶性物质，非常容易在生物体内积累。自然界的微生物和水解作用对二噁英的分子结构影响较小，因此，环境中的二噁英很难自然降解消除。它的毒性十分大，是氰化物的 130 倍、砒霜的 900 倍，有“世纪之毒”之称。国际癌症研究中心已经把二噁英列为人类一级致癌物。专家一再强调说，目前很多国家已经停建或限制垃圾焚烧。早在 1985 年美国就有超过 137 座垃圾焚烧炉兴建计划被取消；1992 年，加拿大安大略省通过了焚烧炉使用的禁令；1996 年北美洲五大湖区 52 个焚化炉结束运作；德国、荷兰、比利时等欧洲国家也相继颁布了《焚烧炉禁建令》；日本到 2000 年 7 月已有 4 600 座垃圾焚烧设施被停止使用；垃圾问题极为严重的菲律宾，也于 1999 年通过《净化空气法则》禁止建设垃圾焚烧设施。

表 3-2　世界各国生活垃圾焚烧设施的二噁英类排放标准

国 别	排放标准/（ng TEQ/m^3）	含氧基准/%	适用对象
德国	0.1	11	新设（1991 年以后）
瑞典	0.1	—	新设（1986 年以后）CO_2=10%
奥地利	0.1	11	新设
丹麦	1.0	10	新设（1986 年以后）
荷兰	0.1	11	新设（1991 年以后）
加拿大	0.14	11	新设（1995 年以后）
日本	0.1	12	新设（1997 年 12 月 14 日）
中国	1.0	11	2003 年 6 月 1 日起，全国实施

新修订后的《固体废物污染环境防治法》规定，禁止擅自关闭、闲置或者拆除生活垃圾处置的设施、场所；确有必要关闭、闲置或者拆除的，必须经所在地县级以上地方人民政府环境卫生行政主管部门和环境保护行政主管部门核准，并采取措施，防止污染环境。

法律同时规定，建设生活垃圾处置的设施、场所，必须符合国务院环境保护行政主管部门和国务院建设行政主管部门规定的环境保护和环境卫生标准。

对于从生活垃圾中回收的物质，规定，必须按照国家规定的用途或者标准使用，不得用于生产可能危害人体健康的产品。针对这些行为，法律规定了相应的法律责任：由县级以上地方人民政府环境卫生行政主管部门责令停止违法行为，限期改正，处以罚款。

法律还规定，在国务院和国务院有关主管部门及省、自治区、直辖市人民政府划定的自然保护区、风景名胜区、饮用水水源保护区、基本农田保护区和其他需要特别保护的区域内，禁止建设工业固体废物集中贮存、处置的设施、场所和生活垃圾填埋场。

链接 3-11　生活垃圾处理问题引发讨论

生活垃圾及时有效的处理在当今“绿色”社会日趋高涨的呼声中显得尤为重要。据相关统计，在城市生活垃圾的处置中卫生填埋占 81.8%，焚烧占 14.5%，堆肥占 3.7%。由此可见，卫生填埋仍旧是城市生活垃圾的主要处理方式。而垃圾填埋场的选址问题也一直都是一个棘手的问题。

从 2006 年底轰动国际的意大利垃圾危机，到北京的六里屯生活垃圾处理，郑州的垃圾堵路事件，百姓对于垃圾填埋场固有的“歧视”，对于焚烧出现二噁英的“恐惧”使得垃圾处理面临的困难重重。在政府极力协调治理的同时，相关政策标准的出台也非常迫切。

2. 固体废物污染损害赔偿实行举证责任倒置制度

针对环境污染损害赔偿案件中最常见的受污染者没有能力起诉以及举证困难等问题，修订后的《固体废物污染环境防治法》在现有污染损害赔偿规定的基础上，增加了举证责任倒置等规定。

第八十六条　因固体废物污染环境引起的损害赔偿诉讼，由加害人就法律规定的免责事由及其行为与损害结果之间不存在因果关系承担举证责任。这是一次突破。

第八十四条　受到固体废物污染损害的单位和个人，有权要求依法赔偿损失。因固体废物污染环境引起的损害赔偿诉讼，由加害人就法律规定的免责事由及其行为与损害结果之间不存在因果关系承担举证责任。

法律规定，受到固体废物污染损害的单位和个人，有权要求依法赔偿损失。赔偿责任和赔偿金额的纠纷，可以根据当事人的请求，由环境保护行政主管部门或者其他固体废物污染环境防治工作的监督管理部门调解处理；调解不成的，当事人可以向人民法院提起诉讼。当事人也可以直接向人民法院提起诉讼。

法律还规定，国家鼓励法律服务机构对固体废物污染环境诉讼中的受害人提供法律援助。固体废物污染环境的损害赔偿责任和赔偿金额的纠纷，当事人可以委托环境监测机构提供监测数据。环境监测机构应当接受委托，如实提供有关监测数据。

3．法律确立生产者延伸责任制

第十八条　生产、销售、进口依法被列入强制回收目录的产品和包装物的企业，必须按照国家有关规定对该产品和包装物进行回收。产品和包装物的强制回收制度只是生产者责任延伸制度的具体体现。污染者承担污染防治的责任，这一原则在法律中全面落实，有助于解决固体废物污染问题。对此，新修订的固体废物污染环境防治法补充了有关生产者延伸责任的条款，规定国家对部分产品、包装物实行强制回收制度。

据了解，为了减少固体废物产生量和危害性，目前有很多国家已经开始对电器产品、包装等实行生产者延伸责任，即生产者不仅要对生活过程中的环境污染承担责任，还需要对报废后的产品或使用过的包装物承担回收利用或者处置的责任。一些国家的实践表明，这种责任机制可以比较有效地解决生产、消费与废物处置责任割裂带来的问题。

对此，法律规定，“国家对固体废物污染环境防治实行污染者依法负责的原则。”同时进一步明确，“产品的生产者、销售者、进口者、使用者对其产生的固体废物依法承担污染防治责任。”

法律同时确立了固体废物强制回收制度，明确规定，“生产、销售、进口被列入强制回收目录的产品和包装物的企业，必须按照国家有关规定对该产品和包装物进行回收。”

4．法律明确提出防止过度包装造成的环境污染

新修订的《固体废物污染环境防治法》第十八条、第二十条明确规定：“国务院标准化行政主管部门应当根据国家经济和技术条件、固体废物污染环境防治状况以及产品的技术要求，组织制定有关标准，防止过度包装造成环境污染。”

法律还规定，生产、销售、进口依法被列入强制回收目录的产品和包装物的企业，必须按照国家有关规定对该产品和包装物进行回收。

法律明确，国家鼓励科研、生产单位研究、生产易回收利用、易处置或者在环境中可以降解的薄膜覆盖物和商品包装物。法律还要求，使用农膜的单位和个人，应当采取回收利用等措施，防止或者减少农用薄膜对环境的污染。

据了解，目前国外对过度包装的控制手段主要有三类：第一类是标准控制，即对包装物的容积、包装物与商品之间的间隙、包装层数、包装成本与商品价值的比例等设定限制标准。第二类是经济手段控制，如对非纸制包装和不能满足回收要求的包装征收包装税，或者通过垃圾计量收费，引导消费者选择简单包装。第三类是加大生产者责任，规定由商品生产者负责回收商品包装，通常可以采用押金制的办法委托有关商业机构回收包装。为了便于回收，生产者会主动选择使用材料少、容易回收的包装设计。

链接 3-12 过度包装的危害

仅北京市 2006 年产生的近 300 万 t 垃圾中，各种商品的包装物就约有 83 万 t，其中 60 万 t 为可减少的过度包装物。在全国每年的城市固体废物中，包装物占到了 30%。

上海家庭装潢市场每年装饰建材类的消费总额约达 250 亿元，其中至少有 12.5 亿元装饰建材被白白浪费。全国每年平均生产衬衫 12 亿件，包装盒用纸量就达 24 万 t，相当于砍掉了 168 万棵碗口粗的树。每生产 1 000 万个纸盒月饼，包装耗材就需砍伐上百万棵直径在 10 cm 以上的树木。如此看来，那些“见怪不怪”的过度包装已经对我们的环境保护构成威胁，更造成了资源的严重浪费。

5. 污染者承担防治责任，实行强制回收制度

由污染者承担污染防治的责任，是环境保护工作的一项重要原则。为从根本上解决固体废物污染问题，规定：“国家对固体废物污染环境防治实行污染者负责的原则。”同时进一步明确“产品的制造者、进口者、销售者、使用者对其产生的固体废物承担污染防治责任”。

现行《固体废物污染环境防治法》对生产过程中的污染防治责任规定的比较全面，而对使用后的产品和包装的回收、利用及处置责任基本没有涉及。为此，修订草案增加规定：“国家对部分产品、包装物实行强制回收制度。强制回收的产品和包装物的目录及具体回收办法，由国务院经济贸易行政主管部门制定。”

6. 对农村生活垃圾提出处置的要求

目前我国农村畜禽养殖业污染严重，大多数农村生活垃圾没有得到妥善处理。为了实现城乡统筹、协调发展，改善农村环境卫生面貌，加强对农村固体废物的管理十分必要。但考虑到我国农村经济发展水平不高、基础设施薄弱等实际情况，只对农村固体废物的管理提出原则要求，如对种植、养殖业产生的固体废物提出了合理利用、预防污染的要求，但没有针对农村生活

垃圾规定处罚条款。

第七十一条　从事畜禽规模养殖未按照国家有关规定收集、贮存、处置畜禽粪便，造成环境污染的，由县级以上地方政府限期改正，可以处五万元以下的罚款。

7. 进口实行分类管理增加争议解决程序

根据我国加入世贸组织时所作的承诺，针对近年来固体废物进口管理存在的实际问题，修订草案对固体废物进口管理作了以下修改：将固体废物按照资源化程度和环境风险度分为禁止进口类、限制进口类和自动许可类，分别制定目录，实行分类管理。对限制进口类固体废物的进口，必须依法办理进口许可；对自动许可类固体废物的进口，必须依法办理自动许可手续。进口任何固体废物都必须符合国家标准，而且必须经检验机关检验合格。

针对当前普遍存在的以进口旧货为名大量进口废物，而进口者与管理部门又经常对进口的货物是否属于固体废物发生争议的情况，修订草案增加了争议的解决程序。

第二十六条　进口者对海关将其所进口的货物纳入固体废物管理范围不服的，可以依法申请行政复议，也可以向人民法院提起行政诉讼。

8. 单位终止先处置废物，历史遗留的政府负责

产生固体废物的单位发生分立、合并、转让、撤销、解散或者破产时，由谁继续履行污染防治责任，现行法律没有明确，解决纠纷时无法可依。修订草案对此规定：产生工业固体废物的单位终止之前，必须妥善处置固体废物以及有关场所和设施；除了当事人另有约定的情形外，变更后的单位应当按照有关规定对原单位的工业固体废物负责处置。

历史遗留废物的处置是固体废物污染防治工作中的一大难题。为此，草案规定："对本法施行前已经终止的单位未处置的工业固体废物及其贮存、处置设施、场所进行安全处置的费用，由有关人民政府承担。但是，该单位享有的土地使用权依法转让的，应当由受让人承担处置费用。当事人另有约定的，从其约定。"

9. 禁止污染转移

第五十九条与第二十三条　转移危险废物的，必须按照国家有关规定填写危险废物转移联单，并向危险废物移出地设区的市级以上地方人民政府环境保护行政主管部门提出申请。移出地设区的市级以上地方人民政府环境保护行政主管部门应当商经接受地设区的市级以上地方人民政府环境保护行政主管部门同意后，方可批准转移该危险废物。未经批准的，不得转移。

链接 3-13 污染从发达国家向发展中国家转移，我国从东部向西部转移

污染转移并非中国特有的现象。20 世纪 80 年代以来，发达国家相继制定了较高的环境标准，逐渐将污染行业转移到发展中国家。

中国社科院数量经济与技术经济研究所研究员郑易声说，一个值得关注的现象是，工业产值东迁而工业污染西移。1986 年，中国东部和西部工业产值分别占全国的 59%和 41%；到 1995 年，分别占 64%和 36%。10 年间，工业产值向东部“迁移”了 5 个百分点。

10. 重视对危险废物的处理

从 1995 年制定的《固体废物污染环境防治法》到这次法律修订都单设一章对危险废物污染环境防治作了特别规定。这次修订在这一章中增加了下列内容：一是增加了危险废物集中处置设施的规划和建设要求（第五十四条）；二是增加了危险废物贮存时间的限制（第五十八条第二款）；三是赋予有关主管部门处理危险废物污染事故应急手段（第六十四条）；四是对危险废物处置设施退役后的维护资金来源作了规定（第六十五条）；五是将危险废物的利用纳入危险废物经营许可的管理范围（第五十七条）。

这次修订并没有单独对医疗废物的管理作专门的规定。主要是考虑到医疗废物的管理不仅仅要考虑污染问题，也要考虑传染病的预防。医疗废物作为危险废物的一个重要类别，除了适用本法有关危险废物污染防治的特别规定外，国务院也专门制定了《医疗废物管理条例》，本法对危险废物的管理措施及有关行政法规规定已基本能够满足医疗废物的管理需要，因此本法没有对医疗废物的管理再作规定。

第五十条 危险废物污染环境的防治，适用本章规定；本章未作规定的，适用本法其他有关规定。

（二）发展分析

随着我国经济的发展，我国已经进入环境污染事故多发期，特别是有毒有害的化学品的处置提到议事日程。国务院于 2007 年 8 月颁发了《危险化学品安全管理条例》，我国现行的《危险化学品安全管理条例》《废弃危险化学品污染环境防治办法》虽然具有一定的综合性，但前两部立法偏重于安全管理，没有充分考虑化学物的生态毒理学特征以及可能造成的环境损害；《废弃危险化学品污染环境防治办法》偏重于废弃的危险化学物污染防治，难以担当综合性地预防和治理环境问题的责任。

由于电子垃圾污染日益严重，2006 年 2 月 28 日由信息产业部、国家发展和改革委员会、国家环境保护总局等联合发布的《电子信息产品污染控制管理办法》，于2007年3月1日正式施行。这是我国第一部专门的电子废弃物管理立法。

生活垃圾的处理因为焚烧厂的二噁英问题，生活垃圾的填埋厂的渗滤液问题引起了公众的巨大反响。污水处理厂的污泥，在许多地方又发生处理问题。

我国参加了《关于持久性有机污染物的斯德哥尔摩公约》，承担削减和控制POPs排放的义务，保证实现公约要求的POPs控制目标。中国将借助履约活动促进向可持续发展的发展模式转变，推动清洁生产和产业、产品结构调整，完善对危险化学品生命周期管理、健全相关环境管理制度和政策体系。

在强化环境管理的同时，依靠科学技术的进步也是非常重要的。

六、清洁生产促进法

我国经济的高速发展带来了严重的环境污染和生态破坏。为了减轻污染对环境和公众健康的危害，企业界采取了各种污染治理措施，按照排放标准对产生的污染物进行处理后再向环境排放。这种“末端治理”模式虽然取得了一定的环境效果，但也存在着明显的缺陷和不足：一是治理代价高，影响企业竞争力和经济效益，致使企业界缺乏治理污染的主动性和积极性；二是治理技术难度大，并存在污染转移的风险；三是无助于减少生产过程中的资源浪费；四是政府行政监督管理的成本过高。

清洁生产的本意为“更清洁的生产”。清洁生产的实质，是贯彻污染预防原则，从生产设计、能源与原材料选用、工艺技术与设备维护管理等社会生产和服务的各个环节实行全过程控制，从生产和服务源头减少资源的浪费，促进资源的循环利用，控制污染的产生，实现经济效益和环境效益的统一。此外，它是一个相对的概念，所谓清洁生产技术和工艺、清洁产品、清洁能源和原料都是同现有常规技术、工艺、产品、能源和原料相比较而言的。

在我国环境污染和生态破坏日趋严重的形势下，基于社会主义市场经济以及可持续发展战略的要求，并吸收借鉴发达国家的经验教训，近年来，国家已经提出在工业污染防治中“转变经济发展模式，积极推行清洁生产，走可持续发展道路”，表明我国环境战略与政策由注重污染物的“末端处理”转向注重污染预防、清洁生产。而环境战略和政策的实施依赖于管理制度、法律法规的保障，依赖于经济刺激措施的推动和环境宣传、教育、合作、交流等措施的配合，因此，以政府权力为本位、以污染物“末端处理”为核心内容的我国环境污染防治立法面临着如何落实预防性原则、推进清洁生产、发展清洁能源、实施可持续发展战略的巨大挑战。

《清洁生产促进法》的出台使我国关于清洁生产的立法上了一个新的台阶，

使我国清洁生产的实施有了基本的法律依据，更为我国清洁生产立法的进一步完善提供了一个支点。这部旨在动员各级政府、有关部门、生产和服务性企业推行和实施清洁生产的专项法律共 6 章 42 条，既规定了清洁生产的含义，又规定了清洁生产的具体实施；既规定了政府及有关部门的职责，又规定了企业应尽的义务；既规定了对清洁生产的鼓励措施，又规定了违反者应负的法律责任，把奖励和惩罚有机地结合起来。

链接 3-14　国际清洁生产推行状况

面对环境污染日趋严重、资源日趋短缺的局面，工业发达国家在对其经济发展过程进行反思的基础上，认识到不改变长期沿用的大量消耗资源和能源来推动经济增长的传统模式，单靠一些补救的环境保护措施，是不能从根本上解决环境问题的。美国国会 1990 年 10 月通过了“污染预防法”，把污染预防作为美国的国家政策，取代了长期采用的末端处理的污染控制政策，要求工业企业通过源削减，包括：设备与技术改造、工艺流程改进、产品重新设计、原材料替代以及促进生产各环节的内部管理、减少污染物的排放，并在组织、技术、宏观政策和资金作出具体安排。

欧洲许多国家把清洁生产作为一项基本国策。例如，欧共体委员会 1977 年 4 月就制定了关于“清洁工艺”的政策。1984 年、1987 年又制定了欧共体促进开发“清洁生产”的两个法规，明确对清洁工艺生产工业示范工程提供财政支持。1984 年有 12 项、1987 年有 24 项已得到财政资助。欧共体还建立了信息情报交流网络，其成员国可由该网络得到有关环保技术及市场信息情报。

法国政府为防治或减少废物的产生制定了采用“清洁工艺”生产生态产品及回收利用和综合利用废物等一系列政策。法国环境部还设立了专门机构从事这一工作，每年给清洁生产示范工程补贴 10%的投资，给科研的资助高达 50%。法国从 1980 年起还设立了无污染工厂的奥斯卡奖金，奖励在采用无废工艺方面作出成绩的企业。法国环境部还对 100 多项无废工艺的技术经济情况进行了调查研究，其中无废工艺设备运行费低于原工艺设备运行费的占 68%，对超过原工艺设备运行费的给予财政补贴和资助，以鼓励和支持无废工艺的发展和推行。

在荷兰经济部和环境部的大力支持下，荷兰实行了“污染预防项目”（PRISMA），取得了令人瞩目的结果。

《清洁生产促进法》的制定和实施对促进清洁生产，提高资源利用效率，减少和避免污染物的产生，保护和改善环境，保障人体健康，促进经济和社会的可持续发展都具有重大意义。《清洁生产促进法》使清洁生产最终取得了完整而系统的法律制度形式，具体贯彻落实了“经济建设和环境保护协调发展”“预防为主、防治结合、综合治理”等基本原则，促进了我国环境保护法制的健全和发展。

加拿大政府为废物管理确定了新的方向，他们制定了资源和能源保护技术的开发和示范规则，其目的是促进开展减少废物和循环利用及回收利用废物的工作，以促进清洁生产工作的开展。

联合国环境规划署极为重视发达国家这一工业污染防治战略的转移，决定在世界范围内推行清洁生产。1992 年 10 月召开了巴黎清洁生产部长级会议和高级研讨会议，指出目前工业不但面临着环境的挑战，同时也正获得新的市场机遇。清洁生产是实现持续发展的关键因素，它既能避免排放废物带来的风险和处理、处置费用的增长，还会因提高资源利用率、降低产品成本而获得巨大的经济效益。会议还制定了推行清洁生产的计划与行动措施。

联合国工业发展组织在 20 世纪 80 年代初就提出了将环境保护纳入该组织工作内容，而后成立了国际清洁工艺协会，鼓励采用清洁工艺，提高资源、能源的转化率，减少使用有毒、有害原材料，少排或不排废物。在 90 年代，逐渐形成了在工业发展中实施综合环境预防战略，推行清洁生产的政策。

联合国环境规划署和工业发展组织的一系列活动，有力地在全世界范围内推行清洁生产，对我国推行清洁生产也是极大的促进。

（一）主要内容

以促进实施清洁生产的鼓励性、促进性、倡导性法律规范为主。基于引导、鼓励和支持企业清洁生产行为的立法思考。该法以引导、鼓励和支持性的法律规范为主要内容，而不以直接行政控制和强制性法律规范为主要内容。

1. 清洁生产的范围

《清洁生产促进法》包含了全部生产和服务领域。一方面通过立法扩大了清洁生产的范围，使之由传统的工业生产领域延伸到全部的生产和服务领域；另一方面又将重点放在有关工业生产领域清洁生产的推行、实施的具体规定上，对除工业生产领域以外的其他领域清洁生产的实施只作了原则性规定。该法对其调整范围内的不同行业在清洁生产实施方面所作的不同规定，既反映了当前我国工业生产领域推行清洁生产的迫切性，又体现了法律规定的前瞻性，为农业、服务业清洁生产的推行乃至公民个人在生活领域中如何消费产品这一问题的解决，预设了一定的法律空间。

2. 清洁生产的推行

《清洁生产促进法》强化了政府在清洁生产中的行政推动作用，淡化了政府的行政强制色彩。具体来说，第二章“清洁生产的推行”，明确规定了对政府及有关部门支持、促进清洁生产的具体要求，突出了政府的引导和服务功能。对政府及有关部门明确规定了要支持、促进清洁生产的具体要求，包括制定有利于清洁生产的政策、制定清洁生产推行规划、发展区域性清洁生产、为企业提供清洁生产的技术信息和技术支持、组织清洁生产的技术研究和技术示范、组织开展清洁生产教育和宣传、优先采购清洁产品等。这样规定，有利于政府为生产经营者自愿实施清洁生产提供支持和服务，创造适宜的外部环境。该法对政府及有关部门提出的要求，突出了政府的引导和服务功能。

第五条规定“国务院经济贸易行政主管部门负责组织、协调全国的清洁生产促进工作”。国务院环境保护、计划、科学技术、农业、建设、水利和质量技术监督等行政主管部门，按照各自的职责，负责有关的清洁生产促进工作。县级以上地方人民政府负责领导本行政区域的清洁生产促进工作。县级以上地方人民政府经济贸易行政主管部门负责组织、协调本行政区域内的清洁生产促进工作。县级以上地方人民政府环境保护、计划、科学技术、农业、建设、水利和质量技术监督等行政主管部门，按照各自的职责，负责有关的清洁生产促进工作。这样规定，主要是考虑到清洁生产不同于单纯的污染控制，不能仅仅依靠单一部门的监督管理，而是需要政府从多个角度、多个环节对生产经营者进行引导、鼓励、支持和规范。因此，在推行清洁生产的体制问题上，强调了有关部门之间的密切配合。

3. 清洁生产的标准

清洁生产标准是我国环境标准的重要补充。我国目前的环境标准体系包括国家环境保护标准、地方环境保护标准和国家环境保护行业标准三类。其中，环境保护行业标准主要包括：监测分析方法标准、环境监测技术规范和监测仪器标准、环境影响评价技术导则、清洁生产标准和环保设备标准等。

清洁生产标准的编制和发布，是引导和推动企业清洁生产的需要；是环保工作加快推进历史性转变，提高环境准入门槛，推动实现环境优化经济增长的重要手段；是完善国家环境标准体系，加强污染全过程控制的需要。清洁生产标准将作为强制性清洁生产审核的依据，环境影响评价的依据和环境友好企业评估的依据。

清洁生产指标分为6个大类，即生产工艺与装备要求（定性）；资源能源利用指标（定量）；产品指标（定量）；污染物产生指标（定量）；废物回收利用指标（定量）；环境管理要求（定性）。根据当前的行业技术、装备水平、管理水平和行业企业在清洁生产方面的发展趋势，又将这六大类指标分为三级：一级为国际清洁生产先进水平，代表目前国际上相关行业清洁生产的发展方向；二级为国内清洁生产先进水平，代表目前国内相关行业清洁生产的发展方向；三级为国内清洁生产基本水平，代表目前在国家技术许可的前提下，进行清洁生产的企业应该达到的最基本的水平。行业清洁生产标准第三级与企业排放标准相比稍严，但对达标企业而言难度不是很大。因此，行业清洁生产标准提供了一个与行业排放标准很好的衔接平台，是总局“一控双达标”的自然延伸和深化，有可能推动治污企业环境管理上一个新台阶。

为贯彻实施《中华人民共和国清洁生产促进法》，提高企业清洁生产水平，国家环保总局批准并发布了啤酒制造业、食用植物油工业（豆油和豆粕）、纺织业（棉印染）、甘蔗制糖业、电解铝业、氮肥制造业、钢铁行业、基本化学原料制造业（环氧乙烷/乙二醇）8个行业清洁生产标准，这8个标准自2006年10月1日起实施。

清洁生产标准在制定中体现污染预防思想以及资源节约与环境保护的基本要求。强调要符合产品生命周期分析理论的要求，能够体现全过程污染预防思想，并覆盖从原材料的选取到生产过程和产品的处理处置的各个环节。因此，清洁生产并不对末端排放作具体规定，而侧重于对生产工艺与装备、资源能源利用、废物回收利用等源头控制以及产品处置、产品生产的环境管理等全过程控制。按《清洁生产促进法》的规定，不符合污染物排放标准要求的企业应进行清洁生产审核，清洁生产标准将作为企业清洁生产审核的评判标准。审核结果应按环保部门的要求向社会公告，以接受社会监督。

各级环保部门已逐步将清洁生产标准作为环境管理工作的依据，作为重点企业清洁生产审核、环境影响评价、环境友好企业评估、生态工业园区示范建设等工作的重要依据。清洁生产标准为推荐性标准，短期内并不强制要求有关企业必须达到，但企业通过与标准值的对比，可以找出差距，明确努力方向。

4．清洁生产的实施

第三章“清洁生产的实施”，规定了对生产经营者的清洁生产要求。对生产经营者的清洁生产要求分为指导性要求、强制性要求和自愿性规定三种类型。

第十一条　国务院经济贸易行政主管部门会同国务院有关行政主管部门定期发布清洁生产技术、工艺、设备和产品导向目录。

第十二条　国家对浪费资源和严重污染环境的落后生产技术、工艺、设备和产品实行限期淘汰制度。

国务院经济贸易行政主管部门会同国务院有关行政主管部门制定并发布限期淘汰的生产技术、工艺、设备以及产品的名录。其中，指导性的要求不附带法律责任。属于此类要求的法律规定包括有关建设和设计活动优先考虑采用清洁生产方式；按照清洁生产要求进行技术改造；普通企业的清洁生产审核等。自愿性的规定主要是鼓励企业自愿实施清洁生产，改善企业及其产品的形象，相应可以依照有关规定得到奖励和享受政策优惠。属于此类的规定包括企业自愿申请环境管理体系认证等。强制性的要求规定了生产经营者必须履行的义务。其中包括对部分产品和包装物要进行标识和强制回收；部分企业要进行强制性的清洁生产审核；对污染严重的企业要求定期公布主要污染物排放情况等。关于指导性的要求比重较大，强制性规范比重较小，这样设计突出了“促进法”的特点，淡化了行政强制性色彩，以利于引导、规范生产经营者实施清洁生产。

1）实施清洁生产审核情况。实施清洁生产审核及其验收分为三种情况，一是强制性清洁生产审核及验收，二是自愿性清洁生产审核及验收，三是自愿性申请“清洁生产合格单位”的验收。目前云南省实施强制性清洁生产审核及验收有80多家，有20多家企业通过了自愿性清洁生产审核验收，有一户企业通过了由省清洁生产办公室组织的“云南省清洁生产合格单位”验收，省清洁生产办公室对该企业颁发了“云南省清洁生产合格单位”的证书及牌匾，并已向社会公布、宣传。这些工作为推动云南省清洁生产打下了良好的基础。

2）制定“清洁生产合格单位”的验收行业标准。

3）重视引导和支持建立为清洁生产服务的中介机构。

4）加强对清洁生产的监督考核。

省经委、省清洁生产办公室要求各级清洁生产管理部门和工作机构对已列入年度内开展清洁生产的企业加强了检查督促，促其在规定的时限内开展清洁生产。对不按规定时间开展清洁生产的企业，将给予“黄牌”警告，责令其限期实施；对拒不开展清洁生产的企业，省经委将取消其享受的资源综合利用优惠政策的资格，或将根据有关规定进行处罚。

5. 清洁生产的鼓励措施

该法将鼓励措施作为第四章“鼓励措施”，规定了对实施清洁生产的单位和个人表彰、奖励、资金补助、优惠贷款、减免增值税等措施，明确实施清洁生产者可以从多方面获益。以上鼓励性、促进性、倡导性法律规范的确立与该法的名称相一致。对实施清洁生产的企业规定了奖励、资金补助、优惠贷款、减免增值税等措施，明确实施清洁生产者可以从多方面获益。

第三十三条规定：“县级以上人民政府应当鼓励和支持国内外经济组织通过金融市场、政府拨款、环境保护补助资金、社会捐款等渠道依法筹集中小型企业清洁生产投资基金。开展清洁生产审核以及实施清洁生产的中小型企业，可以向该投资基金经营管理机构申请低息或者无息贷款。具体办法由国务院制定。”其中特别对开辟中小型企业的清洁生产资金渠道作出规定，原因在于中小型企业在商业贷款方面存在特殊的困难，严重影响其实施清洁生产。国外解决这一问题最主要的做法是设立商业运作的非营利性基金，为企业提供低息和无息贷款。规定政府应当鼓励和支持设立中小型企业清洁生产投资基金，是必要和可行的，是从实际出发的。

第三十四条规定：“对利用废物生产产品的和从废物中回收原料的，税务机关按照国家鼓励资源综合利用的有关规定，减征或者免征增值税。”这样规定主要是认识到增值税的征收状况对企业利用废物生产的产品和综合利用产品的盈利水平影响很大，为了鼓励企业实施清洁生产、节约使用和充分利用资源，减征、免征增值税是必不可少的税收优惠措施，本法对此作出规定，必将对企业的废物回收和利用工作发挥激励作用。

6．清洁生产法律责任

规定只有当企业违反了法定强制性清洁生产要求时，才要求其承担相应的法律责任。可见，强制性清洁生产要求是一种法定义务，相应法律责任的规定则是对违反清洁生产法定义务行为的否定性法律评价，指导性要求不附带法律责任，自愿性规定还可以依法得到奖励和享受优惠政策。在整部《清洁生产促进法》中，关于清洁生产的强制性规范甚少，取而代之的是大量指导性要求和自愿性要求，这充分体现了该法的特点。《清洁生产促进法》第五章规定对违反清洁生产的行为进行制裁，是为避免一味地强调政府引导而忽视了企业责任的缺陷，从而使清洁生产引导性和强制性有机地结合起来，更适合现实国情和社会主义市场经济发展的需要，有利于国家宏观上调控经济发展，有利于发挥企业作为市场主体的自主性。

7．清洁生产、ISO 14000 与循环经济的关系

清洁生产是实施企业内部经济循环的主要手段。认真贯彻实施《清洁生产促进法》，建立清洁生产长效机制。制订完善推进工业领域实施清洁生产的政策措施与实施方案，将企业通过清洁生产审核验收作为年度工业经济发展目标任务予以落实。鼓励企业实施 ISO 14000 环境管理体系认证，推进企业环境管理标准化、规范化。推广应用先进的清洁生产工艺技术，改造传统落后的生产技术与工艺装备，提高企业能源、原材料的利用率，减少污染物的产生和排放，实现节能降耗、减污增效，积极开展清洁生产示范试点。瑞江木业公司纤维板生产万元工业增加值能耗由原来的 15.1 t 标煤下降到 13.4 t 标煤，资源综合利用率达到 35%。

（二）发展分析

1．进展

在强化环境执法的同时进一步完善我国的清洁生产法，可以为清洁生产的顺利实施提供有力的支持和适宜的法制环境，克服在实施清洁生产过程中存在的各种困难、障碍，这是促进和保障我国清洁生产工作的必然要求。

我国采取企业自愿审核和强制审核的办法，到 2008 年 1 月已建立了 205 家清洁生产咨询服务机构，培训了近 5 万名清洁生产审核与管理人员，审核了近 7 000 家企业。实施清洁生产对推动节能减排发挥了关键作用，已累计削减 COD 407 万 t、BOD 450 万 t、氨氮 508 万 t，削减烟尘排放量 1.7 万 t、SO_2 排放量 1.6 万 t。

同时，全国投入清洁生产方案实施资金 118 亿元。使清洁生产在节约能源资源方面取得了明显效果，仅 2006 年，全国就节电 804 万 kW·h、节煤 122 万 t、节油近 7 万 t。截至 2006 年，因实施清洁生产方案减排污染物所取得的经济效益达 44 亿元，因节能降耗产生的直接经济效益达 55 亿元①。

实现污染物减排，最直接、最有效的办法之一就是全面实施清洁生产。因为清洁生产就是保护环境、优化经济发展，是对生产过程再设计、对产业结构再调整的直接手段，也是对现有环境管理制度的有效补充。

行业清洁生产标准在现实中得到了有效应用，如中国石油化工集团公司下属 50 家左右的炼油厂，目前，已经有 60%以上的企业完成了第一轮的清洁生产审核工作。在清洁生产审核中，均以国家环保总局颁布的《清洁生产标准石油炼制业》为依据。

国家环保总局分别于 2001 年、2005 年先后启动第一、第二批共 55 个行业（产品）的清洁生产标准编制工作，至今已经发布了 25 项清洁生产标准，另外白酒制造业、烟草加工业、电石行业等 30 多项清洁生产标准正在编制中。

除了传统的工业领域，中国的工业服务业、大农业的清洁生产潜力都非常大。以北京为例，北京第三产业节能减排的压力也很大，目前已经开始着手研究服务业的清洁生产推进工作。

链接 3-15 《清洁生产标准 印制电路板制造业》

（HJ 450－2008 2009-02-01 实施）

为贯彻《中华人民共和国环境保护法》和《中华人民共和国清洁生产促进法》，保护环境，印制电路板制造业开展清洁生产提供技术支持和导向，制定本标准。本标准在达到国家和地方环境标准的基础上，根据当前的行业技术、装备水平和管理水平，印制电路板制造业企业清洁生产的一般要求。本标准分三级，一级代表国际清洁生产先进水平，二级代表国内清洁生产先进水平，三级代表国内清洁生产基本水平。随着技术的不断进步和发展，本标准也将不断修订，一般三至五年修订一次。本标准规定了印制电路板制造业清洁生产的一般要求。本标准将清洁生产指标分为五类，即生产工艺与装备要求、资源能源利用指标、污染物产生指标（末端处理前）、废物回收利用指标和环境管理要求等。本标准适用于印制电路板制造企业的清洁生产审核、清洁生产潜力与机会的判断，以及清洁生产绩效评定和清洁生产绩效公告制度，也适用于环境影响评价和排污许可证等环境管理制度。本标准为首次发布。自本标准实施之日起，《清洁生产标准——电镀行业》（HJ/T 314－2006）中涉及有关“印制电路板类”指标要求将被代替。

① 减排污染物清洁生产最有效. 中国环境报，2008-02-01.

链接 3-16 发布国家重点行业清洁生产技术导向目录[①]

为了贯彻落实《清洁生产促进法》，国家经贸委和国家环保总局 2003 年联合公布了第二批《国家重点行业清洁生产技术导向目录》。第二批目录涉及冶金、机械、有色金属、石油和建材 5 个重点行业，共 56 项清洁生产技术；与第一批目录相比，第二批目录增加了清洁生产技术供给信息。另外，准备在重污染和资源浪费严重的行业如钢铁行业、电镀行业、水泥行业等制定清洁生产标准。这些措施的出台，对于强制污染或资源浪费严重的企业，鼓励其他行业主动实施清洁生产都能起到积极的推动作用。

2. 障碍

（1）企业开展清洁生产的积极性不高

目前虽然大多数企业的节能减排意识和开展清洁生产的意愿明显增强，但是对于中小型企业来说，由于缺乏改造工艺和更新设备的实力，同时不具备规模化处理和循环利用废弃物的经济可行性，因此企业缺乏主动开展清洁生产的积极性；另一方面，对重点企业实施的强制性审核方案主要从“达标”或“减污”角度提出，审核的结果虽然社会效益、环境效益显著，但经济效益不明显，对企业吸引力不足，有些重点企业审核的目的仅仅是通过验收，未能有效开展持续性清洁生产。

（2）开展清洁生产的行业单一

在 20 世纪 90 年代制定的一些环保法规中就对农业、商业服务业提出了节能和环保的要求，近三年来组建的清洁生产咨询机构和专家库中都包含了第一、二、三产业的机构和专家，并推动和组织了一些农业、建筑业、服务业的企业开展清洁生产审核，取得了一些初步的成绩和经验。但是由于一直以来工业企业尤其是重点行业企业是能源消耗的大户和污染排放的主要来源，所以清洁生产的重点主要放在了工业领域，而对农业、服务业领域的清洁生产工作推动不够。

（3）技术开发和推广应用不够

清洁生产的目标是在减少输入端物质消耗的同时减少污染产生，实现物质能量在经济系统内的合理、持续的循环流动和利用，提高产出效率。要实现这一目标，技术进步是关键。这些技术包括消除污染的环境工程技术、废物再利用的资源化技术、生产绿色产品的无废少废、无毒无害的清洁生产技术。而目前这一类技术尤其是综合开发利用资源的技术还十分缺乏，占总量绝大多数的中小企业缺乏熟悉产品工艺、技术与清洁生产管理的人才队伍，技术创新能力有限，大多数企业不具备研发关键技术的能力，同时企业也缺乏清洁生产实践的指导。

① 中国新闻社，2002-12-24.

（4）公众的环境意识仍有待提高

政府主导、企业主体、公众参与构成了“三位一体”的清洁生产推进机制。作为生产的对立面，包括政府机构、企业的合同方、社会团体、普通公众在内的消费者的绿色消费意识、环境保护意识会产生一种社会影响力，从而成为驱动企业生产既满足顾客需要又具有环境有效性的产品和服务的外部压力，而消费者尤其是普通公众作为第三方力量的外部推动作用虽然不断被强调，但是实际上直到现在仍然没有很好地发挥，广大公众的环境意识和对清洁生产的了解还处于较低的水平，绝大多数普通消费者对清洁生产知之甚少。

3. 近期对策

1）加快结构调整和技术进步，提高清洁生产的整体水平。

2）国务院有关部门和各级政府要加大科技投入，积极安排清洁生产重大技术攻关项目，引导和鼓励企业开发清洁生产技术和产品。

3）加强企业制度建设，推进企业实施清洁生产。

4）完善法规体系，强化监督管理。各级环保部门要严格环境执法，严肃查处各类环境违法行为，坚决制止企业非法排污。

5）加强对推行清洁生产工作的领导为企业开展清洁生产审核、技术开发与推广、信息咨询、宣传培训等提供服务。

4. 发展前景——清洁生产与循环经济的结合

清洁生产则从预防污染的目的出发，通过源削减和不同层次的物料循环再利用来节约资源和消除污染，这与循环经济通过“减量化、再循环、再利用”（即 3R 原则）实现自然资源特别是不可再生资源的再循环利用其本质和目标是完全一致的。两者的区别只是实现层次上的不同，清洁生产偏重在企业层次从产品生产全过程和整个生命周期对资源合理有效利用；而循环经济着眼于从企业群落、工业系统乃至更加宏观的国民经济系统谋求对资源的合理配置。由此可见清洁生产实际上是企业层次的小循环经济，是在园区、城市、全社会范围实现不同层次循环经济的基础和基本形式，要实现循环经济，必须从基础抓起，搞好企业清洁生产，因为企业尤其是工业企业是资源的主要消耗者，污染物的主要排放者，是中间产品和最终产品的生产者，只有企业减污、节约、高效地生产出清洁优质的产品，才能为生态工业、绿色消费以及废弃物在更大范围内循环再利用提供源头和技术基础。循环经济“3R”的排列顺序也充分体现了清洁生产源削减的重要性，即只有建立在资源消耗和废物产生减量化基础上的再循环、再利用才具有经济上的合理性和可持续性。所以在全社会大力发展循环经济的大背景下，企业清洁生产更显重要，同时循环经济的发展模式也为企业清洁生产提供了新的机遇。

总之，清洁生产是一个动态、相对的概念，随着经济发展和技术进步的持续推进，会对清洁生产提出新的内容和要求，清洁生产没有终极目标，需要政府、企业、公众、全社会持续不懈的努力。

七、循环经济促进法

改革开放以来，我们用能源消费翻一番，支撑了 GDP 翻两番。到 2020 年，要再实现 GDP 翻两番，即便是按能源再翻一番考虑，要保障能源供给也面临许多新的难题。21 世纪头 20 年，我国钢铁、有色金属、石油石化、水泥等高耗能产品的需求量将继续增加，如果继续沿袭传统的发展模式，以资源的大量消耗实现工业化和现代化，是难以为继的。

当前，我国生态环境总体恶化的趋势尚未得到根本扭转。水环境每况愈下、大气环境不容乐观、固体废物污染日益突出、城市生活垃圾无害化处理率低、农村环境问题日益严重、生态安全受到严重影响。因此必须大力发展循环经济，推行清洁生产，可将经济社会活动对自然资源的需求和生态环境的影响降低到最低程度，从根本上解决经济发展与环境保护之间的矛盾。

（一）《循环经济促进法》坚持的基本原则

制定循环经济促进法，必须贯彻科学发展观，从我国的实际情况出发，为推进循环经济发展提供有效的法律保障。在循环经济促进法的起草过程中我们重点把握了以下几个方面：

1）坚持减量化优先的原则。西方发达国家发展循环经济一般侧重于废物再生利用，而我国现处于工业化高速发展阶段，能耗物耗过高，资源浪费严重，前端减量化的潜力很大，因此要特别重视减量化，即资源的高效利用和节约使用。

2）突出重点，着力解决能耗高、污染重、影响我国循环经济发展的重大问题。对主要工业行业和重点企业，明确提出节能减排的约束性要求。

3）法律规范要有力度，对高消耗、高排放的行为，要有硬约束。与此同时，要通过制定一系列的激励政策，支持和推动企业等有关主体大力发展循环经济。

4）在生产、流通和消费的各个环节，注重发挥政府、企业和公众以及行业协会等主体在发展循环经济中的积极性，形成推进循环经济发展的整体合力。

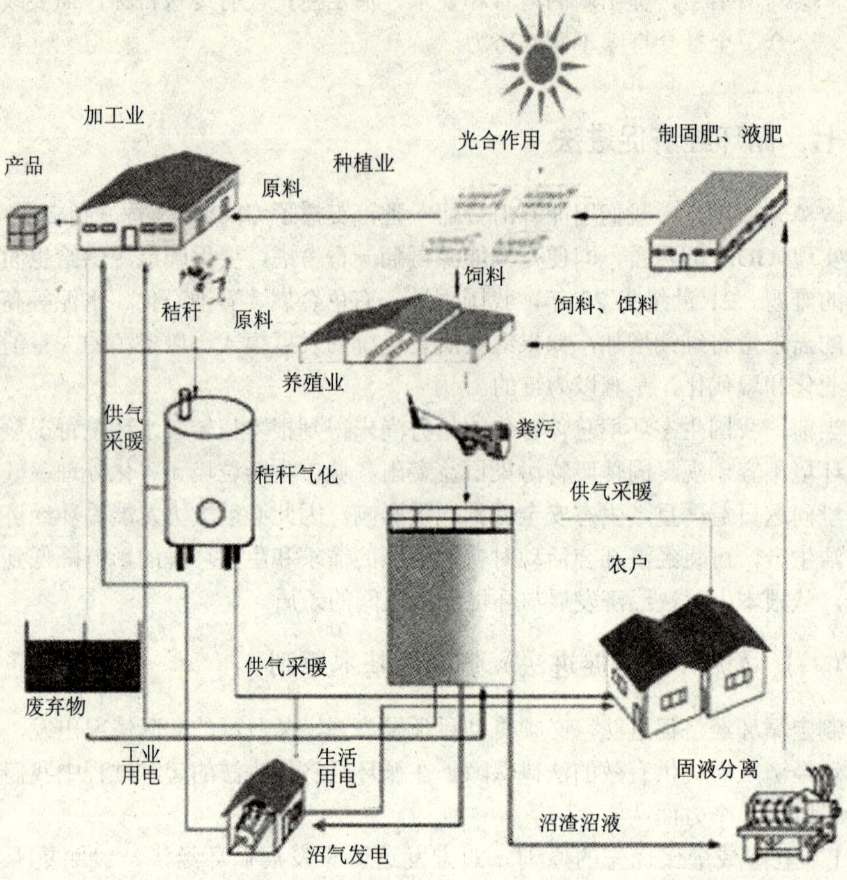

图 3-4　生态农业循环经济

（二）循环经济须有三大经济政策支撑①

循环经济理念正在我国迅速升温。而资源价值计量、排污收费、产品负责制三大经济政策则是促进循环经济发展的政策支撑。

1. 资源价值计量——制度保障

环境是人类共同赖以生存的条件，不是能够随意支取的公共财产，关乎生命和生存质量，构成人权的基础——生命权。依据国内、外的法律规定，保护环境是每个人的基本责任。因此，排污收费乃至计量收费，甚至要承担污染环境的刑罚，是责任与公平的结合。因此，污染环境就等同于侵害公共利益和人权，必须承担责任。目前，国际上已普遍执行排污水、排垃圾计量收费的制度。现在，我

① 循环经济须有三大经济政策支撑. 光明日报，2007-04-10.

国资源浪费严重，如塑料、纸类、金属等过度包装，既浪费了资源，又多产生垃圾，污染了环境。以某大都市为例，收运和处理 1 t 垃圾的成本要 150 元，每年该市要付出 6 亿～7 亿元解决垃圾问题。

2．排污收费——基础保障

我国自 20 世纪 90 年代中期开始对单位排放垃圾收费，2000 年开始对城市居民的生活垃圾排放收费，但迄今垃圾收费的收缴率不高，且没有实行计量收费。自 2000 年开始，城市生活污水已按照自来水消耗量收费。目前，国际上已普遍执行排污水、排垃圾计量收费的制度。唯此才能从利益上迫使每个人、每个部门承担环境责任。而少排废物的办法旨在节省和循环利用，乃至可持续地利用有限的资源。

3．产品负责制——措施保障

我们提倡高消费、低消耗和再利用，为的是给后人留下更多资源、较好的环境和发展空间。从责任与公平的角度说，消费者、生产者和经营者都要对产品的最终报废处理和再利用承担资源与环境的责任。所以，产品负责制必然也必须实行。美国、德国、日本等国都明确将产品责任制确定为经济政策。这项制度在国际上已实行数年，起到促进循环经济发展的良好效果。改革开放以来日本向我国销售了大量家用电器和电子产品。最近日本理光、夏普等公司来北京表示，如果北京市建设家用电器和电子垃圾回收处理和利用体系，他们愿意按照收集和处理数量出资给予补贴。在日本和德国将废旧家电和电子垃圾视为宝贵的资源，可以再生产坐椅、污水井盖和通讯线槽等多种产品。

4．三大经济政策互动互补

三项经济政策的本质是利益和责任的公平，从源头控制资源消耗，促进循环利用，降低消耗。排污收费乃至计量收费，是从末端控制废物的排放，循环利用还可减少废物产生。产品负责制是在物质财富生产过程中，直接促进循环利用，将源头和末端责任贯穿起来，实现三项政策的互动效应，形成促进循环型社会的经济政策框架。

（三）《循环经济促进法》的主要内容

《循环经济促进法》以“减量化、再利用、资源化”为主线，共七章六十一条。在框架结构的设计上，第一章是总则，第二章规定基本管理制度，第三章规定减量化；考虑到再利用和资源化两者之间联系密切，第四章同时规定再利用和资源化；还考虑到减量化、再利用和资源化既发生在生产过程，又体现在流通、消费过程，故将第三章和第四章各分为两节，第一节规范生产过程，第二节规范流通、消费过程。第五章规定激励措施，第六章规定法律责任，第七章是附则。

1．建立循环经济规划制度

循环经济规划是国家对循环经济发展目标、重点任务和保障措施进行的安排和部署，是政府进行评价、考核，并且实施奖励、限制或者禁止措施的一个重要依据。

《循环经济促进法》强调以循环发展模式替代传统的线性增长模式。

第十六条　国家对钢铁、有色金属、煤炭、电力、石油加工、化工、建材、建筑、造纸、印染等行业年综合能源消费量、用水量超过国家规定总量的重点企业，实行能耗、水耗的重点监督管理制度。

根据权威部门的测算，目前，中国钢铁、电力、水泥等高耗能行业的单位产品能耗比世界先进水平平均高 20%左右；矿产资源总回收率为 30%，比国外先进水平低 20%以上；木材综合利用率为 60%，也比国外先进水平低 20%。其中钢铁工业年废钢利用量不到粗钢总产量的 20%，国外先进水平为 40%；工业用水重复利用率比国外先进水平低 15%～25%。这些问题严重制约了中国未来的发展，需要在科学发展观的指导下，通过推进循环经济等途径加以解决。因此，循环经济促进法以“减量化、再利用、资源化”为主线，要求县级以上政府编制国民经济社会发展规划、区域规划以及城乡建设、科学技术发展等规划时，应当明确发展循环经济的目标和要求。

循环经济规划是国家对循环经济发展目标、《循环经济促进法》第十二条从两方面对循环经济规划制度作了规定：首先要求县级以上人民政府编制国民经济和社会发展规划、区域规划以及城乡建设、科学技术发展等规划时，应当明确发展循环经济的目标和要求；其次规定了编制循环经济发展规划的程序，并明确提出规划应当包括资源产出率、废物再利用和资源化率等具体指标。

2．建立抑制资源浪费和污染物排放总量调控制度

当前一些地方的经济增长建立在过度消耗资源和污染环境的基础上，对这种不可持续的发展方式必须要有必要的总量控制措施。为推动各地和企业按照国家的要求，根据本地的资源和环境承载能力安排产业结构和经济规模，积极主动地采取节能、节地、节水、减排等循环经济措施，《循环经济促进法》第十三条规定：“县级以上地方人民政府应当依据上级人民政府制定的本行政区域主要污染物排放总量控制指标和建设用地、生产用水总量控制指标，规划和调整本行政区域的产业结构，推进循环经济发展。”并要求建设项目应当符合本行政区域的总量控制指标。据国家发改委测算，我国能源利用效率如能达到世界先进水平，每年可减少二氧化硫排放 450 万 t；固体废物综合利用率如能提高 1 个百分点，每年可减少约 1 000 万 t 固体废物的排放。

3．循环经济的评价和考核制度

建立循环经济的评价考核制度，有助于推动解决单纯以 GDP 指标来衡量各

地的经济发展水平的弊端。

循环经济评价指标体系是评价区域循环经济发展状况的基础，也是对区域社会、经济、生态环境系统协调发展状况进行综合评价的依据和标准。国务院《关于加快发展循环经济的若干意见》规定，国家发改委要会同国家统计局、国家环保总局等有关部门加快研究建立循环经济评价指标体系。2007 年 6 月，国家发改委、国家统计局、国家环保总局联合发布了《关于印发循环经济评价指标体系的通知》，确定了对发展循环经济起关键作用的资源产出、资源消耗、资源综合利用、废物排放等方面的指标。为进一步强化政府发展循环经济的责任，循环经济促进法规定，国务院循环经济发展综合管理部门会同国务院统计、环境保护等有关主管部门建立和完善循环经济评价指标体系。上级人民政府根据规定的循环经济主要评价指标，对下级人民政府发展循环经济的状况定期进行考核，并将主要评价指标完成情况作为对地方人民政府及其负责人考核评价的内容。

第四十九条　县级以上人民政府循环经济发展综合管理部门或者其他有关主管部门发现违反本法的行为或者接到对违法行为的举报后不予以查处，或者有其他不依法履行监督管理职责行为的，由本级人民政府或者上一级人民政府有关主管部门责令改正，对直接负责的主管人员和其他直接责任人员依法给予处分。

4. 建立以生产者为主的责任延伸制度

生产者责任延伸制度的思想，最早可追溯到瑞典 1975 年关于废物循环利用和管理的议案，提出产品生产前生产者有责任了解当产品废弃后如何从环境和节约资源的角度以适当的方式处理。1986 年，联邦德国在关于实施《废物避免和处置法》的报告中指出，生产者对其产品废弃后的处理和处置承担部分责任。1988 年，荷兰环境部关于预防和循环利用废物的备忘录中认为，政策应指向产品的设计者，产品设计和生产者应意识到自己的产品在废弃处置时对环境的影响，并对此承担一定的责任。20 世纪 90 年代，生产者责任延伸的理念得到迅速传播并进入实践和立法领域。

发达国家一般都规定有包括电子生产企业在内的企业生产责任延伸制度，这项制度要求，包括电子生产企业在内的生产企业在生产产品的同时，还要承担起回收、处理废弃产品的责任。在我国，由于既没有法律规定，也没有相应的企业生产责任延伸制度，电子垃圾的处置问题一直困扰着业界；同时，由于电子废弃物的无序回收、利用导致了资源浪费和环境污染。

在传统的法律领域，产品的生产者只对产品本身的质量承担责任，但现代生产者还应依法承担产品废弃后的回收、利用、处置等责任。也就是说，生产者的责任已经从单纯的生产阶段、产品使用阶段逐步延伸到产品废弃后的回收、利用和处置阶段，相应对其设计也提出了更高的要求。这种生产者责任延伸制度在一些国家立法中得到了确立，并经实践证明具有积极意义。《循环经济促进法》第十五条区分不同情况，对生产者等主体在产品废弃后应当承担的回收、利用、处置等责任作了明确规定。

现在我国电子废弃产品的回收处理方式主要是个体户回收废弃电子产品。具体回收方式有两种，对于尚能使用的废弃电子产品拿到旧货市场上贩卖，已经报废不能用的电子产品则处理到江浙、珠三角一带私自拆解拼装的厂家，这些厂家采用各自的办法提炼出贵金属，丢弃不能利用的产品部分。这样的回收处理方式有诸多弊端，导致环境污染。在那些小型废弃电子产品处理厂家集中的地区，这种污染体现得尤为明显。

5．建立了对高耗能、高耗水企业设立重点监管制度，提倡资源回收利用

《循环经济促进法》第三十条规定，企业应当对生产过程中产生的粉煤灰、煤矸石、尾矿、废石、废料等工业废物进行综合利用。建筑材料生产和筑路、筑坝、筑港等工程建设，应当在保证质量和安全的前提下，掺用一定数量的粉煤灰或者其他工业废物。

《循环经济促进法》第三十二条规定，企业应当采用先进或者适用的回收技术、工艺和设备，对生产过程中产生的余热、余压等进行综合利用。建设利用余热、余压、煤层气以及煤矸石、煤泥、垃圾等低热值燃料的并网发电项目，应当依照法律和国务院的规定取得行政许可或者报送备案。例如，一个年产 800 万～1 000 万 t 钢的钢铁联合企业，如全部回收余热、可燃气体等，按热值计算可提供一个 80 万 kW 发电厂所需的能源，如全部回收其固体废物，可满足生产 300 万 t 水泥所需的主要原料。电网企业应当与资源综合利用的企业签订并网协议。企业自发电量优先由本企业自用，剩余发电量应当由电网企业全额收购。

此外，《循环经济促进法》第三十四条规定，国家鼓励和支持农业生产者和相关企业采用先进或者适用技术，对农作物秸秆、畜禽粪便、农产品加工业副产品、废农用薄膜等进行综合利用，开发利用沼气等生物质能源，推广秸秆气化、液化等技术。

《循环经济促进法》第二十五条规定，公共机构应当带头使用节水、节地、节能、节材和环境友好的产品、设备和设施，节约使用办公用品。国务院和县级以上地方人民政府管理机关事务的机构会同有关部门制定本级公共机构的用能、用水定额指标，财政部门根据定额指标制定支出标准。

6．强化经济激励措施

促进循环经济的发展，仅靠行政强制手段是不够的，必须依法建立合理的激励机制，调动各行各业各类主体的积极性，激励他们走循环经济的道路。《循环经济促进法》专设第五章，对激励政策作了比较具体的规定，主要包括：建立循环经济发展专项资金（第四十三条）；对循环经济重大科技攻关项目实行财政支持（第四十四条）；对促进循环经济发展的活动给予税收优惠（第四十五条）；对有关循环经济项目实行投资倾斜（第四十六条）；实行有利于循环经济发展的价格、收费等政策措施。

《循环经济促进法》明确了国务院和各省、区、市政府要设立循环经济发展专项资金，支持循环经济的科技研究开发、循环经济技术和产品的示范与推广、重大循环经济项目的实施、发展循环经济的信息服务等；对于循环经济重大科技攻关项目的自主创新研究、应用示范和产业化发展，国务院和各省、区、市政府以及有关部门要将其列入国家或者省级科技发展规划和高技术发展规划，并安排财政性资金予以支持。

《循环经济促进法》还规定，国家对促进循环经济发展的产业活动给予税收优惠，并运用税收等措施鼓励进口先进的节能、节水、节材等技术和设备，限制在生产过程中耗能高、污染重的产品出口。

链接 3-17　北京出台全国首个循环经济鼓励政策①

《北京市循环经济试点工作实施意见》已经出台。北京市从区县（城镇）、园区和企业三个层面选择首批 24 家循环经济试点机构，对试点机构给予政策、资金、税收、土地申请、政府采购等多方面支持。据了解，对于入选的试点机构项目，相关部门按技术升级、清洁生产、节能环保等专项资金管理办法给予优先支持。在资金方面，审核后可优先安排申请国债资金，或对其中的固定资产投资部分给予直接投资补助，补助资金不超过总投资的 30%。还可根据投资方与银行签订的中长期固定资产贷款合同，按照贷款实际到位和支付利息情况，优先予以贴息支持，贴息年限最长不超过 3 年。

北京首批 24 家试点机构涉及现代服务业、高新技术产业、现代制造业、废弃物循环利用、都市型生态农业等多个领域。

7．强化产业政策的规范和引导

产业政策不仅是促进产业结构调整的有效手段，更是政府规范和引导产业发展的重要依据，对淘汰落后技术、工艺、设备和产品，指导市场准入也有重要作用。《循环经济促进法》第十八条规定，国家产业政策应当符合发展循环经济的要求；国务院经济综合宏观调控部门会同国务院环境保护等有关主管部门，定期发布鼓励、限制和淘汰的技术、工艺、设备、材料和产品名录；禁止生产、进口或者采用列入淘汰名录的技术、工艺、设备、材料和产品；有关部门要对名录制度的实施情况进行监督。

《循环经济促进法》规定，城市人民政府和建筑物的所有者或者使用者应当

① 新华网，2009-02-18.

采取措施，加强建筑物维护管理，延长建筑物使用寿命。今后，对符合城市规划和工程建设标准，在合理使用寿命内的建筑物，城市人民政府不得决定拆除。

另外，循环经济促进法还规定了其他一些措施激励循环经济的发展如各级经济综合宏观调控部门在制定和实施投资计划时，应当将节能、节水、节地、节材、资源综合利用等项目列为重点投资领域；公共机构使用财政性资金进行采购时，应当优先采购节能、节水、节材产品以及环境标志产品和再生产品，并达到国务院财政部门会同有关部门规定的比例。

链接 3-18　减量化的主要内容

1. 禁止生产、进口、销售、使用淘汰的设备、材料、产品或者技术、工艺

禁止生产、进口、销售列入由国务院循环经济发展综合管理部门会同国务院环境保护等有关主管部门定期发布的淘汰的技术、工艺、设备、材料和产品名录中的设备、材料和产品，禁止使用列入该淘汰名录的技术、工艺、设备和材料。违反循环经济促进法上述规定的，应当承担相应的法律责任：

（1）对生产、销售列入淘汰名录的产品、设备的，依照产品质量法的规定处罚。

（2）使用列入淘汰名录的技术、工艺、设备、材料的，由县级以上地方人民政府循环经济发展综合管理部门责令停止使用，没收违法使用的设备、材料，并处 5 万元以上 20 万元以下的罚款；情节严重的，由县级以上人民政府循环经济发展综合管理部门提出意见，报请本级人民政府按照国务院规定的权限责令停业或者关闭。

（3）进口列入淘汰名录的设备、材料或者产品的，由海关责令退运，可以处 10 万元以上 100 万元以下的罚款。进口者不明的，由承运人承担退运责任，或者承担有关处置费用。

2. 包装设计的减量化要求

从事工艺、设备、产品及包装物设计，应当符合有关国家标准的强制性要求，并按照减少资源消耗和废物产生的要求，优先选择采用易回收、易拆解、易降解、无毒无害或者低毒低害的材料和设计方案。设计产品包装物应当符合产品包装标准，防止过度包装造成资源浪费和环境污染。

3. 工业企业用油的减量化要求

国家鼓励支持企业使用高效节油产品。内燃机和机动车制造企业应当按照国家规定的内燃机和机动车燃油经济性标准，采用节油技术，减少石油产品消耗量。

企业，应当在国家规定的范围和期限内，以洁净煤、石油焦、天然气等清洁能源替代燃料油，停止使用不符合国家规定的燃油发电机组和燃油锅炉。违反循环经济促进法上述规定的，由县级以上地方人民政府循环经济发展综合管理部门责令限期改正；逾期不改正的，责令拆除该燃油发电机组或者燃油锅炉，并处5万元以上50万元以下的罚款。

4. 开采矿产资源的减量化要求

开采矿产资源，应当统筹规划，制定合理的开发利用方案，采用合理的开采顺序、方法和选矿工艺。采矿许可证颁发机关应当对申请人提交的开发利用方案中的开采回采率、采矿贫化率、选矿回收率、矿山水循环利用率和土地复垦率等指标依法进行审查；经审查不合格的，不予颁发采矿许可证。采矿许可证颁发机关应当依法加强对开采矿产资源的监督管理。违反循环经济促进法的规定，矿山企业未达到经依法审查确定的开采回采率、采矿贫化率、选矿回收率、矿山水循环利用率和土地复垦率等指标的，由县级以上人民政府地质矿产主管部门责令限期改正，处5万元以上50万元以下的罚款；逾期不改正的，由采矿许可证颁发机关依法吊销采矿许可证。

5. 建筑设计、建设、施工的减量化要求

建筑设计、建设、施工等单位应当按照国家有关规定和标准，采用节能、节水、节地、节材的技术工艺和小型、轻型、再生产品。国家鼓励利用无毒无害的固体废物生产建筑材料，鼓励使用散装水泥，推广使用预拌混凝土和预拌砂浆。

禁止损毁耕地烧砖。禁止在国务院或者省、自治区、直辖市人民政府规定的期限和区域内生产、销售或者使用黏土砖。违反循环经济促进法上述规定的，由县级以上地方人民政府指定的部门责令限期改正；有违法所得的，没收违法所得；逾期继续生产、销售的，由地方人民政府工商行政管理部门依法吊销营业执照。

此外，循环经济促进法还对工业节水、农业节水和节肥节药、国家机关节能与节水、服务性企业的节能及节水、限制一次性消费品的生产和销售作出了鼓励、引导的规定。

6. 再利用和资源化的主要内容

循环经济促进法所称的再利用，是指将废物直接作为产品或者经修复、翻新、再制造后继续作为产品使用，或者将废物的全部或者部分作为其他产品的部件予以使用；资源化，是指将废物直接作为原料进行利用或者对废物进行再生利用。

7. 促进循环经济发展的激励措施

促进循环经济发展，仅靠行政强制手段是不够的，必须依法建立合理的激励机制，调动各方面的积极性，引导和支持全社会发展循环经济。对此，循环经济促进法专门设立了"激励措施"一章，作出了规定。

财政措施

税收优惠

金融措施

价格措施

政府采购政策

即国家实行有利于循环经济发展的政府采购政策。使用财政性资金进行采购的，应当优先采购节能、节水、节材和有利于保护环境的产品及再生产品。

（四）发展分析

法律的实施一般都需要一些配套的具体规定，发展循环经济涵盖了全部生产、流通和消费过程中的减量化、再利用、资源化活动，涉及各行各业和众多领域，因此，循环经济促进法的实施更需要相关配套法规的支持。

1. 需要国务院制定有关废电器电子产品拆解、再利用的行政法规

很多地方的废旧电子回收、处理与再利用企业都采用最简陋的设备和简单的粗放型处理技术（如焚烧和酸解）提炼重金属，技术水平很低。污染问题日益突出，水质、空气等遭到了极大的污染。

2. 需要国务院有关部门制定的政策

需要制定强制回收的产品和包装物的名录及管理办法，重点用水单位的监督管理办法，全国循环经济发展规划，禁止在电器电子等产品中使用的有毒有害物质名录，限制生产和销售的一次性消费品名录及限制性的税收和出口措施，发展循环经济的有关专项资金的使用办法，对促进循环经济发展的产业活动给予税收优惠和运用税收等措施鼓励进口节能产品、限制出口耗能高产品的具体办法等。以上配套规定有的已经出台并正在实施，有些正在研究制定。

全国人大法律委员会、全国人大环境与资源保护委员会已经就循环经济促进法规定需由国务院或国务院有关部门制定的配套规定与国务院法制办、国家发改委等部门进行沟通协调。

有人曾提出"三生主义"，即生命、生活、生态。尊重生命才会有平等与自由，才会有文化的多样性；尊重生活，一切政治与社会的变革才不至于凌空蹈虚；尊重生态人类的文明才能实现可持续发展。我们认为这才是环境污染防治法的出发点与归宿。

八、环境执法、环境权与环境责任

环境执法问题一直是困扰我国环境保护问题的难点之一。近年来环境执法工作虽取得极大的进步，但也存在一些问题。对 2007 年上半年环保专项行动的统计数据显示，截至 2007 年 6 月 30 日，全国共出动各类执法人员 50 余万人次，检查企业 22 万余家，立案查处违法企业 8 000 多家，共对 1 600 余家典型违法案件挂牌督办，追究相关责任人 170 人①。加大环境保护执法力度一直是环境保护监督管理部门的重要职责。

为了保护环境不受破坏，我们有支配环境和享受良好环境的权利；基于此项权利，对于那些污染环境、妨害或将要妨害我们舒适生活的行为，我们享有请求排除妨害以及请求预防此种妨害的权利。环境权是环境立法与执法的基础。

一个完备的环境责任追究体系，既需要刑罚的威慑，也需要行政管理的快捷有效，更需要民事责任的救济。我国当前环境保护的严峻现实迫切要求国家相关立法机关对现有环境法律、法规进行修订，在法律制度层面确立较为完备的环境责任追究体系，以从根本上破解"守法成本高、违法成本低"的环境顽疾。

（一）环境权

20 世纪 70 年代初，诺贝尔奖获得者、著名的国际法学者雷诺·卡辛向海牙研究院提交了一份报告，提出要将现有的人权原则加以扩展，以包括健康和优雅的环境权在内，人类有免受污染和在清洁的空气和水中生存的相应权利。卡辛认为，环境权具体应包括保证有足够的软水、纯净的空气等，最终保证人类得以在这个星球上继续生存。

环境权是环境法的一个核心问题，是环境立法和执法、环境管理和诉讼的基础，也是环境法学和环境法制建设中的基本理论，用它可以解释许多环境法律问题。环境权及其学说在国内法和国际法这两个领域的发展和改进，对国内环境法体系和国际环境法体系的建立和完善，具有重要的理论指导作用，环境权理论已经成为中国环境法学的一种基本理论。从法律上确认、保障环境权，从理论上研究掌握环境权的意义、作用和特征，对于健全环境法体系，加强环境法制建设，保护和改善环境，促进经济、社会和环境保护的协调、持续发展，具有重要的意义。

环境权是权利与义务相对应的。保护环境是每个公民的权利，也同时是每个公民的义务，在享有环境权利的同时承担保护环境的义务是现代权利观的基本要求。

1. 环境权的概念与发展

随着产业革命后生产力的不断发展和人类开发利用自然资源规模的不断扩

① 环保总局再度出击：八家环境违法企业挂牌督办. 人民网，2007-07-12.

大，特别是进入20世纪50年代以来，严重的环境问题和资源危机日益威胁地球生态系统的平衡、人类自身的安全和经济、社会的发展，环境权作为社会发展提出来的新主张开始成为人类社会的迫切需要并逐步得到道义和法律的确认和保障。因此，环境权作为一种基本的法律权利，则主要是20世纪六七十年代世界性环境危机和环境保护运动的产物。

日本律师联合会于1967年发表了"公害侵犯人权"的《人权白皮书》。之后，环境权逐渐在学术界得到认可、在立法部门得到法律确认、在司法实践得到贯彻。1972年6月，在斯德哥尔摩召开了联合国人类环境会议，会上通过的《人类环境宣言》提出"人类环境的两个方面，即天然和人为的两个方面，对于人类的幸福和对于享受基本人权，甚至生存权利本身，都是必不可缺少的"，"人类有在过尊严和幸福生活的环境中享受自由、平等和适当生活条件的基本权利，并且负有保护和改善这一代和将来的世世代代的环境的庄严责任"。

"承认人们了解和取得关于环境和自然资源现状的权利；与他们协商并让他们参与决定可能对环境有重大影响的行动的权利；以及当他们的健康和环境已经或可能严重地受影响时，有法律赔偿和恢复的权利。"① 这实际说明了基本环境权（个人环境权、代际权、人类环境权）与各种环境权的派生权（知情权、参与权和求偿权、诉讼权）的关系。该报告进一步指出"享受任何权利需要尊重他人同样的权利，并承认相互甚至共同的责任（如"在开发生物资源和生态系统中，遵守最佳可持续产量的原则""防止或治理严重的环境污染和危害"等责任，这说明了基本环境权利和基本环境义务的关系。

目前，环境权已被一些国家相继写进宪法和环境保护基本法，并呈现出如下发展态势：

第一，环境权的主体有逐渐扩大的趋势，目前已形成个人（自然人）环境权、单位（法人）环境权、国家环境权和人类环境权等概念。

第二，环境权的内容日益完美，目前已包括合理开发利用环境资源、享受适宜的环境条件、保护和改善环境等内容。

第三，环境权在国内法方面的发展和在国际法方面的发展的相互影响、相互结合日益增强。

第四，环境权的理论性逐步增强，目前环境权已发展成为一种颇具特色的新的法律学说，已成为指导环境法发展的一种基本理论。

2. 环境权的实施

获得环境诉讼资格、有权提起环境诉讼，是环境权从理论到实践、从立法保障到法律实施的基本标志。提起环境诉讼是环境权受到非法侵犯时保护环境权的一种重要方式，特别是当政府机关不履行保护公民环境权的职责而提起环境行政

---

① 世界环境与发展委员会. 我们共同的未来[M]. 王之佳，柯金良，等译. 长春：吉林人民出版社，1997.

诉讼时，往往比批评、建议、申诉、抗议、游行、示威更加有力。实践表明，政府环境管理行政部门及其工作人员可能由于屈从某种压力、诱惑、私利或偏见而不愿或不能实施保护环境权的行政行为，这时公民如果没有环境诉讼权，侵犯环境权的违法行为很可能畅通无阻。另外，当单位或个人实施违法行为、侵犯公民环境权时，如果公众没有提起诉讼的资格，实行“不告不理原则”的政府或法院很难主动进行干涉。

目前，一些国家已通过司法补救措施和诉讼方式来保障和实施环境权。在印度、菲律宾等发展中国家，基于公众环境利益的诉讼已经成功。

（1）环境权的共性和特性

环境权具有法律权利的共性和环境法律权利的特征。但是，说环境权是一种法律权利，并不排斥在环境法不健全的情况下或在其他场合，人们可以把环境权作为一种自然权利或道义权利。环境权也是一种新的法律理论和学说，它给传统法学带来了一些新思想和新观念，对整个法律体系和法律学说是一种变革。

链接 3-19 保障公民环境权将迎来中国环保重大变革①

长期以来，我国的环境管理一直是政府主导型，并且这种趋势与日俱增。中华环保联合会等机构一项调查结果显示，97.5%的公众都赞成将环保指标纳入官员政绩考核体系；而中国环境文化促进会发布的我国首个公众环保指数显示，如果以百分制计算的话，2005 年中国公众环保指数得分为 68.05 分。综合两组数据不难看出，公众对环保的关注度很高，但参与度不强。谁都希望有一个良好的生存环境，“全民环保”抑或是达到这一目标最好的方式。如果说“搭便车”现象使得公众在环保自觉方面容易产生惰性的话，公民环境权行使与救济的缺陷，则又使这一惰性变成了“麻木症”。尽管我国《环保法》规定，一切单位和个人都有权对污染和破坏环境的单位和个人进行检举和控告，但其行使和救济仅仅是停留在“控诉”上，远未上升到“索赔”的层面，历次环保公益诉讼最终没能达到“最圆满的效果”就是最好的佐证。其实，将环境权列为现代法治国家公民的基本权利，已经成为国际社会的普遍共识。面临日益严重的环境问题，固然需要公权力强势介入，也需要更多地借助私权利。通过立法明确公民的环境权，并通过一系列制度安排，确保此项权利行使与救济的顺利实现，不仅为公权力的行使提供广泛的民意支持，更可依托广泛的私权利，无时不在、无处不在地监督和制约公权力的作为与不作为。如此多管齐下，环境问题的有效缓解将是可以期待的。

① 新华网，2007-02-16.

通过立法明确公民的环境权，标志着主管部门管理理念和管理方式的重大转变：由单一的部门行政管理，转向高调支持公众参与，切实赋予公民环境权，以形成主管部门、公众与 NGO 组织多方良性互动的格局。这一格局的最终成型，不仅将为往昔稍显突兀和孤单的“环保风暴”提供强有力的支撑，更重要的是，环境保护问题有望迎来实质性的变革。无锡拟明确公民环境权，政府环保计划调动各阶层明确提出，要通过立法明确公民的环境权，同时要取消民间环保类型的非营利性组织（NGO）在注册时的限制。同时，计划表示要动员民间专业人士和群众组建环境保护社团组织，协助政府开展环境管理和保护，参与环境决策。

（2）环境权是基本环境法律权利和基本环境法律义务的统一

权利和义务本来是两个不同的法律规范，但在环境权上却密不可分，环境权不仅表明主体享用环境的权利，也表明主体保护环境的义务和责任。

（3）环境权是最基本的环境法律权利

所谓基本环境权利或环境基本权，是指人对环境资源的最基本的权利，是一种对世权、主权和原权①；其他各种环境法律权利大都是对人权、从权和派生权或派生的、有限制的对世权。所为基本权利，是指这种权利不能被剥夺或丧失，这种权利的剥夺和丧失意味着主体不能继续生存或健康发展；所谓对世权，是指它适用于除权利主体之外的所有的人或所有其他法律关系主体，谁侵犯这种权利都会受到法律的约束；所谓主权利和原权利，是因为它在各种权利中起着主导、决定作用，其他环境法律权利大都是它的派生或繁衍。

（4）环境权是最基本的环境法律义务

基本环境法律义务，是指环境法律关系的主体有保护环境的义务。如果环境法律关系主体不承担起码的保护环境的义务，环境法就不可能继续发展、健全，因为整个环境法的目的和宗旨都是为了保护环境。承担保护环境的义务是一种建设性的活动、一种道义性的行为，是享有基本权利和履行其他环境法律义务的前提和条件。

（二）环境行政责任

1. 行政责任的概念

行政责任是指违反了环境保护法，实施破坏或者污染环境的单位（法人和其他组织）或者个人所应承担的行政方面的法律责任。

追究环境保护监督管理机关及其工作人员的行政责任的法律依据，还有《国

① 原权：指由符合或者不违反法律的要求的行为而形成的权利，通常的权利均属此类。

家公务员暂行条例法》《国家行政机关工作人员的奖惩行规定》等。

行为违法，指行为人（单位或个人）实施了违反环境保护法的行为。这是承担行政责任的第一个必要条件。行为有危害后果。指违法行为造成了破坏或者污染环境、损害人体健康、农作物死亡等后果。行为人有过错，过错是行为人实施违法行为时的心理状态，分故意（直接故意——希望；间接故意——放任）和过失（疏忽大意过失；过于自信过失）两种。

2．行政制裁

对违反环保法而对承担行政责任者，依法实施的惩罚措施。行政制裁分为行政处罚和行政处分。

环境行政处分是指国家环境行政机关对于其系统内部违法失职的公务员实施的一种惩戒措施。

行政处分是国家行政法律规范规定的责任形式，在这一点上，要与一般的纪律处分区别开来。纪律处分是组织内部依照组织章程、决议等作出的。

行政处罚指环境保护监督管理部门，对违反环境保护法但又不够刑事惩罚的单位或者个人，实施的一种行政制裁。行政处罚一般是对违法情节和危害后果较轻的行为的制裁。行政处罚的对象不包括正在履行环境保护公职的国家机关、企业事业单位的工作人员。

3．行政处罚的原则

行政处罚的原则是指立法机关在环境保护法中设置行政处罚规范和执法部门实施行政处罚时必须遵循的指导思想。它贯穿于行政处罚的整个过程，是具有约束力必须普遍遵守的法律规范，也是使行政处罚决定“合法”和“适当”的法律保障。

依法实施行政处罚原则是指环境保护监督管理部门必须严格依照环境保护法规定的依据、处罚形式和幅度、处罚程序对承担行政责任者实施行政处罚。否则，行政处罚无效。如《行政处罚法》规定，行政机关及其执法人员在作出处罚决定之前，不向当事人告知给予行政处罚的事实、理由和依据，或者拒绝听取当事人的陈述，申辩的，行政处罚决定不能成立。

公正、公开原则是指执法部门在对当事人提起行政处罚程序，确认其承担行政责任的要件和情节，以至实施行政处罚时，必须客观、平等、不偏不倚、不隐瞒。

过罚相当原则是指立法机关或者执法部门必须根据破坏或者污染环境行为的事实、性质、情节以及社会危害程度来设定或者决定对其实施行政处罚的轻重程度。

链接 3-20 环境保护部就修订后的《环境行政复议办法》答记者问①（摘要）

《办法》修改的内容主要有以下几个方面：

一是畅通行政复议申请渠道，切实维护公民、法人或其他组织的合法权益，进一步明确了申请行政复议的方式、期限，以及环保部门受理行政复议案件的条件、审查方式和期限等。

二是改进和完善行政复议审理方式，提高办案质量。将以前探索并被《行政复议法实施条例》确认的审理方式补充进《办法》，如现场调查机制、和解协调机制、复议建议制度等，增加了复议中止、终止的法定情形和驳回行政复议申请这一新的结案方式等。

三是进一步细化了环境法制机构在行政复议方面的职责。明确规定了环境法制机构有通知申请人补正行政复议申请、通知第三人参加行政复议、中止与恢复复议案件审理、提出对有关责任人员的处分建议等职责。

4．强制执行

《行政处罚决定书》送达之日起生效。被处罚单位逾期不申请复议，又不向人民法院起诉，又不履行处罚决定的，由省环监局以省环保局的名义起草《强制执行申请书》报局分管领导审签后依法申请人民法院强制执行。

5．结案归档

（1）案件终结，省环监局负责填写《行政处罚案件结案报告》，将案件相关材料装订后归档。

（2）案件归档后，任何单位和个人不得私自添加或抽取案卷材料。

6．发展前景

在目前我国的环境治理中存在着法律法规不健全、政府信息不公开和政府责任意识的缺失等问题。我们在环境保护的相关法律法规中，看不到政府如果监管不力将承担什么责任。从积极政府的角度来看，随着社会经济的发展，行政权力的变迁，政府应该承担保护公民免受工业社会生活所带来的诸多不幸的任务，并通过积极的作为来满足这种需求，否则，就应当承担责任。

建立问责制度应当说是一个很大的进步，但是这个问责是从上往下的问责，上级官员对下级官员的问责，而下面的企业、机构、官员数以万计，这就决定了这样的从上往下的问责是难以发挥应有的作用的。比如说，中国的矿难、环境事故频繁发生，就是因为我们只是上级对下级的问责，全国有可能发生事故的企业也有几百万个，其日常的生产、监督，从上往下是很难监督的。所以应当建立自下而上的监督的机制，也就是公民问责制度。公民应当对这样的一些公共事件、

① 中央政府门户网站：http：//www.gov.cn，2009-01-19.

突发事件具有知情权，政府应该做到透明行政，公开行政。

链接 3-21　环境保护行政处罚程序①

1. 立案

根据群众举报、领导批办、移送和执法中发现的环境违法行为，环境监察执法人员（以下简称"执法人员"）经过审查，应在 7 日内确定是否立案，确定立案后，应填写《立案登记表》，明确承办人、承办日期，报省环境监察局（以下简称"省环监局"）领导审批后，于 5 个工作日内报省环保局备案。

2. 调查取证

案件立案后，由执法人员（2 人以上）开展调查，并制作《现场检查笔录》或《调查询问笔录》，确需进行环境监测的应当委托有资质的监测机构采集样品（或由经培训并取得采样资质的执法人员采集样品）和监测，并出具监测报告。调查完毕，执法人员应于 5 个工作日负责撰写《调查报告》，提出处理意见后送省环监局审查。

对超过 10 万元（不含 10 万元）的行政处罚案件及责令停止生产和使用、暂扣或吊销许可证或者其他具有许可性质证书的行政处罚，填写《调查报告》移送省环保局法规处。法律、法规和规章规定由人民政府实施行政处罚的，应在提出处罚意见后，连同全部案件材料报人民政府决定是否实施行政处罚。

3. 告知听证

省环监局按规定填写《行政处罚事先告知书》或《行政处罚听证告知书》，告知当事人有陈述申辩或要求举行听证的权利，加盖省环保局行政处罚专用章，报省环监局行政处罚委员会主任批准后，按规定送达当事人并抄告相关职能部门。当事人要求听证的，由省环保局法规处填写《行政处罚通知书》（报省环保局分管领导签发后提前 7 天送达当事人）并组织听证，当事人不承担组织听证的费用。

4. 案件审核与处罚决定

1）经现场调查，对违法事实确凿、有法定依据、罚款额度在对公民 50 元以下、对法人或其他组织处以 1 000 元以下罚款或警告的，执法人员可以现场对当事人下达《当场处罚决定书》。

2）对 2 万元以下罚款的行政处罚，由省环监局行政处罚委员会主任审查并报局分管领导批准。

3）对 2 万元至 10 万元（含 10 万元）罚款的行政处罚案件由省环监局行政处罚委员会负责审查。

① 江西省环境保护局. 环境保护行政处罚程序. 2008 年 7 月 22 日.

4）审查终结，行政处罚委员会经集体讨论，根据案件不同情况，分别提出如下处理意见：

违法事实不能成立或者违法行为轻微，依法可以不予以行政处罚的，不予以行政处罚。

违法事实成立，决定给予行政处罚的，由省环监局起草《行政处罚决定书》报省环保局分管领导签发。

认为涉嫌违纪的，移交局监察室，由局监察室按规定的程序移送监察机关；构成犯罪的，移交局法规处经局领导批准后移送司法机关。

《行政处罚决定书》应在作出处罚决定后的 7 日内送达。送达方式有直接送达、邮寄送达、留置送达、委托送达、公告送达。直接送达、委托送达应填写《送达回证》。

（三）环境民事责任

环境民事责任，是民事主体违反民事义务所应承担的民事法律后果。

1. 环境民事责任的特点

因为环境侵权是一种特殊的侵权行为，与一般侵权行为不同。

（1）主体不平等

在环境侵权中，加害人多为具有经济实力的企业，受害人多为缺乏规避与抵制能力的一般公众，两者地位处于不平等状态。

（2）侵害缺乏直接性

一般侵权行为直接作用于个别受害人的财产和人身，比较单纯、直接，易于确认，受害人可用财产权和人身权为依据获得救济；环境侵权行为往往要通过“环境”这一中介物间接作于人身及公私财物。而有些环境要素，如空气、阳光、水等则被认为是取之不尽，用之不竭的客观存在，经济学上称为自由财产，人们不可能对其占有和支配，不具备民法所称的财产性。更有甚者，经济活动产生的废弃物排放于环境中，被传统民法理论视为行使企业财产所有权或经营权的具体表现。正因为如此，才产生了环境权，作为环境损害的救济依据。

（3）环境侵权具有合法性

从法律价值判断，一般侵权行为具有违法性或违反社会道德；有些环境侵权，如各种正常排污行为，在现有生产技术水平下多为企业生产经营活动必须附随的产物，具有一定程度的社会妥当性，属合法行为。

（4）环境侵权具有连续性和不确定性

一般侵权行为一般是一次性的，有些环境侵权常具连续性、具有积累性、滞后性和不确定性。

2．环境民事责任的承担方式

环境侵权造成的损害多种多样，但归纳起来，主要有三种：财产损害、人身伤害和环境损害。环境侵权有很大一部分表现为对人的精神状况、健康状况、生活条件的影响，如恶臭、烟尘、噪声等污染。

（1）损害赔偿

环境损害使人体功能减退、早衰，甚至还会通过遗传因素危及后代健康。因此，环境侵权所造成的精神损害并不比侵害人格尊严所受的精神损害轻，精神损害赔偿的范围应扩及至环境侵权的精神损害。对环境本身的损害如何赔偿是民事赔偿制度的难题。这是因为对任何一个环境要素的损害都可波及整个生态系统，这种危害要在相当长的时间才能表现出来。而且损害生态环境的因素多种多样，有自然因素，也有人为因素；有过去的因素，也有现在的因素，有本地区的因素，也有其他地区的因素。因此，对生态环境损害的损失难以计算，且难以确定责任主体，环境损害赔偿超出了民事赔偿制度的范围，需要国家采取其他制度予以解决。

（2）排除危害

排除危害的制裁方式主要适用于公民或法人的财产或人身可能由于其他单位或个人的环境侵权行为而带来危害的情形，或这种危害正在进行之中。依据环境侵权的具体情况，排除危害的具体形式有如下几种：

停止侵害。行为人实施的侵害他人环境权益和其他民事权益的行为正在进行之中，受害人可以要求侵害人停止侵害或请求法院或其他机关责令侵害人停止其侵权行为。

排除妨碍。环境侵权行为使受害人无法行使自己的环境权益或其他民事权利，受害人有权请求排除妨碍。

消除危险。环境侵权行为对他人的人身或财产安全构成威胁，或存在侵害他人人身和财产的可能性，他人有权请求侵权行为人采取有效措施消除危险。

3．环境损害赔偿的社会化

环境损害赔偿也遇到了排除污染危害相同性质的难题，要及时、妥善救济受害人所受损害，最好不影响企业的生存和发展。为了解决这一难题，法律对环境污染损害的调整，已由过去的单一机制即侵权民事责任制度转变为复合机制，即在环境民事责任制度以外，又设立了环境损害责任保险制度，损害赔偿基金制度等。这些制度的设立，将加害人的全部或部分赔偿责任转移给了社会，故称之为环境污染损害赔偿的社会化。

链接 3-22 环境民事责任中政府与企业的责任

从公司的角度来说，其承担的主要是侵权行为导致的民事责任。依据《中华人民共和国民法通则》第 124 条的规定：违反国家保护环境防止污染的规定，污染环境造成他人损害的，应当依法承担民事责任。而《环境保护法》进一步细化，该法第 41 条规定：造成环境污染危害的，有责任排除危害，并对直接受到损害的单位或者个人赔偿损失。如果造成了严重后果，还要追究公司直接责任人员的责任。《环境保护法》第 43 条规定：违反本法规定造成重大环境污染事故，导致公私财产重大损失或者人身伤亡的严重后果的，对直接责任人员依法追究刑事责任。

从政府部门来说，只能对相关的监管人员追究行政责任或者符合《刑法》规定情况下的刑事责任。依据《中华人民共和国环境保护法》第 45 条的规定：环境保护监督管理人员滥用职权、玩忽职守、徇私舞弊的，由其所在单位或者上级主管机关给予行政处分，构成犯罪的依法追究刑事责任。

而政府及其有关部门在组织抢救及治理过程中，由于疏忽大意、轻信、拖延、措施不力等，也应当承担相应的责任。

我国的环境治理中存在着法律法规不健全、政府信息不公开和政府责任意识的缺失等问题。我们在环境保护的相关法律法规中，看不到政府如果监管不力将承担什么责任。从积极政府的角度来看，随着社会经济的发展，行政权力的变迁，政府应该承担保护公民免受工业社会生活所带来的诸多不幸的任务，并通过积极的作为来满足这种需求，否则，就应当承担责任。总之，在我国目前的环境治理中应该强调政府的监管义务，更应该规定政府失职应承担相应的责任。

面临风险社会的挑战，光有知情权是不够的。公民的知情权，意思是重大技术危机发生的时候，负责单位要保持最高的透明度，好让受风险影响的百姓掌握充分资讯，趋吉避凶。但这还只不过是亡羊补牢的做法而已，真正彻底的公民知情权应该把应用相关技术的早期阶段也包括进来。例如，一家化工厂的选址、建设和排放标准，都应该在最开头就让公民了解，知道它会不会影响自己的正常生活。

光有知情权还不够，公民对于技术风险还要有民主地参与决策的权利。比方说，有公司为了排污和取得水源的便利，因此想把一座化工厂建在河水上流的边上；它是不是该让所有可能受到影响的居民，所有要靠这条河流生活的百姓知道它的计划呢？它是否应该公布建厂的相关细节，使公民们有机会评估自己生活将要面对的风险呢？最后，政府是否应该提供一个咨询平台乃至决策机制，让最容易承受风险的一群去对这个计划说不呢？我们为什么要让一些企业有机会从一种技术运用上得利，却要让另一大批没办法在这里获得任何好处的人去承担后果呢？中国早就步入了风险社会，要建立和谐社会，就得还公民更大知情权和决策权。

（四）环境刑事责任

环境刑事法律责任是指随着人类社会经济的发展、环境污染和环境资源破坏日趋严重，国家通过立法形式确认的公民或法人因其污染环境和破坏资源的犯罪行为而应承受的刑事否定性评价和实体性刑事法律后果。

1．环境刑事法律责任的本质

环境刑事法律责任的本质，体现在环境保护社会性和伦理性的辩证统一。一方面，从环境保护的社会性分析，国家行使社会防卫的职能，通过使污染环境和破坏环境资源的犯罪行为人承担相应的刑事惩罚，遏制日趋严重的环境污染和资源破坏趋势，满足社会经济可持续发展的需要；另一方面，从伦理意义分析，随着经济发展和社会进步，环境与资源因素已经成为影响人类社会生存和发展的重要因素，社会对污染环境与破坏资源行为的评价标准也日益严厉，由于污染环境和破坏资源的犯罪行为人基于自由意志实施了犯罪行为，就应该对其犯罪行为负责，并承担相应的代表社会非难和谴责的环境刑事法律责任。

2．环境刑事法律责任的目的

环境刑事法律责任的特殊预防目的，指通过对环境犯罪行为人刑事法律责任的认定和实现，可以惩罚环境犯罪行为人，并防止环境犯罪的重新发生和恶性发展。

环境刑事法律责任在环境法律责任体系中处于辅助地位。由于环境污染和资源破坏是伴随人类社会经济发展过程中产生的负面效应，大多数情况下，污染环境和破坏资源的行为表现为轻微的违法行为，因而通常仅适用环境行政法律责任或者环境民事法律责任。环境刑事法律责任作为最严厉的环境法律责任形式，只能适用于少数严重污染环境与破坏资源的犯罪行为。如果过分强调环境刑事法律责任的地位，不但会造成罪与非罪界限的混淆，甚至可能导致妨碍社会经济的正常发展。

加强和发展环境刑事法律责任立法日益成为国际社会的共识，国际组织成为推动环境刑事责任立法发展的新动力。

近年来，国际社会和国际组织更加重视通过适用刑事法律责任来预防、禁止和惩治严重危害环境的犯罪行为。值得注意的是，国际环境保护专门立法中也注意到了增加环境犯罪的刑事法律责任条款，如《控制危险废物越境转移及其处置巴塞尔公约》第 4 条“一般义务”中规定：“各缔约国认为，危险废物或其他废物的非法运输为犯罪行为”，同时要求“各缔约国应采取适当的法律、行政和其他措施，以期实施本公约的各项规定，包括采取措施以防止和惩办违反本公约的行为”。从全球范围来看，国际环境犯罪将对世界和平和安全造成较大的威胁，如何克服不同法律制度以及刑事司法管辖对于追究国际环境刑事法律责任的限制，促进国家、地区间的司法协作，是值得关注的一个长远问题。

我国环境法立法的逐步完善为我国环境管理提供了可靠的法律依据，强制性的法律规定也成为惩治环境违法和犯罪行为的法律保障。但是，由于立法的欠缺、执法的薄弱，环境法长期以来一直被人们视为一种“软法”。这种状况的形成原因固然很多，环境犯罪及其刑事法律责任立法的欠缺却是导致这种状况的重要原因之一。环境保护是我国的基本国策，新《中华人民共和国刑法》（以下简称《刑法》）正是从社会经济和环境可持续发展的战略高度出发，通过完善环境犯罪及其刑事法律责任立法，加大了我国环境法制的力度。

3. 追究刑事责任利于遏制环境污染①

近年来，我国经济发展迅速，取得了举世瞩目的成就，但与此同时，环境状况却在一定程度上呈现出恶化趋势。在我国环境保护和治理过程中，存在着一个非常严重的问题——违法成本过低而收益很大。企业本能的逐利倾向就决定了他们有肆意排污的冲动。要想阻止企业不恶意排污，必须使其所面临的违法成本远远高于其违法收益。但是，在我国，法律惩罚力度过于疲软发挥不了应有的作用。迄今为止，原国家环保总局开出的最高罚单是 100 万元——针对造成数亿元损失的松花江水污染事故责任企业，而这一罚单已经是我国法律规定的最大限额。

至于地方环保部门，罚款金额更低。因此，许多企业根本就不怕罚款，最高 100 万元的罚单莫说对于大型企业，即使对于一般企业也不具有威慑力。要想有效遏制住环境污染的势头，必须“另辟蹊径”，以刑罚手段来弥补行政罚款等惩戒手段的缺陷。

国务院总理温家宝在全国节能减排工作电视电话会议上强调：要进一步加强节能减排工作，把节能减排作为当前加强宏观调控的重点，要有效控制高耗能高污染行业过快增长。对重点用能单位和污染源要加强监督，对恶意排污行为实行重罚，严重的要追究刑事责任。

以刑罚手段严惩环境污染行为早已经为世界发达国家所重视。以美国为例，在 1989 年，美国环保局打赢了 71 起对公民个人和公司的刑事诉讼，处罚累计达 222 个月的监禁和大约 550 万美元的罚金。1990 年，美国环保局赢得了 95%的诉讼案件，其中对 50%的违法者个人判了刑。正是由于处罚如此严厉，才促使美国企业和民众养成了保护环境的自觉。

发达国家的经验说明，刑罚手段是保护环境的利器。我国自 1997 年 10 月 1 日起施行的刑法，专设了“破坏环境资源罪”，规定了污染环境的犯罪和破坏自然资源保护的犯罪。比如，刑法第 338 条规定：违反国家规定，向土地、水体、大气排放、倾倒或者处置有放射性的废物、含传染病病原体的废物、有毒物质或

① 中国证券网，2007-05-09.

者其他危险废物，造成重大环境污染事故，致使公私财产遭受重大损失或者人身伤亡的严重后果的，处三年以下有期徒刑或者拘役，并处或者单处罚金；后果特别严重的，处三年以上七年以下有期徒刑，并处罚金。

但是，在地方保护主义思想依然根深蒂固的今天，以罚代刑的现象严重。尽管我国已经连续发生多起重大污染事故，但真正被追究刑事责任的并不多，这种状况削弱了刑罚的威慑力。面对依然严峻的环境现状，拿起刑罚武器，严厉追究恶意污染环境者的刑事责任，尽快阻止对环境的破坏，已变得刻不容缓。

4．环境刑事犯罪主要内容

我国新《刑法》第六章第六节规定的破坏环境资源保护罪，包括两方面的犯罪行为，即污染环境的犯罪行为和破坏资源的犯罪行为。

违反规定排放、倾倒、处置危险废物罪。该罪由新《刑法》第338条规定，指行为人违反国家环境管理制度的规定，向水体、大气、土地等环境介质排放、倾倒或者处置有毒、有害危险污染物，造成重大环境污染事故，致使公私财产遭受重大损失或者人身伤亡的严重后果的行为。

非法进口固体废物罪。《刑法》第 339 条规定了非法进口固体废物罪及其刑事法律责任。该罪是指行为人违反国家规定，将境外的固体废物进境倾倒、堆放、处置的行为，或者未经国务院有关主管部门许可，擅自进口固体废物用作原料，造成重大环境污染事故，致使公私财产遭受重大损失或者严重危害人体健康的行为。

非法捕杀国家重点保护野生动物罪和非法收购、运输、出售国家重点保护野生动物及其制品罪。《刑法》第 341 条规定，违反国家规定，猎捕、杀害国家重点保护的野生动物或者非法收购、运输、出售国家重点保护的珍贵、濒危野生动物及其物品的行为构成此罪。

非法采伐、毁坏珍贵树木罪。根据《刑法》第344条，该罪指违反国家规定，采伐、毁坏珍贵树木的行为。珍贵树木指具有重要经济、科研、文化价值而受国家特殊保护的树木，以及国家划定的濒危、稀有树种树木。

我国《刑法》第 342 条规定："违反土地管理法规，非法占用耕地、林地等农用地，改变被占用土地用途，数量较大，造成耕地、林地等农用地大量毁坏的，处五年以下有期徒刑或者拘役，并处或单处罚金。"《土地管理法》第 74 条也规定：违反本法规定，占用耕地，构成犯罪的，依法追究刑事责任。

积极地借鉴和吸收国际环境保护惯例，参与国际环境立法，是改革开放以来我国环境法制的发展特点。随着国际社会对环境犯罪及其刑事法律责任立法的日益重视，对我国环境犯罪及其刑事法律责任的立法提出了新的要求。我国签署和参加了多部环境保护的国际公约，作为发展中的大国，履行公约规定的国际义务义不容辞。我国六届全国人大常委会通过的《中华人民共和国对于其缔结或者参加的国际条约所规定的罪行行使刑事管辖权的决定》，就表明了我国刑事法律所具有的开放性特征。新《刑法》确立了我国环境犯罪及其刑事法律责任的立法，既体现了我国环境法制适应国际环境保护发展的特点，又为维护我国合法环境权益提供了重要保障。

关于环境责任，2005 年的《国务院关于落实科学发展观 加强环境保护的决定》（以下简称《决定》）规定了很多方面，为了使这些责任能够得到落实，《决定》规定要完善决策问责、环境公益诉讼、环境民事和行政公诉、污染受害者的法律援助、环境行政监察、上游省级人民政府的赔付补偿责任、地方人大监督、地方政协监督等环境责任追究机制。遗憾的是，这些机制目前还相当不完善，大部分还没有规范化、制度化和程序化。为此，2006 年监察部和国家环保总局联合颁布了《环境保护违法违纪行为处分暂行规定》，但由于该规定效力等级低，且仅涉及行政监察的责任，缺乏公民和社会团体的监督性规定，责任的司法机关追究和权力机关追究规定也不充分，因此，急需做好以下四个方面的工作：①配合《环境保护违法违纪行为处分暂行规定》，加强党的纪律检查部门对环境违法、违规行为的纪律检查工作；②制定与《行政监察法》和《监督法》配套的《环境责任法》；③建立环境公诉和环境公益诉讼制度；④建立以舆论曝光和社会信用记录为基础的环境违法行为公告制度。

环境保护的立法、执法、司法都不够有力。立法体系的最大问题是很多经济、社会方面的法律本身没有体现可持续发展和环境保护的理念；执法体系的最大问题是环境法律的处罚力度规定软弱，执法手段缺乏；司法体系的最大问题是社会公众缺乏环境权益依据，司法救助无能为力。

我国的环境法治建设，还需要有一段路要走。需要我们首先学习科学发展观。需要我们反思的，仍然是为什么要发展，怎样发展。从而真正确立“以人为本”和可持续发展的目标，只有这样，我国的环境法治建设才能更上一层楼。

联合国在《人类发展报告》中指出：一个国家真正的财富是它的人民。发展的目的在于造就一种使人民能够获得长期的、健康的和富有创造性生活的能动的环境。这一简单的真理，在人们追逐物质与金钱的时候，却经常被遗忘。

（五）新的历史起点

1. 后危机时代，发展绿色经济成为时代的潮流

后危机时代，我国在经济发展中，增长的速度依然强劲，对环境保护造成了巨大的压力。环境保护问题在很大程度上还是转变经济发展方式问题，经济的发展急需冲破环境的“瓶颈”，绿色经济的发展具有广阔的空间。需要环境产业从源头控制开始，经过末端治理的全方位控制绿色产业链的全面发展。

后危机时代，以发展绿色经济[①]、低碳经济为主导、以发展清洁能源、环境产业等为代表的新兴产业却显现出一番非凡的增长态势。哥本哈根会议表明中国经济发展的态势不会改变，在经济发展中解决环境问题的战略不会改变，但是会采取具体行动全力转变发展方式，提高能源与资源的利用率，提高经济发展的质量，因此环境产业发展进入了最佳机遇期。

经济的强劲需求，需要绿色经济实施跨越式发展。需要有创新性、经济性与实用性；既不能贪大求洋，也不能假冒伪劣，提高产品质量是绿色经济发展的保障。

公众参与是发展环境产业的重要环节，在“理性经济”的驱动下，公共政策的主体必然在利益冲突过程中进行公共选择。政府也会追求自身利益最大化，为此，极易使政府制定的公共政策与公共利益相背离，例如，上马污染企业，企业不安装环保设施。环境信息的公开使公众享有充分的知情权，而一切相关机构以及其行为对公众环境利益发生实际影响的主体，都有义务和责任公开相关环境信息。架构“政府—企业—公众”共同治理模式，是世界发展的大趋势。公众参与是环境产业发展的内在动力。

地方政府是发展的主导，追求效率最大化；建设服务型政府是主持社会公平与正义，在这两者之间的矛盾，有时缓和有时激烈，因此，处理环境问题有长期性和艰巨性，环境产业的发展也会遇到无形的阻力。

2．后危机时代，世界处于新的历史起点上

当前，我们不仅要总结环境保护法制建设的经验，还需要从国内外新的形势下，创造新的未来。

在新的历史起点上，推进环境保护法制建设，必须从全面建设“两型”社会的奋斗目标出发。环境保护法治建设在制度供给在质量上、数量上与发展目标不适应。制度的公正和高效上与人民的要求尚有距离。

在新的历史起点上，既要重视科学发展的观念转变，更要重视科学发展的制度保障和制度供给。科学发展的第一要义是发展，科学发展观的核心是以人为本，科学发展观的方法是统筹兼顾。

在新的历史起点上，更要重视推进社会主义民主政治的制度化、规范化、程序化。要建立健全决策权、执行权、监督权既要相互制约又要相互协调的权利结构与运行机制。

在新的历史起点上，更要重视通过完善制度，从源头上有效预防和减少环境

① “绿色经济”最初是由经济学家皮尔斯在1989年出版的《绿色经济蓝皮书》中提出来的。它是以市场为导向，以传统产业经济为基础，以生态环境建设为基本产业链，以经济与环境的和谐为目的而发展起来的经济形式，是产业经济为适应人类新的需要而表现出来的一种状态。绿色经济将众多有益于环境的技术转化为生产力，并通过与环境友好的经济行为，实现经济的长期稳定增长。而传统意义的绿色经济，通常狭义地指环保产业，主要包括在污染控制、污染治理与废物循环利用等方面提供的产品和服务。

污染、社会矛盾。

在新的历史起点上，推进环境保护法治建设是时代的要求。只有这样，才能在立法完善的基础上，坚持执法。才能保证在经济发展的同时给人们创造一个舒适优美的生存环境。

第四章

战略环评是中国经济发展的必然选择

我国环境影响评价制度在推进产业结构调整，转变经济发展方式，控制新污染源产生和老污染源治理等方面发挥了积极作用。但是，现在的环境影响评价在很大程度上依然停留在项目环境影响评价层面，2009 年 10 月 1 日开始实施规划环评条例，使环境影响评价工作向前迈进了一大步，但战略环评（政策）还只停留在议论之中，看来战略环境影响评价（政策环评）的实施还有一个部门利益博弈的过程。

一、经济的快速发展给环境保护工作带来了巨大的压力

中国近 30 年来发展速度之快，可以说在世界发展史上创造了一个奇迹。1978—2010 年，我国 GDP 年均增速超过 8.5%，而这一时期世界经济的平均增长速度约为 3%①。2010 年 7 月中国已经赶超日本成为世界第二大经济体。最近 2 年虽然经过金融危机，但经济发展的势头保持在 8%左右，依然强劲。

中国的经济发展是靠牺牲环境来取得的，随着经济的发展，我国的环境污染与生态破坏已经到达底线。2008 年我国国内生产总值只占全世界的 4%左右，但原煤、钢材、水泥的消耗量分别占全世界消耗量的 31%、30%和 40%。石油、铁矿石的进口依存度分别达到 40%、60%。根据国际能源署（IEA）最新估计，如果保持现在的能源消耗，到 2020 年我国石油外部依赖率将达到 75%，而 1995 年仅为 7.6%。据剑桥能源研究协会的数据显示，中国 2008 年占全球新增石油需求的 40%。此外，土地资源和水资源锐减，已经严重影响到经济发展。我国水资源总量 2.8 万亿 m^3，人均水资源量 2 200 m^3，仅为世界平均水平的 1/4。2008 年，我国缺水总量为 300 亿～400 亿 m^3，全国 669 座城市中有 400 座城市供水不足，110 座严重缺水。我国人均耕地只有 0.094 hm^2，不到世界平均水平的 1/2，并且耕地后备资源十分紧缺②。

---

① 宗建树. 实现历史性转变：以保护环境优化经济增长. 中国环境报，2006-05-12.

②“十一五”经济增长十大矛盾. http：//www.studa.net/jingjililun/080711/11182175.html.

中国巨大的人口压力和粗放式的经济增长方式，已超过了自然环境的承载能力。

2008—2009 年，全国环境质量总体呈好转趋势，但环境保护形势依然严峻，集中表现为：长江、黄河、珠江、松花江、淮河、海河和辽河 7 大水系总体水质与上年持平。农村环境保护形势依然严峻。农村面临环境污染和生态破坏的双重威胁。突出表现为生活污染加剧，面源污染加重，工矿污染凸显，饮用水存在安全隐患，生态退化尚未得到有效遏制①。

解决这些问题关键在于转变经济发展方式，提高企业的国际竞争力。这是我国经济持续发展的必然要求，但是落实的情况难以令人乐观。其中一个重要的原因就是机制与体制变革的滞后。

我国的资源环境形势十分严峻，集中表现为主要污染物排放量超过环境承载能力，生态系统功能退化，资源保障能力不足，环境问题已成为经济快速发展的硬约束。由于环境和资源约束，中国经济在“十二五”时期的发展必须放缓。环境问题的本质是经济问题，解决环境因素的制约，就是环境保护必须进入宏观决策领域，重要手段之一是开展战略环境影响评价。

因为人均 GDP 在 1 000～4 000 美元是一个比较容易动荡的社会，贫富差距，环境污染等社会矛盾会在这个阶段层层涌现。所以我们要非常审慎地把握这一段时期的变革，把解决环境问题放在重要的位置上。

二、环境问题产生的速度远大于环境问题解决的速度，发生严重的环境危机的可能性在迅速增加

环境问题产生的速度远大于环境问题解决的速度原因在于，环境管理偏重于微观管理工作，环境保护没有进入宏观决策层次。环境问题的本质是经济问题，解决环境问题必须从经济发展的源头做起，为此环境必须进入宏观决策程序，以国家的发展战略为指导，开展战略环境影响评价，从经济发展的源头控制环境问题的产生。建立经济与环境协同决策程序，并建立与其适应的机制与体制，建立各个部门的联动机制，把解决环境问题成为各个部门，各个地方的共同目标。

（一）传统的经济发展方式与产业结构是造成高产出、高污染的源头

我国的产业结构当前仍然是以高投入、低产出、低效益的粗放型增长方式为主导，产业结构尚未得到根本性优化，主要还是以第二产业尤其是“两高一资”

① 国家环境保护总局. 2007 年环境统计公报.

的重化工业为推动力。

2007 年上半年，全国规模以上工业增加值同比增加 18.5%，比去年同期加快 0.8 个百分点，占全国工业能耗和二氧化硫排放近 70%的电力、钢铁、有色、建材、石油加工、化工等六大行业同比增长 20.1%，仍高于全部工业 1.6 个百分点。此外，主要耗能产品产量增速明显加快。2009 年，全部工业增加值达到 13.5 万亿元，比上年增长 8.3%；规模以上工业增加值增长 11%，2010 年 1—2 月重点大中型钢铁企业（粗钢产量占全国产量的 80%左右）吨钢综合能耗 619 kg 标准煤，耗新水 4.4 t，烟粉尘 1.1 kg，比上年分别下降 1.7%、12.8%和 10.7%。

中国是一个大国，投资与经济高增长必然导致对资源与原材料需求的过快增长，同时，在全球普遍关注气候变化等全球环境问题的今天，特别是哥本哈根气候变化会议之后，我国的环境问题已经引起了全球的关注。

而这些政治外交压力，反过来又影响到我国的经济发展，各种各样的贸易壁垒直接导致出口量下降，环境、能源等外交压力迫使我们不得不迅速调整产业结构，而人民币的升值，更是直接导致许多出口企业利益严重受损。

在世界经济一体化的今天，人口、资源与环境问题已经成为影响全球经济和社会可持续发展的主要障碍。我们也必须从世界视野的角度和历史的角度来认识转变经济发展方式的紧迫性。

我们所面临的环境问题确实就是传统的经济发展方式以及产业和区域发展的布局结构性问题，其根源在发展的决策层面。

（二）地方政府无视环境承载能力，超强度、盲目无序开发造成了巨大的生态隐患

在一些地方，无视环境承载能力，超强度、盲目无序开发的现象仍然存在，跨区域、跨流域环境污染问题不时发生，对经济发展和社会和谐造成了严重危害，埋下了生态危机的隐患。长此下去中国经济的持续发展将难以为继。

先看看南方，从流域开发的角度看，由于条块分割、行政区域分割的原因，使得流域上下游、左右岸和干支流的发展难以得到统筹兼顾，造成了过度开发、无序开发和短期开发盛行的局面。如太湖流域的城市规模近年来迅速扩张，已成为国内城市群密度最高的区域之一。但由于流域人口密度过高、工业过于集中，其主要水污染物排放总量也明显超过了环境容量，太湖暴发了蓝藻是忽视环境承载力的必然结果。

再看看北方，能源重化工基地的规划布局问题。宁夏灵武市有一个宁东煤化工基地，至 2010 年煤炭产能要达到 6 000 万 t、电力装机 639 万 kW；陕西榆林市规划的两个煤化工基地等，这些项目都经过了环评，但是，如何实现能源化工

基地的跨省区合理布局，如何解决行业高耗水与区域严重缺水的矛盾，如何从源头上防止能源化工产业对脆弱的区域生态环境所造成的破坏，都需要统一规划进行战略环评。现在没有人能够回答跨区域的整体环境的水资源的使用量够不够，没有人回答超出环境承载力，发生严重的后经济危机谁承担责任。

（三）重化工产业无序发展发生涌潮现象，造成重大的经济与环境损失

随着石油、天然气等价格节节攀升，以煤为原料的煤化工行业在短短几年内迅速升温，全国各地拟上和新上的煤化工项目不断增多，项目规模大小不一。2006 年 2 月，神华集团位于内蒙古鄂尔多斯的煤直接液化油一期 100 万 t 工程已完成 30%。山东兖矿集团已投资 100 亿元，在贵州建设百万吨级煤炭液化基地，还将投入 95.26 亿元在陕西搞煤制油。2007 年 3 月 21 日，华夏银行与云南煤化工集团签署了《全面战略合作协议》。同日，福建大拇指实业集团在吉木萨尔县注册大成科技公司，准备斥资 30 亿元在新疆投资煤化工。而就在 2006 年下半年，国家发改委紧急叫停煤炭液化项目，并提高准入门槛。尽管国家发改委谨慎于此，各地投资煤化工的热情不仅没有降温，反而随着国际油价的强劲运行，出现了“涌潮现象”①。

2009 年 12 月 30 日国家发改委提出严格执行煤化工产业政策，遏制传统煤化工盲目发展，今后 3 年停止审批。2010 年 3 月 15 日再一次提出部分地方政府片面追求经济发展速度，不顾生态环境、水资源承载能力和现代煤化工工艺技术仍处于示范阶段的现实，对煤化工产品市场及竞争力等分析不足，盲目规划布局了大规模的现代煤化工项目②。

再如，为实现钢铁产品的升级换代与结构优化，实现钢铁产品全生命周期意义上的节能降耗。工信部于 2009 年 4 月明确提出加快淘汰落后产能。严格执行《大气污染法》《清洁生产促进法》等法律法规，依法关停落后产能。严格执行差别电价政策，对 20 t 及以下转炉电炉等归属淘汰类。

国家有关部门采取的政策，虽三令五申但是都是事后诸葛。应当防患于未然，进行战略环境影响评价。

（四）城市化进程加快，没有进行规划环评，带来严重的环境问题

有些城市的规划一两年一变样，实施随意性大，常出现工业区和生活区混杂的尴尬局面，使当时审批合格的项目，一段时间之后常常因为城市规划的变化而变成环境安全的高风险项目。从而带来愈加严重的环境争议。厦门 PX 项目就给

① 涌潮现象，指许多企业的投资像波浪一样，一波接着一波涌向相同的产业。

② news.qq.com/a/20091230/001199.htm 2010-03-15.

我们敲响了警钟。

由此可以证明，我们所面临的环境问题确实就是产业和区域发展的布局结构性问题，其根源在发展决策层面。再如，由于我国在过去制定重大经济政策时很少考虑可能将产生的环境后果，以至于在执行的过程中引发了大面积的环境污染和生态破坏，至今遗患无穷。例如现有的大都市由于在规划中没有充分考虑环线路网带给城市交通、市民居住、环境安全的负面影响，如今已造成了大都市交通长期拥堵不堪，城市布局像“摊大饼”一样地无限扩张，加剧了城区内空气污染和热岛效应。再如中西部省区在做能源、电力、重化工基地建设规划时，由于没有考虑到发展这些重污染行业必会与脆弱的生态环境产生尖锐矛盾，尤其是区域内有限的淡水资源根本无法支撑如此规模的开发活动，现已造成了几代人都难以恢复的生态问题。

从项目环评来看，报上来的每个项目都符合环保条件，都比过去的工艺水平要高，例如，钢铁、化工一些项目正在与国际接轨，但建设在一个区域内就不合理了，城市的生态环境能否承载？这需要做整个区域的环评，这需要以环保要求审查该区域的工业与城市规划，需要进行规划环评。

（五）国民经济和社会发展规划，应进行战略环境影响评价

在我国作用最大的是“国民经济和社会发展规划”，其对环境的影响是任何规划都无法比拟的。因此，开展国家可持续发展政策、国民经济和社会发展规划等的战略环境评价，能更好地落实科学发展观，实现经济社会发展与环境保护“双赢”。

三、环境问题的本质是经济问题，解决环境问题必须从经济发展的源头做起

（一）解决环境问题必须从经济发展的源头做起

我们可以看出，当今社会，环境与资源问题再也不是一个孤立的问题，它与社会政治、经济等问题越来越紧密地联系在一起，错综复杂相互影响，相互作用，构成一个复杂的社会系统。环境系统、社会系统、经济系统已经紧密地结合在一起，环境决策已不单纯是环境污染治理、生态保护，而是强调环境、资源、社会、经济的统一决策，实现在公平基础上的总体最优的决策。

在世界经济一体化的今天，人口、资源与环境问题已经成为影响全球经济和社会可持续发展的主要障碍。我们也必须从世界视野的角度和历史的角度来认识中国的资源环境问题。

回顾中国近 30 年的环境保护工作，环境问题产生的速度远大于环境问题解决的速度。难道是环境保护管理部门失职吗？不是。因为环境保护没有进入宏观决策层次，没有站在宏观的社会经济的角度和转变发展战略的制高点上来开展环境保护的管理工作。环境问题的本质是经济问题，解决环境问题必须从经济发展的源头做起。

从流域开发的角度看，由于条块分割、行政区域分割的原因，使得流域上下游、左右岸和干支流的发展难以得到统筹兼顾，造成了过度开发、无序开发和短期开发盛行的局面。如太湖流域的城市规模近年来迅速扩张，已成为国内城市群密度最高的区域之一。但由于流域人口密度过高（1 000 人/km^2 以上）、工业过于集中（无锡市工业企业数约为 10 家/km^2），其主要水污染物排放总量也明显超过了环境容量，终于暴发了蓝藻。

再看看能源重化工基地的规划布局问题。黄河中上游宁夏、陕西、内蒙古等煤炭资源丰富的省区近年来争上能源化工项目，都提出了很高的发展目标。相邻的几个地市又各有 3～4 个相同功能的煤化工基地。

国际经验和国内实践证明，战略环评作为优化产业和区域发展布局、结构和规模的制度手段，是现阶段促进环境与发展综合决策，实现科学发展的最有力保障之一。没有战略环评，高耗能、高污染行业盲目上马、无序竞争的态势将会日益加剧；没有战略环评，城市建设与产业发展布局重合、定位冲突的矛盾将会日益尖锐；没有战略环评，中西部与东部环境不公平、污染产业转移的问题将会日益突出；没有战略环评，流域和区域开发行政分割、各自为政的格局将会日益固化；没有战略环评，国家政策产生误导，会造成严重的环境问题。

解决环境问题，绝不能仅仅单独从环境这个子系统去考虑，必须站在复杂社会系统的高度去采取措施。解决中国环境问题的关键在于环境必须进入宏观决策程序，首先以国家的发展战略为指导，开展战略环境影响评价，从经济发展的源头控制环境问题的产生；建立经济与环境协同决策程序，并建立与其适应的机制与体制，建立各个部门的联动机制，把解决环境问题成为各个部门，各个地方的共同目标。

（二）我国经济发展的焦点

1. 消费结构升级与经济结构调整滞后的矛盾

随着人均国内生产总值超过 1 000 美元，消费结构整体升级呈多样性变化。但由于我国经济结构调整相对滞后，结构问题仍是当前困扰我国经济发展的突出问题。我国还在不断重复落后，低水平重复建设比比皆是。在新一轮产业结构调整中，由于我们过多承接了发达国家产业和技术转移，事实上也是在不断复制落后。

2．“高成长”与“高成本”的矛盾

经济增长的比较优势递减，低工资优势已经开始转化。

经济增长越来越受到能源资源等因素的制约，使得经济增长越来越接近资源和环境约束的边界。我国经济增长主要是靠大量消耗能源资源来实现的，目前我国国内生产总值只占全世界的 4%左右，但原煤、钢材、水泥的消耗量分别占全世界消耗量的 31%、30%和 40%。石油、铁矿石的进口依存度分别达到 40%、60%。根据国际能源署(IEA)最新估计，如果保持现在的能源消耗，到 2020 年我国石油外部依赖率将达到 75%，而 1995 年仅为 7.6%。据剑桥能源研究协会的数据显示，中国 2010 年占全球新增石油需求的 40%。此外，土地资源和水资源供应能力锐减，已经严重影响到经济发展。

（三）我国钢铁业发展与节能减排

中国政府为了拉动需求，陆续推出“一揽子”经济刺激方案和十大产业调整振兴规划，直接或间接拉动钢材需求。2009 年，在拉动内需政策带动下，我国钢铁工业增长势头不减。在这种形势下，环境影响评价工作开展得很好，规划环评与项目环评都非常到位。

1．钢铁工业发展的形势

“十一五”钢铁工业逐渐摒弃单纯追求数量扩张的粗放发展模式，产业集中度大幅提升，节能减排显著。但是，钢铁生产增长过快，2009 年 1—3 月全国粗钢产量 12 744 万 t，同比增长 1.4%，其中 2 月下旬日产钢 151 万 t，相当于年产钢 5.5 亿 t 水平，估计 2010 年粗钢产量可达 8 亿 t。与此同时，国外主要钢铁企业则呈现大幅度减产的态势。2010 年 1—3 月，全球除中国以外的 65 个主要产钢国钢产量 1.36 亿 t，同比下降 37.3%，我国 1—3 月钢产量已占全球的 48.3%。

2．高水平重复建设危害也很大，市场决定淘汰落后

过去常说低水平重复建设，现在看，高水平重复建设对产业发展的危害也许更大，未来恐怕一部分先进产能也可能因过剩被淘汰。

虽然我国具有国际先进水平的装备，但产品质量与国外仍存在一定差距。板材相对长材而言过剩尤为突出，近几年我国每年新增粗钢能力 5 000 万 t 左右，其中 90%为板材。盲目开发电工钢、汽车板，甚至生产长材厂家也去开发高附加值板材产品，结果产品成本过高，质量不过硬，市场板材严重过剩。因此企业应根据自身优势走“低成本”和“产品质量”竞争战略。

当前我国粗钢生产能力超过需求的 43%，接近 50%，可以推断未来 1～2 年将是我国钢产量增长的拐点，从而实现数量扩张向内在质量提高转变。转变期间，将不可避免会出现大量钢铁企业倒闭的灾难性局面，由市场决定淘汰落后。

3. 钢铁工业节能减排的形势十分严峻

我国钢铁工业节能减排的形势十分严峻，要达到国际先进水平的吨钢能耗和吨钢排放水平任重道远。由于废钢积累量不足，我国采用高炉—转炉长流程的比例为 90%，比钢铁发达国家的比例超过 20%，这是造成我国吨钢能耗高的直接原因之一。此外，由于各地区经济发展不平衡等因素，我国钢铁工业的落后产能所占比例保持在 15%～20%的水平，也成为目前节能减排压力大的重要原因。而且，碳基燃料是我国的主要能源，不可避免地排放大量二氧化碳。

（1）严格按能耗与排污门槛准入条件淘汰高能耗和高污染的落后产能

我国钢铁工业要实现有效的节能减排，稳步实施结构调整、加速技术进步和采取必要的管理措施是非常重要的工作步骤。在现阶段，要充分发挥市场竞争机制和政策手段，严格按能耗与排污门槛准入条件淘汰高能耗和高污染的落后产能，为真正有实力和有责任感的优秀企业创造更有利的发展空间。同时，必须通过技术进步和技术创新，促进钢铁产业自身的节能减排和实现可循环钢铁制造流程，并积极与钢铁的下游产业共同携手，实现钢铁产品的升级换代与结构优化，实现钢铁产品全生命周期意义上的节能降耗。

工信部于 2009 年 4 月明确提出加快淘汰落后产能。严格执行《大气污染法》《安全生产法》《节约能源法》《清洁生产促进法》等法律法规，依法关停落后产能。严格执行差别电价政策，对 20 t 及以下转炉电炉等淘汰类，2005 年 8 月以后建设的 120 t 以下转炉、70 t 以下电炉、1 000 m^3 以下高炉等限制类生产能力继续实施淘汰类、限制类差别电价。用好中央财政淘汰落后奖励资金，落实地方配套资金，妥善解决淘汰落后引起的人员安置等善后问题，保持社会稳定。各地工业主管部门要按照《钢铁产业调整和振兴规划》的要求，会同发展改革、财政、国土资源、环保等部门进一步细化措施，落实责任，明确淘汰落后产能的企业和装置名单，力争提前完成已与国家发改委签订责任书的落后钢铁企业(装备)淘汰任务，其他未签订责任书的属于淘汰类的炼铁、炼钢、轧钢能力也要按期全部淘汰。

（2）加大节能减排力度，支持技术创新

纵观钢铁工业的发展进程，任何节能减排的成绩都是技术创新的结果。节能减排的效果来自直接和间接节能减排两个方面。前者指在钢铁生产中直接减少能源物质的消耗和废弃物排放，如干熄焦、高炉炉顶余压发电、转炉负能炼钢、建立企业的能源中心等技术。后者则指使用先进钢铁产品所带来的潜在的节能减排效益。例如，研制新型高强钢可降低汽车重量，减少油耗和温室气体排放；开发经济型高级别管线钢、建筑用钢等，实现基础设施建设的节能节材。2006 年，国家支撑项目“新一代可循环钢铁流程工艺技术”正式立项，其目的就是通过以上多方面技术的自主创新和消化吸收，以循环经济的模式实现钢铁工业的可持续发展。

（3）我国钢铁工业节能减排已经取得了可喜的进步

通过技术创新提升节能减排水平是我国迈向钢铁强国的必经之路，它是钢铁生产整体技术水平、创新能力的综合反映，不仅涉及钢铁生产自身的技术经济指标，还体现了钢铁产品的升级能力和钢铁材料的应用水平。越来越多的事实表明，我国钢铁工业技术水平、包括节能减排水平的提升只能依靠自主技术创新，仅靠引进技术和装备永远成不了钢铁强国，也不可能迈入世界钢铁工业的前列。2010 年 10 月，工信部组织专家进行烧结烟气脱硫技术的后评估工作，大大促进了钢铁行业 SO_2 减排的进程。

近年来，我国钢铁工业在节能减排方面已经取得了显著的成绩：从 2000 年到 2005 年，伴随装备大型化和节能减排技术的应用，吨钢能耗降低 16%，2007 年在 2005 年的基础上又降低了 9%；2002 年到 2008 年第一季度吨钢取水量降低 2/3，废水排放量降低了约 78%，水的重复利用率从 90.55%提高到 96.32%。尽管如此，与国际先进水平相比，我们的差距仍然很明显：我国大中型钢铁企业的吨钢能耗分别较日本高约 10%；废水排放量高约 56%；吨钢工业粉尘排放量高约 50%。这也说明，我国钢铁业还有很大的节能减排空间，今后的任务仍然十分艰巨。

4．实现钢铁工业的可持续发展

在国家科技支撑计划重大项目“新一代可循环钢铁流程工艺技术”开发过程中，强调钢铁企业要实现从传统的钢铁产品制造单一功能向“钢铁产品制造、能源转换和社会废弃物消纳”三个功能的转变，实现各个单体技术的技术集成。通过钢铁生产中余热余能的高效利用、排放物的再资源化以及社会废塑料在焦化和高炉中的应用，落实循环经济的理念。现在，该项目所涉及的相关单体技术成果已经为许多企业所应用，并收到了预期成效。今后的重要任务是在循环经济理念指导下实现我国钢铁工业的升级换代，打造新型的钢铁强国。

5．我国“十二五”环境保护对钢铁行业发展的要求

2007 年，我国冶金行业（黑色金属冶炼及压延加工业）共排放 SO_2 220.7 万 t、NO_x 81.7 万 t。冶金行业排放 SO_2 的主要来源包括烧结机、炼焦炉、燃煤锅炉、自备电厂等，其中烧结工序 SO_2 排放量占行业排放总量的 75%以上。到 2009 年底，全国已建成并运行了 120 台（套）钢铁烧结烟气脱硫设施，预计到 2010 年底，单台烧结面积 90 m^2 以上的烧结机中仍有 4 万 m^2 未安装烟气脱硫设施。

冶金行业排放 NO_x 的主要工序包括焦化、烧结和轧钢工序，其中烧结工序的 NO_x 产生量较大，排放浓度一般约为 350 mg/m^3。目前我国冶金行业只有在排放超标的情况下才应用 NO_x 控制技术，控制烧结机 NO_x 排放的方法包括废气循环、活性炭法除氮、选择性催化还原法等。“十二五”应加快冶金行业氮氧化物控制技术的研发和产业化进程，推进烟气脱硝示范工程建设。“十二五”期间冶金行业的大气污染物减排要求如下：

一是结构减排，按照国家产业政策，淘汰土烧结、30 m^2 及以下烧结机、化铁炼钢、400 m^3 及以下炼铁高炉（铸铁高炉除外）、公称容量 30 t 及以下炼钢转炉和电炉（机械铸造和生产高合金钢电炉除外）等落后工艺技术装备。

二是 SO_2 治理工程，单台烧结面积 90 m^2 以上的烧结机及有条件的球团生产设备实施烟气脱硫，综合脱硫效率达到70%以上；已安装脱硫设施但不能稳定达标排放的、实际使用原料硫分超过设计硫分的、部分烟气脱硫的，应进行脱硫设施改造。

三是 SO_2 管理减排，“十一五”末已安装烧结烟气脱硫设施，但脱硫效率达不到设计要求的，通过加强管理等措施，提高减排能力。

四是 NO_x 治理工程，东部地区单台烧结面积 180 m^2 以上的烧结机建设烟气脱硝示范工程。

（四）我国经济发展的“涌潮现象”，急需政府干预进行战略环评

处于快速发展阶段的中国，在产业升级时，企业所要投资的是技术成熟、产品市场已经存在、处于世界产业链的产业，发展中国家的企业很容易对哪一个产业是新的、有前景的产业产生共识，投资上容易出现“潮涌现象”。在每一波开始出现时，每个企业对其投资都有很高的回报预期，金融机构在“羊群行为”的影响下也乐意给予这些投资项目金融支持。然而，等到每个企业的投资完成后，不可避免地将会出现产能严重过剩，企业大量亏损破产，银行呆坏账急剧上升的严重后果。而且，即使在现有的产业已经产能大量过剩、出现通货紧缩的情况下，对于一个新产业投资的“潮涌现象”也可能继续发生。在这时政府必须进行干预。

随着石油、天然气等价格节节攀升，以煤为原料的煤化工行业在短短几年内迅速升温，全国各地拟上和新上的煤化工项目不断增多，项目规模大小不一。2006年2月，神华集团位于内蒙古鄂尔多斯的煤直接液化油一期 100 万 t 工程已完成30%。山东兖矿集团已投资 100 亿元，在贵州建设百万吨级煤炭液化基地，还将投入 95.26 亿元在陕西搞煤制油。2006 年 5 月，民企内蒙古伊泰集团一期 16 万 t 间接煤制油项目在准噶尔旗奠基；宁夏宁煤集团早前也宣称投资 288 亿元用于煤制油；陕西则预计投资 193 亿元在榆林运作煤制油项目。

2007 年 3 月 21 日，华夏银行与云南煤化工集团签署了《全面战略合作协议》。根据该协议，前者将向后者提供 40 亿元资金支持。同日，福建大拇指实业集团在吉木萨尔县注册大成科技公司，准备斥资 30 亿元在新疆投资煤化工。而就在2006 年下半年，国家发改委紧急叫停煤炭液化项目，并提高准入门槛。尽管国家发改委谨慎于此，各地投资煤化工的热情不仅没有降温，反而随着国际油价的

强劲上涨，出现了“涌潮现象”。

中国经济发展的涌潮现象需要政府干预，需要进行战略环评。

四、实现钢铁工业的可持续发展

在国家科技支撑计划重大项目“新一代可循环钢铁流程工艺技术”开发过程中，强调钢铁企业要实现从传统的钢铁产品制造单一功能向“钢铁产品制造、能源转换和社会废弃物消纳”三个功能的转变，实现各个单体技术的技术集成。通过钢铁生产中余热余能的高效利用、排放物的再资源化以及社会废塑料在焦化和高炉中的应用，落实循环经济的理念。现在，该项目所涉及的相关单体技术成果已经为许多企业所应用，并收到了预期成效。今后的重要任务是在循环经济理念指导下实现我国钢铁工业的升级换代，打造新型的钢铁强国。

五、中国经济发展的“涌潮现象”，急需政府干预进行战略环评

处于快速发展阶段的中国，在产业升级时，企业所要投资的是技术成熟、产品市场已经存在、处于世界产业链的产业，发展中国家的企业很容易对哪一个产业是新的、有前景的产业产生共识，投资上容易出现“潮涌现象”。在每一波开始出现时，每个企业对其投资都有很高的回报预期，金融机构在“羊群行为”的影响下也乐意给予这些投资项目金融支持。然而，等到每个企业的投资完成后，不可避免地将会出现产能严重过剩，企业大量亏损破产，银行呆坏账急剧上升的严重后果。而且，即使在现有的产业已经产能大量过剩、出现通货紧缩的情况下，对于一个新产业投资的“潮涌现象”也可能继续发生。在这时政府必须进行干预。

中国经济发展的“涌潮现象”需要政府干预，需要进行战略环评。

第五章

环境影响评价实施机制与体制缺失的深层分析

尽管几年来环评工作取得了一些成绩，为实现历史性转变奠定了比较坚实的基础，但我们也必须清醒地认识到，环评工作仍存在不少远不能适应历时性转变要求的薄弱环节和制约因素，从国家层面到地方层面，我们认为关键在于机制与体制的缺失。

机制与体制是一项带有根本性、探索性和艰巨性的系统工程。环境保护的机制与体制决定了环境保护的走向，先进的环境保护机制与体制总是与时代的发展相呼应。

一、环境影响评价法执法失灵的初步分析

2008 年 6—7 月全国人大常委会对环境影响评价法进行执法检查，检查结果表明：一些地区和部门存在着“未批先建”“批小建大”“未评先批”等违法现象，强调审批而忽视全过程监管的问题比较突出；对未报或未批环评就擅自开工建设的项目处理不到位；对违反环评法行为当事人追究行政责任落实不到位；环评审批公正性有待进一步完善。2007 年原国家环境保护总局通报的涉及全国 22 个省（区、市）电力、钢铁等 12 个行业的 82 个项目中，有 59 个严重违反环评法，违法比例达 72%。山东魏桥铝电有限公司一期 160 万 t/a 氧化铝生产线“未批先建”，被查处后，又违规开工建设 240 万 t/a 的氧化铝生产线。山西振兴集团有限公司未开展环评，擅自开工建设了 2×20 万 kW 火电机组，被查处后不予以整改又再次开工。类似情况不少省（区、市）都不同程度地存在。

（一）市场失灵

企业新建项目没有经过环境影响评价，开工建设与生产向环境任意排放污染物等行为，是外部不经济的典型例证。由于污染排放者无需承担消除对社会与公众造成的不利影响的成本，在存在外部效应的情况下，竞争企业的利润最大化行为并不能自动导致有效率的资源配置，它只能使违法的企业的利润达到最大。

（二）政府失灵

解决市场失灵的重要措施是政府出台政策，例如，我国颁布了环境影响评价法等一系列法规，就是为了纠正市场失灵，避免外部不经济性。根据环境影响评价的现实数据可以看出，违法项目占了72%的比例，比例如此之大说明了政府失灵。这个比例说明环境影响评价法立法存在严重问题，事实说明，环境保护执法部门不是检查违法者的环境行为，反而站在违法者的角度进行辩解，往往以“不造成巨大经济损失”为由，或者以“不能影响当地经济发展”为由，开脱责任，使违法者未能得到法律规定本应受到的行政处罚或刑事责任追究。①这明显地说明了政府失灵。

我国发生的这些违反环境影响评价制度的事件，是政府失灵，是典型的“环境保护行政不作为”，“行政不作为”就是指行政主体有积极实施行政行为的职责和义务，能够履行而未履行或拖延其法定职责的状态。这种分析是正确的，为了解决环境影响评价法执法失灵问题，我们还需要进行更深层次的经济学分析。

当今社会是一个价值多元化的社会，各种不同的价值观念交织在一起，共同作用于经济社会的发展。人们的思想观念、价值取向、意识形态制约着人们的取舍，进而推动或是抑制人们的行为。当前，经济价值取向与环境价值取向的冲突、权力观与法治观的冲突，共同制约着我国战略环评的推进。

（三）观念缺失，不能正确处理经济与环境的关系

我国地方政府追求 GDP 的狂热一致没有降温，对环境与资源的破坏一直没有停止。经济价值取向与生态价值取向的冲突愈演愈烈。

以经济发展为中心的发展观偏重于经济的增长，而可持续发展观既注重经济的增长，又注重社会、环境与经济之间的协调发展。就其冲突而言，生产方式的经济价值取向处于强势地位，易于得到个体经济理性正在强化的公众的认同。而关注环境价值的可持续发展观虽然也是由政府提供的，但是与前者相比势力要弱小得多。因此，在我们这样一个经济发展水平不高又极度不平衡的国度里，重经济建设、轻环境保护的现象在社会上广泛存在。

（四）战略环境影响评价理论的缺失

理论是行动的先导。环境影响评价也需要以相关的理论为指导。但是，就我国来说，在推进战略环评过程中，存在着理论错位和理论缺失现象，理论储备不够，缺乏足够的理论指导。

缺乏系统战略环评的理论和技术方法。从世界范围来看，虽然环境影响评价

① 全国人大进行环境影响评价法执法大检查，光明日报，2008 年 10 月 28 日.

已经成为一项重要的环境管理手段而被西方国家广泛接受，但从其概念的提出至今不过 30 多年，在环境影响评价的发展过程中，有关环境影响评价理论的基础性研究较少，针对战略环境影响评价的研究大多是根据各国的国情开展相关的政策、计划、规划等环境影响评价的目标、意义、框架和具体的案例分析。由于案例较少，缺乏实践的积累。从我国的情况看，近年来我国一直在开展有关政策、规划、计划的战略环境影响评价研究，尤其在区域环境影响评价方面进行了大量的工作，并在理论和方法上进行了有益探讨。但这些研究工作都没有明确将不同类型政策与规划作为评价的对象，也没有开展深入的研究工作，开展战略环评的方法体系尚不完善甚至缺乏。与传统的建设项目环境影响评价相比，战略环评中难以进行定量化的预测和分析。

战略环评的理性定位偏低。当前的研究中普遍将战略环评作为实施可持续发展战略的重要工具，作为联系宏观的、抽象的可持续发展目标与具体的、可操作的项目之间的桥梁。国外对于战略环评的功能的定位有两种观点：一种是将战略环评看成是项目环评向战略层次的扩展，认为应主要基于项目环评的技术、方法与管理模式来发展战略环评；另一种观点是将战略环评作为战略决策编制过程的一个环节。

战略环评的有效性的最终体现并非报告书质量如何，而是评价结论能否促进战略决策更符合可持续发展的原则。我们不能从主观上说这种定位是好还是不好，但是这种理论上的定位倾向，将导致社会与经济发展部门担心决策过程被长时间的延期而影响决策的时效性，而环保部门以及评价机构又试图过分依赖战略环评中的定量方法去研究具有较大不确定性的战略环评，从而，不仅会造成拖延战略决策过程的现象，而且使尚处于战略起步阶段的技术部门从事这项工作时无所适从，最终影响战略环评工作的实施与整体推进。

（五）环评实施的机制与体制亟待强化

权力观强调以行政权力为社会控制手段；法治观则强调以法律为社会控制手段。在当代中国，在这两者的冲突中，权力观往往占据上风。一是以传统的行政权力为核心的社会控制所造成的权大于法的影响还根深蒂固地存在；二是现代法治观作为一种外来的社会控制手段并没有在传统和当代的中国社会获得充分的合法性；三是来自民间社会的传统道德规范的复兴，造成有法不依、执法不严的现象在社会上广泛存在。因为“重经济、轻环保”和“权力至上”的观念，在环境影响评价工作中。漏报、漏批现象时有发生，尽管国家环保总局严格环评审批，但其受理的规划项目数量不足全国的 1%，审批把关不严，环评执行率不高；个别地区还存在“首长意志”“先上车，后买票”的违法现象。

例如，山西省新建工业企业环境影响评价法的执行基本处于失控的状态。在对“十五”时期建设项目的检查中发现，全省竟有 1 158 个未经环保审批的环境违法建设项目，其中有 870 个项目是违反环境影响评价制度而未批先建，有的则已建成投产，有 288 项违反“三同时”制度。

另外，一些地区环保部门越权审批，帮助建设单位规避环保法规。两对观念的冲突，已严重阻碍了战略环评的顺利实施和稳步推进。

（六）战略环评触动了部门的核心利益，主要阻力来自于部门利益的冲突

战略环评所注重的长期利益、全局利益，往往与重审批轻规划的部门利益[①]和短平快出业绩的地方利益相冲突，由于触及了部门与地方的核心利益，致使很多地区和部门对这项工作不支持，并以种种理由逃避开展战略环评的责任。但是日益严重的环境资源问题又不允许条件成熟了再开展战略环评，只能抓紧推进这项工作。环境保护部为推动一个地区、一个行业的战略环评正在进行试点。开展了包括内蒙古、新疆、大连、武汉等 10 个典型行政区，铁路、石化、铝业等 3 个重点行业和重庆市三峡库区重点产业发展规划、宁东能源化工基地规划纲要等 8 项重要专项规划在内的规划环评试点。

在我国环境污染严重，节能减排任务形势逼人，公众环境意识的提高的背景下，有关部门也亲身感受到环境的压力，不得不为之。《规划环境影响评价条例》终于突破了部门的羁绊，已经于 2009 年 10 月 1 日开始实施了。

战略环评中的政策环评，更是触及各个部门的核心利益，阻力更大。总之，战略环评的缺失将使得十七大报告所提出的“经济增长的资源环境代价过大”的问题得不到根本解决，生态文明的观念得不到牢固树立，可持续发展的战略得不到真正落实。环境保护部已经选择黄河中上游能源富集地区、北部湾经济区、环渤海经济圈、成渝经济区等重点地区进行了战略环评。对钢铁、石化、电力、造纸、煤化工等重点行业，也应开展重大经济技术政策的环境影响评价的试点。

二、环境影响评价法执法失灵的经济学分析

1969 年美国环境污染严重，为了从源头进行控制，实施了环境影响评价制度。《国家环境政策法》提出：“在对人类环境质量具有重大影响的每一项建议或立法建议报告和其他重大联邦行动中，均应由负责官员提供关于该行动可能产生的环境影响说明。”20 世纪 70 年代中期，欧美其他国家开始将环境影响评价的应用扩展到战略层次。80 年代末，环评开始被全世界广泛接受，作用于战略实

① 部门利益是指：有关的权力部门在从事立法、司法或行政行为的活动过程中，不适当地强化、扩大本部门及其成员的职权，巩固/扩大本部门的可控制资源的倾向。

施全过程（政策—计划—规划—项目），环境影响评价体系逐渐形成。这些国家的实践表明，环境影响评价是将可持续发展战略从概念落实到行动的重要举措，是环境管理的重大突破。经过各国多年的实践说明：这项制度是非常有效的。

20 世纪 80 年代我国开始引进，并结合国情首先实施项目环评制度。经过我国的实践，说明这项制度是有效的，但是只引进项目环评是不行的，必须全方位引进。

从制度体系上看，我们原来只注重对建设项目开展环境影响评价，但建设项目只处于整个决策链（战略、政策、规划、计划、项目）的末端，所以只能补救小范围的环境损害，无法从源头上保护环境，也不能指导政策或规划的发展方向，更不能解决开发建设活动中产生的宏观影响、间接影响、二次影响、累积影响。2003 年 9 月 1 日开始实施的《中华人民共和国环境影响评价法》中确定了规划环评的地位。该法明确要求对土地利用规划，区域、流域、海域开发规划和 10 类专项规划进行环境影响评价，这是对我国环境影响评价制度的重大完善，但是，没有把政策环评纳入其中。

（一）政绩驱动

经济发展通常是在市场竞争的前提下实现的，竞争发生在不同层面上，地方为了追求 GDP，不怕牺牲环境。企业之间的竞争，还包括微观层面，个人之间的竞争。竞争可以激发人们的内在潜力，充分调动其工作积极性和创造性；但另一方面，竞争与利己是休戚相关的，人们在激烈竞争的环境下容易产生强烈的趋利心理。

地方政府的官员为了发展经济取得政绩，大干快上，一为政绩，二为私利。为此，他们把“环境影响评价法”等置于脑后，正是如此，环境影响评价执行率在 50%左右，造成了严重的环境污染。

地方保护主义支持企业违反环境影响评价法是一个重要原因。有的领导在新建项目上马时擅自开“绿灯”，绕过环境影响评价这一关，当执法部门依法查处时，又公然为企业“打招呼”，充当违法企业的“保护伞”。地方保护主义削弱了环境保护部门的执法力度，其消极影响不可低估。

在环境影响评价的审批中，个别地方仍存在“先上车，后补票”的违法现象，甚至不符合产业政策、选址明显不合理的项目也通过审批。此外，一些环保部门对建设项目环评审批把关不严，存在建设项目漏管、漏批的现象，一些省市的调查表明，县以下企业和乡镇企业的环境影响评价法执行率只有 30%～40%[①]。

问题在于投资 1 亿元以下的小项目以及总投资过十亿元、百亿元的大型项目何以没有经过环境影响评价就大张旗鼓地上马？为什么一些地方政府愿意为一些

① 祝兴祥. 守法成本高违法成本低环评法执行有五大问题. 法制日报，2005-09-19.

违法企业甘当“保护伞”？从本质上说，地方政府的保护企业利益，就是保护自己的政绩。

从表层看这是地方环境保护部门行政不作为，它直接损害政府的信誉。如果违反环境影响评价法的行为得不到及时有效的制止，轻则扰乱正常的社会经济秩序，重则影响党和政府在人民群众中的威望，可谓后患无穷。但是地区环境保护部门由于体制的原因，直接受地方政府领导，想作为而不能为之。

当今时代，环境保护是一个沉重的时代命题，环保部门肩负着在经济快速发展的同时必须保护环境的巨大使命。但许多基层环保部门有心无力，诚如业内人士所称：“基层环保局这个猫是地方政府养的猫，它这个猫能不能捉耗子，捉几只是由政府部门说了算，不是环保部门说了算。”此言非虚。在当前的体制架构下，基层环保部门由于人财物的掣肘，“仰人鼻息”似乎难免，关键时刻往往很难有所作为。

一般来讲地方政府保护环境都是“口是心非”，更有甚者，合肥市不仅环境影响评价执行率低，并且还制定地方法规公开对抗国家有关环境保护法，保护污染企业。

政绩，必须用法规制度加以保障，但是不能走向历史的反面。权力能否正确行使，为公为民则利，为私为己则害。树立和落实正确的权力观，非常重要。正确行使权力，必须遵循权力运行规律、按照民主集中制原则规范运行机制，在公开透明的环境和法律制度的约束下依法行政。

从全国来看，必须完善监督体系，加强监督制约，真正做到权力行使到哪里，监督就有效延伸到哪里。2006 年 11 月由合肥市第十三届人大常委会第二十九次会议审议通过、2007 年 3 月 1 日施行的《合肥市优化投资环境条例》，到北京市东方公益法律援助律师事务所 7 月 20 日向全国人大常务委员会法制工作委员会提交了“合法性建议”，时间有点太长了。说明环境保护的法律监督机制还需加强。

这种事件的发生说明，树立和落实正确的政绩观，创造政绩，必须深化干部人事制度改革，建立科学的干部政绩考核体系、评价标准，完善考核方法和奖惩制度，形成凭实绩用干部的用人导向，形成靠勤奋工作、踏实苦干、求真务实创造实绩的作风导向，确保政绩经得起群众、实践和历史的检验。

（二）利益驱动

改革开放以来，当我们把市场经济理念和利益驱动思想变成为人与人之间关系的同时，却没有形成与这种变革相对应的文化、思想体系和社会架构，于是，人蜕变为经济动物的同时，社会也被异化为市场社会。以政府计划为主导的发展思路进一步迫使社会弱化，现代社会的缺位因此形成。

通过环境影响评价可以发财，真是匪夷所思。

2006 年 6 月至 2007 年 11 月，杭州所辖属 13 个区县市中，除萧山区、淳安县外，目前追究法律责任者 23 人，其中杭州市环保局系统处级党员干部 5 人、区县环保局领导 9 人[①]。

按环保法规定，建设污染环境的项目，涉及污染的企业开办、合并、扩建、转让等，均需经环保部门的审批。而审批前，则需进行环境影响评价，此即众所周知的“环评”。通过“环评”大发不义之财，这也成为杭州环保系统贪污腐化者屡试不爽的牟利路径。此外，在“生态补偿专项资金”上，更加肆无忌惮、恣意染指。

据统计，2007 年环保系统发生违法违纪案件比上年增长 88%。该如何避免权力的变质和腐化？只有在阳光下，权力操作才没有阴影。在环境影响评价工作中必须执行公正、公平、公开的原则，并落实在实际工作中。

从总体上说，我国现阶段出现腐败是源于我国正处于社会主义初级阶段，处于生产力水平，从不发达向发达，从计划经济体制向市场经济体制转轨的过渡时期。新旧体制交替导致社会经济生活的各个方面均发生了深刻的变革：市场宏观控制难度增大，微观调控机制弱化，市场序列化多元化造成的利益关系、人们的行为方式和价值观念多元化，各种关系错综复杂，而与之不协调的又是：经济管理秩序的不完善，法律的不够健全……在这种情况下，腐败的出现是有其土壤的。

一般说来，在其他条件相同的情况下，政府官员对企业活动或公民生活的自由裁量权越大，腐败滋生、蔓延的可能性也越大。政府的干预、控制妨碍了市场竞争的作用，创造了少数有特权进行不平等竞争的人，凭权力取得超额收入的机会。

政府官员以对某些企业或其他利益集团有利的经济政策为诱饵，引诱这些企业或利益集团向具有经济规制权的政府官员行贿，例如，有些违规上马的项目，仍然通过了环境影响评价。使这些行业或产业的生产者向把持经济规制权的官员让渡一部分利润。

寻租理论将权力寻租分为政治辟租和政治抽租两类。政治辟租是指政府官员以对某些企业或其他利益集团有利的经济政策为诱饵，引诱这些企业或利益集团向具有经济规制权的政府官员行贿，例如，有些违规上马的项目，仍然通过了环境影响评价。政治抽租则是政府官员对一些盈利丰厚行业、产业，以出台对这些获得既得利益的生产者不利的经济政策相威胁，迫使这些行业或产业的生产者向把持经济规制权的官员让渡一部分利润，例如，有一些小煤矿地方官员占有股份。

① 系统性腐败. 杭州日报，2007-11-17.

在寻租理论中，权力寻租是以信息不对称和监督不力为基础的。权力寻租存在于环境保护工作中，说明环境保护工作必然存在信息不对称和监督不力的问题，更深层次说明环境影响评价实施的机制与体制存在障碍。

（三）违法成本低

环境违法成本低，守法成本高的原因是复杂的，但最根本的原因是我们环境立法所确立的责任机制，而这种责任机制的确立又受许多因素的制约。在立法指导思想上，要根据“不能使违法者从其违法行为中得到好处的原则”设计法律责任及其处罚力度；在执法方面，执法机关务必违法必究，使每一个环境违法行为都受到应有的处罚。

彬州金贵有色金属有限公司 1999 年 9 月未经环评，擅自建成的年产 5 000 t 粗铅冶炼生产线，因采用国家明令禁止使用、淘汰的落后生产工艺、设备，无法实现达标排放，造成周边山林、果木的大面积死亡，引发了与附近村民、林果场业主的污染纠纷。郴州市及北湖区政府对该企业粗铅生产线进行彻底取缔。苏仙区清理整顿一批污染严重、群众反映强烈的不法排污企业后，该区良田镇铺下村 28 名村民代表联名写信，向环保部门表示衷心感谢[①]。

2005 年 1 月 18 日，国家环保总局宣布，停建 13 个省市的 30 个违法开工项目，其中包括总投资为 69.7 亿元的三峡地下电站项目和投资 446 亿元的金沙江溪洛渡水电站项目。这些项目环境影响报告书未经环保部门审批即擅自开工建设，严重违反了《环境影响评价法》和《建设项目环境保护管理条例》的有关规定。到 2 月 2 日，这些项目已全部整改。

不法排污企业，都是以牺牲环境、大量消耗资源为代价来降低生产成本和产品价格的。凭着这些恶劣手段去参与市场竞争，扰乱了市场公平竞争的秩序。无形之中，就使那些奉公守法的企业“吃了大亏”。这次清理整顿的目的就是不让那些不法企业再得逞、再生存，不让广大奉公守法的企业再“吃亏”。

环境违法成本太低，是目前许多企业非法上马，违法排污的重要原因，众所周知的环保风暴投资几十亿元的项目，没有经过环评，罚款仅仅 20 万元。市场经济条件下，追求经济利益最大化，是企业经营活动的主要目的。由于经济利益的驱动，个别企业无视国家法律，违法建设，违法排污，以求降低生产成本，获取更多利益，这也并不奇怪。但问题是，目前我国普遍存在排污收费标准偏低、违法排污处罚力度不够的现象，致使排污企业宁愿违法排污，交纳罚款，也不愿意进行“环评”和运行污染治理设施。

应该建立环境影响评价责任追究制度，严厉的制裁措施不可或缺。制裁措施要向行政责任与刑事责任相融合的行政刑法方向发展，将现行大量的行政处罚上

① 中国环境报，2003-09-20.

升为具有刑事责任性质的处罚，检察机关也应积极参与其中。

按照法律经济学的观点，守法成本高和执法成本高，必然要求违法成本更高，这样才能有效遏制违法，给违反环境影响评价法行为形成一定的震慑。

但我国当前的情况却恰恰相反，在守法成本高和执法成本高的前提下，违法成本却是惊人的低。震惊全国的“环保风暴”中，对投资数十亿元的特大电站项目，其违反环境影响评价法擅自开工建设的违法罚款最高不过才 20 万元。试想，区区 20 万元罚款，对于一个投资上亿元的项目来说，简直是九牛一毛，施工中的“跑冒滴漏”也不止 20 万元呀！这样的处罚力度对违法行为谈何震慑力？

笔者在江苏省考察时，环保厅法规处反映，工商、税务、供电部门等可以通过吊销执照、没收非法所得等一系列有效的手段来处罚企业。但环保部门仅有的权力便是责令整改，如果企业不执行，环保部门就得向政府申请，要求对该企业予以停产，最后没办法，只能向法院起诉，等到法院判决下来，时间已经过去了 6 个月。在这 6 个月中，企业生产照旧。“让一个企业停产要费这么大劲，这严重影响了执法部门的效率和权威。”

其实，守法成本高，而违法成本低，损害法律的公信力，造成事实上的法律不公，是严重违背法治精神的执法“怪胎”。西方有句法律谚语，叫做“任何人都不得因违法而获利”。守法成本高、违法成本低的实质就是让违法者获利，使违法者对自己的违法行为支付了比守法者还要小的成本。这样的结果必然是促使守法者违法。

在我国的环保法律法规中，对环保违法行为设定的处罚方式和措施不足以震慑违法者。比如，对环境影响评价违法者一般只采取责令停工，并限期补办手续。多么宽容的态度，违法者无需为自己的违法行为付出任何代价。法律只规定违法者在拒不补办手续，拒不整改的情况下，才进行罚款。而罚款的数额也是极其有限的。这样的罚款数额对于中小企业或中小型建设工程可能还有些威慑力，对于那些“巨无霸”工程简直毫发无伤，不足以显示法律的权威和尊严。

环保执法要硬起来，环保法规首先要健全和完善。当务之急是加大处罚力度，要让违法者确实感到“切肤之痛”，要让违法成本大大高于守法成本，让违法企业埋不起单。从这个意义上讲，上海市拟定的最高 50 万元的处罚额仍不足以遏制环境违法行为，应采取比例罚款制，不要设定最高限额。环境影响评价法修订时，不要设置最高限额。

链接 5-1　水污染防治法修订进一步解决“违法成本低”问题

全国人大常委会 23 日继续审议的水污染防治法修订草案，加大了水污染违法成本，增强了对违法行为的震慑力。

修订综合运用各种行政处罚手段，加大行政处罚力度。根据违法行为的不同，修订草案规定了责令改正、责令限期改正、罚款、责令停产整顿、责令关闭等措施，同时要求对直接负责的主管人员和其他直接责任人员依法给予处分。

为进一步完善环境污染损害的民事责任制度，让污染者对所造成的污染损害承担应负的民事赔偿责任，修订草案做如下规定：

- 因水污染危害受到损失的当事人，有权要求加害人排除危害和赔偿损失。
- 因水污染引起的损害赔偿诉讼，由加害人就法律规定的免责事由及其行为与损害结果之间不存在因果关系承担举证责任。
- 因水污染危害受到损失的当事人人数众多的，可以依法由当事人推选代表人进行共同诉讼；环境保护主管部门和有关社会团体可以依法支持因水污染危害受到损失的当事人向人民法院提起诉讼。国家鼓励法律服务机构和律师为水污染损害诉讼中的受害人提供法律援助。
- 因水污染引起的损害赔偿责任和赔偿金额的纠纷，当事人可以委托环境监测机构提供检测数据。环境监测机构应当接受委托，如实提供有关监测数据。

在强化行政责任和民事责任的基础上，修订草案还规定，违反本法规定，构成违反治安管理行为的，依法给予治安管理处罚；构成犯罪的，依法追究刑事责任。

（四）需完善经济政策

“风暴”因为它的强势，才能够在错综复杂的利益格局中重新建立环保的权威；但“风暴”再强，也还是传统的行政手段，没有改变现有的游戏规则，而且过于依赖各级执行者的个人意志。我们需要的是更长久、更富全局性的解决方案。

环境经济政策体系之所以重要，就因为它是国际社会迄今为止解决环境问题最有效、最能形成长效机制的办法。在社会主义市场经济体制下，作为宏观经济政策的重要组成部分，环境经济政策是落实科学发展观的具体举措，也是推进战略环评必须采用的手段。

1．最终解决环境影响评价问题需要各个方面的合力

环保总局发动的“环评风暴”靠的是行政手段。这些手段是现有法规制度框架内的最大创新，虽然在短时间内立竿见影，但长期效果却十分有限。要解决环境影响评价执行率低的问题，除需要强化执法力度外，必须采取经济手段，环境

保护全方位地采取措施，形成合力，才能做好环境影响评价的工作。如果只从环境影响评价本身着手，解决不了环境影响评价的问题。

政府部门间在环境问题上的政策协调越来越紧密，都倾向一种混合型的管理制度。随着环境政策逐步纳入能源、交通、工业、农业部门的政策中，环境政策与部门宏观发展政策一体化的趋势越来越明显，客观上把经济手段与行政监管更有效地结合起来。逐步从“末端治理”向“全过程控制”转变。这种转变使得某些类型的经济手段，如产品收费、注册管理费、清洁技术开发的补贴和押金制度等能够发挥更大的作用。

从发达国家的实践历程可以看出，建立和实施一套全方位、多领域的宏观环境经济政策，能以较低的成本达到有效控制污染的目的。综合来看，各国的环境经济政策具有几个共性：普遍体现为政府对经济的一种间接宏观调控。通过确定和改变市场游戏规则来影响污染者的经济利益，调动污染者治污的积极性，让污染者也来承担改善环境的责任。根据“污染者付费”原则，利用税收、价格、信贷等经济手段来引导企业将污染成本内部化，从而达到事前不得不自愿减少污染的目的。

2. 环境经济政策及其发展

环境经济政策是指按照市场经济规律的要求，运用价格、税收、财政、信贷、收费、保险等经济手段，调节或影响市场主体的行为，以实现经济建设与环境保护协调发展的政策手段。与传统行政手段的“外部约束”相比，环境经济政策是一种“内在约束”力量，具有促进环保技术创新、增强市场竞争力、降低环境治理成本与行政监控成本等优点。加大环境影响评价的执法力度，也必须加大经济手段。

根据控制对象的不同，环境经济政策包括：控制污染的经济政策，如排污收费；用于环境基础设施的政策，如污水和垃圾处理收费；保护生态环境的政策，如生态补偿和区域公平。根据政策类型分，环境经济政策又包括：市场创建手段，如排污交易；环境税费政策，如环境税、排污收费、使用者付费；金融和资本市场手段，如绿色信贷、绿色保险；财政激励手段，如对环保技术开发和使用给予财政补贴；当然还有以生态补偿为目的的财政转移支付手段等。

我国目前环境经济手段很少，更没有形成一个完整独立的政策体系。原因之一是没算好两笔账。一笔是照目前高能耗、高污染的模式发展下去，我国重化工业的发展空间还有多大？还将付出多少环境资源代价？第二笔是实行了环境经济新政策后，我国的 GDP 增长速度要下降多少？政策实施和增长模式转型成本到底有多大？中国经济社会发展能否承受得起？算不清这两笔账，决策起来就少了些科学依据。

1）绿色税收。环境税主要是指对开发、保护、使用环境资源的单位和个人，按其对环境资源的开发利用、污染、破坏和保护的程度进行征收或减免。

2）环境收费。环保部门要主动联合有关部门，运用价格和收费手段推动节能减排。一是推进资源价格改革，二是落实污染者收费的政策，三是促进资源回收利用。

3）绿色资本市场。我们推行“绿色贷款”或“绿色政策性贷款”，对环境友好型企业或机构提供贷款扶持并实施优惠性低利率；而对污染企业的新建项目投资和流动资金进行贷款额度限制并实施惩罚性高利率。

4）生态补偿。发达地区对不发达地区、城市对乡村、富裕人群对贫困人群、下游对上游、受益方对受损方、“两高”产业对环保产业进行以财政转移支付手段为主的生态补偿政策，一旦研究实施成功，将为中国进一步落实可持续发展战略，将为社会主义核心价值的进一步实现，将为建立全球环境公平补偿原则奠定基础。

5）排污权交易。排污权交易分为两步：第一步是排污权的初始分配，由政府以招标、拍卖、定价出售、无偿划拨等形式将排污权发放到排污者手中；第二步是排污者之间的交易，他们根据自身治污成本、排污需要以及排污权市场价格等因素，在市场上买卖排污权，这是实现排污权优化配置的关键环节。余下的，政府部门需做好对参与排污权交易企业的监测和执法，同时规范好交易秩序，做到公平公开。

6）绿色贸易。在出口上，应严格限制能源产品、低附加值矿产品和野生生物资源的出口，并对此开征环境补偿费，逐步取消“两高一资”产品的出口退税政策，必要时开征出口关税。在进口上，应强化废物进口监管，在保证环境安全的前提下，鼓励低环境污染的废旧钢铁和废旧有色金属进口；征收大排气量汽车进口的环境税费；积极推进国内的绿色标识认证。

7）绿色保险。绿色保险又叫生态保险，是在市场经济条件下，进行环境风险管理的一项基本手段。其中环境污染责任保险最具代表性，就是由保险公司对污染受害者进行赔偿，但这并不意味着反正有保险公司兜着，企业就可以放心大胆地去污染。因为环境保险的收费与企业污染程度成正比，如果企业污染事故风险极大，那么高昂的保费会压得企业不堪重负。

以绿色为导向的市场是成熟的市场经济，将培育造就担当绿色责任的企业；以绿色为导向的社会是成熟的公民社会，将培育造就担当绿色参与的公民；以绿色为导向的政府是成熟的执政主体，将培育造就担当绿色执政的官员。以绿色为导向的市场、社会和政府将构成绿色责任、绿色参与、绿色执政的有机主体，将构成推进战略环评的巨大合力。

3．经济政策的根本在于建立产权制度

矿产资源的破坏触目惊心，例如，煤炭资源的浪费和破坏的实质是国有煤炭资源的巨额流失和破坏损失，国有大矿周边的“寄生性”小煤窑是安全事故频发的最大隐患。中国2004年生产百万吨煤炭死亡率是世界平均水平的12倍，是美国的100倍！

任何法律法规在实施过程中所表现的权威性与有效性，都与其赖以存在的经济基础密不可分。宪法规定，矿山资源属国家所有。这个“国家所有”，就是与矿山开采有关的法律的基础。可是，宪法及针对矿山资源管理的专门法，却没有明确“国家所有”的实现形式及开采利用这些国家所有资源后的收益分配形式。在计划经济时期，地方利益无条件服从中央利益——各地区之间的利益由中央计划实现平衡，谁都不觉得自己吃亏。而到了市场经济时期，地方有了自己的利益追求，而自然资源的国家所有制却长期忽视其中暗含的地方利益。

国家所有的矿山分布于各地方行政辖区内，地方政府怎么能守着自然资源受穷？这就是为什么乡镇的环境影响评价执行率仅有30%～40%。许多地方对“关闭违法企业”采取阳奉阴违的对策。如果人们不从所有制实现形式和利益分配机制上去解决，执法大检查后，“死灰复燃”仍会发生！

山西小煤矿事故不断，均是矿主为了追求经济利益所致。根本原因是产权不明。乱采滥挖的情况小矿小窑普遍存在，可对矿山开采过程中造成的生态破坏却很少承担责任。

山西省省长王君于2010年8月说，到2011年，山西省保留1 000座煤矿，压减60%多，企业整合后，单井规模原则上不低于90万t。这样，山西小煤矿将消失。

根据新制度经济学的一般原理，制度选择的含义是广泛的，既包括契约、法规及其他权利安排的选择，也包括社会体制、经济组织的选择，其中最基本的约束规则就是产权。所谓产权，从最基本的含义上说，就是对经济物品或劳务根据一定的目的加以利用或处置以从中获得一定收益的权利。有效率的应是排他性和可转让性的，这将有助于减弱未来的不确定性因素及避免产生机会主义行为的可能性。

产权关系不清晰所导致的利益摩擦问题与外部性及不确定性相联系，它一般发生在以下两种场合：一是如果产权的归属是不清晰的，在我国矿产资源属于国家，但是没有具体的政策落实，则意味着没有人对该项财产的价值（租金）拥有排他性的所有权，从而必然导致“搭便车”行为的盛行，即行为人力图避免付费来享受外部正效应；二是如果产权的归属是清晰的，但产权的保护是低效的或无效的，即法律制度不能充分界定当事人能够做什么或不能做什么的行为边界，从而包含一个当事人或其他当事人受益或受损的权利分配，则当事人会利用自己的财产去损害他人的利益，使外部效应普遍存在。

村镇环评执行力低、秩序紊乱现象与产权制度存在缺陷有关。自从我国走市场化道路后，我们不仅承认人们追求经济利益的合法性，而且以经济利益为动力来激励人们不断提高资源配置效率。但产权规则还不完善，这表现在产权关系不清晰、企业负盈不负亏、竞争不充分、存在行政垄断、政府职能转换不到位等方面。于是，在计划经济体制向市场经济体制的过渡时期，等级规则不再像过去那样壁垒森严，行政命令的权威性已大打折扣。然后，受制于多头行政干预，产权规则尚没有真正确立。当资源配置同时受缺乏权威性的等级规则和残缺的产权规则调节时，利益冲突就不可避免，从而导致市场秩序的紊乱。

新制度经济学中一个重要观点是：制度是经济发展的柱石，土地、劳动、资源和资本等这些要素，只在有了制度才得以发挥功能。制度对经济发展的影响居于核心地位①。

所以关闭“小采矿”，关键是要确立排他性产权，以便造成一种刺激，将个人的经济努力变成私人收益率接近社会收益率的活动。但问题在于产权的界定和保护是要花费代价的，由于国家拥有“暴力潜能”，由国家来界定和保护产权不仅可以使受到法律保护和产权具有合法性和权威性，减少交易过程中所付出的成本，使所有的交易活动更容易、更顺利地进行，而且可以生产管理产权界定和保护的规模经济效应，降低交易费用。

国家通过界定产权及时获得一切有着破坏产权行为的信息，并对破坏产权行为进行有效的制裁来保护主权主体在交易活动中应享有的利益。国家通过产权的界定和保护来达到的目标是双重的：一是通过降低交易费用使社会总产出最大化，而这就要求明确界定产权关系，因为产权的明确界定与有效保护能对经济人的经济活动造成一种激励效应，从而可以促进经济增长和增加税收；二是通过形成产权结构的竞争与合作的基本规则使执政者的垄断租金最大化，限制对其执政地位产生威胁的潜在竞争者力量的发展。为此，国家就要分别为不同的利益集团设定不同的产权规则，国家的这种在界定和保护产权中的非中立立场交替导致低效率产权结构的长期存在。正如诺思所指出的那样：“在使统治者（和他的集团）的租金最大化的所有权结构与降低交易费用和促进经济增长的有效率体制之间，存在着持久的冲突，这种基本矛盾是使社会不能实现持续经济增长的根源。”

4．不均衡效应

目前，中国的经济发展受到资源与环境的制约，特别是污染物减排 10%的指标要求，加速了淘汰落后产能的步伐。例如钢铁工业，市场需求量大，淘汰落后产能使产量降低，产生不均衡效应。使钢铁产品市场价格上扬，要防止价格由结构性上涨演变为明显的通货膨胀。从不均衡效应可以看出应如何处理经济发展与环境保护的关系。

2009 年 1—3 月受我国投资 4 万亿元的影响，全国粗钢产量 12 744 万 t，同比增长 1.4%，钢铁总量严重过剩。坚决遏制产量过快增长。各地工业主管部门

① 卢现祥. 新制度经济学[M]. 武汉：武汉大学出版社，2004.

要与有关部门密切配合，责令列入淘汰类的落后炼铁、炼钢、轧钢生产线停止生产，已经停产的严禁死灰复燃；进一步加大银企衔接工作力度，对落后钢铁企业、不顾市场需求盲目扩大生产的钢铁企业，要商请当地商业银行减少或停止贷款。

2007 年前重点淘汰 200 m^3 及以下高炉、20 t 及以下转炉和电炉的落后能力；2010 年前淘汰 300 m^3 及以下高炉等其他落后装备的能力。对有淘汰装备的企业，地方政府及有关部门在能源、水、电供应、流动资金贷款、铁矿等资源配置以及项目审批等方面采取相应限制措施，促其尽快淘汰。

2008 年 3 月 20 日公布的《钢铁产业调整和振兴规划》内容明确表示，2010 年底前，淘汰 300 m^3 及以下高炉、30 t 及以下转炉和电炉；2011 年底前再淘汰 400 m^3 及以下高炉、30 t 及以下转炉和电炉，进一步完善钢铁产业政策的适宜性、有效性与充分性。

2009 年 9 月，工信部专门就“加强对钢铁行业的节能减排标准和环保指标的控制淘汰钢铁行业落后产能”设立研究课题。①进一步完善钢铁产业政策的适宜性、有效性与充分性；②有效落实钢铁行业淘汰落后产能的要求；③切实提高钢铁行业的节能减排效果、环保能力；④经修订完善后的钢铁行业淘汰落后产能政策，在企业淘汰落后产能过程由“一刀切”、强制执行转变为企业自我发展的需要、自觉淘汰落后产能。减排与淘汰落后产能会遇到地方企业的顽强抵抗，工信部的这一决定无疑缓减了这一抵抗[①]。

我们可以认为，工信部的这一决定有政策环评的内涵。可以看出，进行战略环评也是工业管理部门本身强化管理的内在需要。

我们应该得出结论，在解决环境问题方面，政府作用是关键因素，例如钢铁工业进行改制和产业结构调整，使经济与环境获得“双赢”。

政府失灵是造成我国环境影响评价机制与体制缺失的主导性因素，尽管这里面有一些客观的原因，但就目前的情况而言，要着眼于问题的解决，在对策的寻求方面应首先从政府失灵的纠正为主要切入点（例如钢铁工业淘汰落后产能），从制度的设计上规范政府行为，在最大限度上避免政府决策及行为不当问题的发生。这就是说，需要尽快把战略环评纳入议事日程；强化环境影响评价的制度与运行机制的建设。

另一方面，环境资源自身的物品属性使其在成为交易客体的方面困难重重，在这些领域进行环境影响评价，不仅要解决权利边界的问题，而且还要克服体制上的一些不利因素。尽管问题很多，积极的态度应该是通过对问题的深入分析和研究，力争缩短理论和现实之间的差距，为问题的解决找到一条现实可行的出路。对“政府失灵”的纠正和环境资源市场形成过程中可能出现的市场失灵的预防，有时超出了环境保护的边界，需要全国统筹考虑。

① 钢铁行业淘汰落后产能政策将“微调”. 中国证券报，2009-09-24.

三、环境影响评价制度实施机制“软化”的深层分析

我国环境影响评价制度在建立正式约束（法规、政策）方面已经取得了较大的进展，环境影响评价制度实施机制“软化”是我国环境保护工作中一个突出的问题。我国并不是缺乏环境保护制度创新的能力，而是缺乏一种实施制度的环境和条件。

这是《中华人民共和国环境影响评价法》实施后国家环保总局首次大规模对外公布违法开工项目。这被媒体称为“环保风暴”，如何把“风暴”变为行动？必须强化环境影响评价机制与体制。

我国环境影响评价工作在建立正式约束（法规、政策）方面已经取得了较大的进展，但是建立在传统、文化及价值观基础上的非正式约束与市场经济还存在诸多的矛盾；环境影响评价实施机制“软化”是我国环境保护制度发展中的一个突出问题。

市场化程度在质上的另一个重要含义就是制度的不断创新问题。环境管理从新制度经济学的角度来看，分为正式约束、非正式约束和实施机制三个方面。

（一）关于正式约束

正式约束（法律、法规）具有强制性特征。我国在推进环境保护的过程中，在正式约束方面确实有了很大的进展，除环境保护法外，涉及环境保护的法律还有 30 多部。例如，环境影响评价法以奖赏和惩罚的规定其所作所为，环境影响评价法对任何人都是一种外在约束，不管你愿意与否都必须遵守。

（二）关于非正式约束

我国在环境保护发展的历程中，在正式约束方面确实有了很大的进展。但是根源于文化、历史传统的非正式约束的转变却是一个长期的过程，例如提倡环境道德，推行绿色产品等，并且正式约束由于非正式约束的滞后，如一些领导环境意识差，执行环境政策的效果也大打折扣。从约束机制的角度讲，这些年来我国的环境政策主要体现在正式约束的规则上。为什么我国从一些发达国家引进行的环境保护法规在我国会变形？例如环境影响评价法，缺乏与之相适应的非正式约束不能不说是一个重要原因。非正式约束是一个自然演变过程，包括相应的环境文化启蒙、相应的法律文化和传统的体制积累和沉淀等。根据我国的文化传统和世俗习惯，形成的非正式约束，有人希望找到正式约束的漏洞，并利用这个漏洞使自己的收益最大化。还喜欢正式约束能约束别人，而自己例外，如明明违规也要找熟人通融一下，即正式约束对别人是硬的、对自己是软的。在这种动机的支

配下，在某些情况下，正式约束就形同虚设了，例如在环境影响评价法执行过程中发生的“先上车，后买票”的现象，以及金沙江溪洛渡水电站等 13 个省市的 30 个违法开工项目。正式约束的软化是特权思想和等级思想的一种集中体现。在一个“人治”的社会里，很容易产生正式约束软化的现象。在正式约束面前人人平等是市场经济的基本要义，但在实施过程中很难做到。

缺乏非正式约束使正式约束的实施成本大量上升。

在经济全球化的情况下，环境保护正式约束的建立可以借鉴外国的经验，例如，战略环境影响评价，从而降低正式约束建立的成本。我们可以对国外的环境影响评价法，结合国情进行“引进”“修正”，为什么非正式约束难以从国外“引进”呢？非正式约束于内在于传统和历史积淀。一种环境保护的非正式规则尤其是意识形态能否被移植，其本身的性质规定了它不仅取决于所移植国家的技术变迁状况，而且更重要的是取决于后者的文化遗产对移植对象的相容程度。

例如，由于经济基础与环境意识的差距，在国外实施环境影响评价得到企业与公众的充分支持，企业不会因为一时之利，违规进行建设新的项目，但在中国地方上环境影响评价执行率不到 50%。

正式约束只有在社会认可，即与非正式约束相容的情况下，才能发挥作用。离开了非正式规则，即便“将成功的西方市场经济制度的正式规则搬到第三世界，也不会取得成功。因此，国外再好的正式规则，若远远偏离我国的非正式规则，便不能达到预期的目的。所以说，把“环保风暴”转变为持续的长期行动，建立长效机制是一定可以做到的，但这是一个艰难的过程，我们要有一个充分的思想准备。

（三）关于完善运行机制

我国并不是缺乏制度创新和制度创新的能力，而是缺乏一种实施制度的环境和条件。我国战略环境影响评价创新的关键是建立有效的实施机制。这些年来我国建立与市场经济相关的法规、规则等不少，但是不执行、制度形同虚设的现象比较严重。

我国实施环境影响评价法存在着有令不行、有禁不止的现象，山西的小炼焦群等，不经过环境影响评价屡禁不止。这是因为钢铁市场利润大的利益驱动。进入 2009 年，由于煤与矿石价格飞涨，小炼焦向大炼焦转化，这也是由于利益的驱动。这种现象也就是诺贝尔经济学奖获得者缪尔达尔所说的“软政权”现象。“软政权”的根本含义是，即使制定了法律和制度，它们也不被遵守。在“软政权”中，制度、法律、规范、指令、条例等都是一种软约束，都可以讨价还价，有时可以执行，有时又可以不执行。在这里通行的是“权钱交易”的原则。在市场经济国家，法律是最高权威。但是，在我国转型时期，领导指示比红头文件有效，红头文件又比法律有效。这并不表明我们的领导想签字，而是因为我国不少法律、制度没有领导指示就难以实施。我国缺乏有效的制度实施机制。环境影响评价不能有效实施的原因有以下几种情况：

一是这种制度设计不合理或者实施的成本太高；

二是环境影响评价的实施会影响一些人的利益，如黑龙江双鸭山吉双硅铁有限公司未执行“三同时”，粉尘超标排放；

三是最重要的原因，就是我们一些政府官员总想凌驾于制度之上，中国人善于搞通融、搞关系、大家都希望环境影响评价对自己没有约束力，人们不是把精力用在增加财富的生产活动中去，而是去寻租了。可以讲，这是我国环境影响评价实施的最大障碍。

为此，我们在注重环境影响评价发展的同时更注意实施机制的建立。建立有效的实施机制应该考虑以下几点：

战略环境影响评价法规应该注意可行性、可操作性及运行的成本；

制度应该尽量减少实施人可变通的余地；保障战略环境影响评价的权威性和严肃性；提高违约成本；个人或领导人不能凌驾于制度之上。规则的权威性是一个国家市场经济制度建立的基本标志。

在中国建立与完善环境保护法规、政策体系（尤其是正式约束）并不难，难在实施的程度。中国人的权力观（等级的权力观，而不是西方人的相互制约观）、人情观（而不是契约观）往往使一些制度软化甚至形同虚设。中国人在实施制度（包括政策）时还喜欢讲灵活性、弹性、例外（实质上是特权）等。能否在制度面前人人平等是我们的战略环境影响评价能否有效实施的基本条件。

运行机制对于制度功能与绩效的发挥是至关重要的。对于环境影响评价工作来讲，尽管有规则比没有规则好，但有规则而不实施，即“有法可依”比“有法不依”往往会更糟。这是因为如果实施机制的软化，不仅会影响制度的稳定性和权威性，并使制度形同虚设而不起作用；而且还会使人们产生对制度的不正常的预期或使人们产生蔑视制度的文化心理，从而使目无法纪的行为横行并愈演愈烈。

四、环境影响评价法执法失灵的剖析——体制的障碍

中国经济快速发展已经进入黄金期，人均 GDP 将会在 2050 年以前达到中等发达国家水平，但这个时期正是中国历史进入“最窄环境通道”的时期。因为通过牺牲环境来发展经济的道路将越走越窄，环境因素已经成为提高经济增长的“瓶颈”；同时环境优化增长，也成为提高企业竞争力，提高经济发展质量的内在因素，这实际上也是环境改善的真正历史机遇。

环境影响评价法执法失灵，表层分析是政府失灵，深层次分析是政绩驱动、利益驱动。实际上问题依然存在，我们对建立了地方政府环境保护执法的行为模式进行剖析。

（一）中央政府与地方政府目标函数的偏差

对违反环境影响评价法采取什么措施，我们可以从加快完善有关环境立法、加大执法力度和强化监管职能的角度论述，也可以从经济学中庇古税收的经济学角度加以说明，但是就现实而言，中国环境影响评价法在逐步完善，执法力度不断强化的同时，在经过规划环评—项目环评—“三同时”验收，可以说这条环境影响评价管理链，程序清楚，法律体系完善，中国首创了“三同时”的规定。可是在如此完善的法律制度环境下，违反环境影响评价法的案例还经常发生，为什么这么一项长期战略措施得不到有效落实呢？我们对违规事件必须进行剖析。

我们从白银市在区域限批中，在很短的时间内，不但解决了违规项目的问题，还解决了多年的“老大难”大气污染问题，环境的改善得到了广大市民的赞许，这是由于省政府、市政府的重视，加大了环境保护投资力度，建立了多部门的联动机制。这一案例深刻说明环境影响评价法的执法失灵关键在于地方政府。

为了说明这一问题，我们尝试建立一个数学模型。

环境影响评价法的出台的基线是中央政府与地方政府的目标函数具有一致性，中央政府的环境政策将得到有效实施。

实际上，中央政府与地方政府是一种委托代理关系，而这种委托代理关系必然导致中央政府与地方政府的目标函数出现偏差。在信息存在不完全对称的情况下，代理人为满足自己的目标函数最大化，往往会有动机去加强或怠慢委托人部分命令执行。

中央政府与地方政府的目标函数及其差异性，在建立地方政府目标函数模型前，首先提出几个有关影响地方政府目标函数的经验因素。为分析的简化，只对几个重要经验因素加以分析。

对于中央政府而言，影响其效用目标函数的主要因素有：经济增长，环境成本，人民对政府的环境政策的支持度。中央政府的态度是给定的，就是要在经济发展的同时保护环境，保持可持续发展的能力。

对于地方政府而言，影响其效用目标函数的主要因素有：第一，地方财政收入（在量化指标上采取税收和就业量），由于目前中国采取了中央财政与地方财政分离的政策，一方面，地方政府为满足自身财政支出需要，另一方面，由于对中央政府而言，全面考察地方政府政绩成本较高，中央往往通过 GDP 指标来作为考核地方政府政绩的重要指标，地方政府面临提升地方经济增长速度来取得中央政府升迁的机会。第二，发展是硬道理，GDP，是硬指标，由于地方政府的行为要受中央政府的监督，如果地方政府跟不上中央政府的政策意志，就要承担因此受到惩罚的威胁。第三，环境成本，地方环境受到污染后，必定会产生负面影响，从而导致其他产业不同程度受到影响或人民福利降低，这一点，地方政府必定会考虑。接下来，我们将通过建立一个简单的模型来说明各因素如何影响地方政府行为。

（二）地方政府在实施环境影响评价法中行为模型

根据前面我们对地方政府所作分析，首先建立一个中央及地方政府的效用目标函数①：

$$Y_l = f(T, L, E, D) \qquad 5\text{-}1$$

$$Y_c = g(T', E', I) \qquad 5\text{-}2$$

式中：Y_l 代表地方政府效用函数收入；Y_c 代表中央政府目标函数收入，其中 T 代表了地方税收收入；L 代表地方就业量；E 代表地方环境由于污染企业造成的污染成本；D 代表中央政府对地方政府在经济发展与环境保护中的表现对地方政府惩罚或升迁；T'代表中央政府的税收，E'表示对于中央政府的环境成本；I 表示人民对环境的要求对中央政府的压力。我们在这里主要讨论地方政府的目标函数。

改革开放以来，中央与地方的财政收支逐渐分离，中央保证地方基本财政，地方政府其余的财政很大一部分都来自地方企业，近几年，地方政府进行了大规模的基础设施建设以及为提高地方经济增长速度而投入大量资金，发展重化工业，然而由于种种原因这种投资回报的效率很低，使得地方财政支出大幅上升，财政赤字有不断扩大的趋势，为满足地方不断扩大的财政支出，地方政府往往给企业大开绿灯，没进行环评的项目也上马，污染企业也上马，以期望获得更大的税基；同时，一些小型的企业较多的集中在乡镇，中国农村一直存在劳动力严重过剩问题，在机会成本极低的情况下，往往在缺乏必要工作条件保护的情况下，劳动力大量被吸收到这些污染企业中。地方政府在就业的压力下，同时在吸引不到规模投资下，也不得不依赖这些小企业来解决财政收入与就业问题，这就是为什么越是基层环境影响评价执行率越低的原因。

随着新建违规企业的增加，企业收入总量增加，政府可以征收更多的税，同时企业需要扩大生产而雇佣更多的劳动力，所以在这里假设税收、就业与违规企业收入的关系成正比例关系：

$$T = \alpha_1 + \beta_1 Q \qquad 5\text{-}3$$

$$L = \alpha_2 + \beta_2 Q \qquad 5\text{-}4$$

式中：α、β为系数。

对于 E 而言，由于污染具有外部负效应性，污染的扩散性又直接导致环境

① Joseph E. Striglitz. Economics[M]. W.W.Norton of Company，1993.

产权界定的成本太大而无法明晰，一个地区的污染成本往往是与其他地方政府共同承担，同时对于地方政府而言，由于任期的可预见性，领导者往往将自己的任期作为一个有限博弈，在这些情况下，环境是被视一种公共产品，在短期利益驱动下，会造成环境产品的过度使用。作如下模型分析：

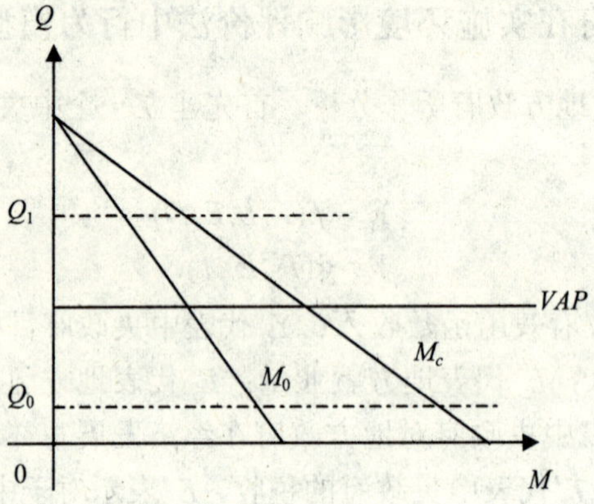

式中：Q——纵坐标表示违规企业生产产品价格；

M——横坐标表示违规企业生产产品产量。

其中 VAP 表示地方政府从污染企业生产污染产品中获得的收益；M_C 表示牺牲环境所获得的边际收益；W_0 为生产污染产品的最低机会成本，如果低于 W_0，政府就不会容忍污染企业的存在。

在生产 Q_0 产品时，牺牲每单位环境的收益大于或者等于产出，此时由牺牲环境换来的收益最佳，平均产值为 M/Q_0，但是地方政府发现，当其他地方污染产品产量不变情况时，自己每增加一单位的产值会得到 dM/dQ 的收益，同时给其他单位带来的收益的下降，但是自己承担的这种成本小于从增加产量中得到的收益，一直到 $VAP=W_0$ 时，即用牺牲环境带来的收益刚好能弥补损失的时候，政府才认为继续容忍污染企业存在已经得不偿失，才会有动力关闭造成污染的违规企业，此时的产量为 Q_1。在此种情况下，造成环境被过度使用。

最后我们分析中央政府与地方政府（官员）在治理违规企业中的惩罚与升迁问题。

在这里有两个参与者：中央政府、地方政府。

中央政府 \ 地方政府	检查	不检查
关　闭	$e+d-t-l$，$e-C_0+i$	$e-t-l$，e
不关闭	$t+l-e-d$，$-e-C_0-\lambda Q+i$	$t+l-e$，$-e$

其中，e 为代表地方环境由于污染企业造成的污染成本；d 为中央政府对地方政府治理违规污染的奖励和惩罚（地方政府关闭违规企业将得到中央政府的奖励或没有关闭受到中央政府的惩罚）；t 为地方政府的税收；l 是地方就业带来的收益；C_0 是中央政府为监督地方政府最低要付出的成本代价；λ 是随着污染量的增加，中央政府投入的监督成本增长系数；i 是中央政府从人民的支持中获得的收入；Q 为违规污染产品产量。

对于中央政府来说，其最大收益出现在（关闭，不检查）下，所以只要在 $e \geqslant e - C_0 + i$（由于 $-C_0 \leqslant -C_0 - \lambda Q$ 所以只考虑 $-C_0$ 的情况）下，中央政府就不会有动力去监督地方政府的违规项目的治理问题，对于地方政府而言，正如前文所述由于环境类似于公共产品，环境成本 e 一部分被其他地区承担，所以地方政府更看重污染企业带来的 $t+l$，地方政府在预见到中央政府不会检查的情况下，最佳选择是不关闭违规项目企业。这就解释了在经济发达地方对违规企业 $t+l$ 依赖度小下，往往更重视环境成本，而在中央集中整顿下，d 迅速升高，地方政府就会关闭污染企业。最终中央政府与地方政府形成了（不关闭，不检查）的博弈结果。

以上是我们对影响地方政府效用目标函数各个因素的分析，通过分析我们最终得出地方政府目标函数最后具体形式：

$$Y_{地} = f(T, L, E, D) = \alpha_1 + \beta_1 Q + \alpha_2 + \beta_2 Q - \lambda(Q) - d(Q) \qquad 5\text{-}5$$

式中，$\lambda(Q)$ 代表环境成本,有理由相信，随着违规企业产品产量的增加，污染成本会成正比例上升，所以在这里假设：$\lambda(Q) = \alpha_3 + \beta_3 Q$；同时中央对地方政府的惩罚与污染量存在一定的函数关系。污染问题越严重，中央政府可能对地方政府的惩罚就越重，二者呈正相关关系。为求地方政府效用目标函数最大化，对污染量导：

$$\partial Y / \partial Q = \beta_1 + \beta_2 - \beta_3 - \partial d / \partial Q \qquad 5\text{-}6$$

令 $\partial Y / \partial Q = 0$

对污染量求二次偏导：

$$\partial Y^2 / \partial^2 Q = -\partial d^2 / \partial^2 Q \qquad 5\text{-}7$$

由于中央政府对地方政府环境污染的惩罚呈正相关，所以 $\partial d / \partial Q \geqslant 0$

$$\partial Y^2 / \partial^2 Q = -\partial d^2 / \partial^2 Q \leqslant 0$$

由此可见地方政府必定会存在一个效用最大化点，即

$$\partial d / \partial Q = \beta_1 + \beta_2 - \beta_3 \qquad 5\text{-}8$$

通过对地方政府效用目标函数的建立，我们可以发现地方政府治理违规项目企业的动力取决于$\beta_0,\beta_1,\partial\lambda/\partial Q,\partial d/\partial Q$，只要$\partial Y/\partial Q=\beta_0+\beta_1-\beta_3-\partial d/\partial Q\geqslant 0$，地方政府只要增加 d$Q$ 的产量，就会从中得到$\beta_0+\beta_1-\beta_3-\partial d/\partial Q$单位的收益，一直到$\partial Y/\partial Q=0$时，即地方政府不能从增加污染产品产量中获得收益时，地方政府才有动力去监督和关闭违规项目企业。

（三）分析

通过对地方政府行为模式的分析，我们认为可以从以下几个方面加以环境措施的改善：

1．改革现行干部升迁考核制度

改革现行干部升迁考核制度，加大中央对地方政府环境管理的强度。从简单以 GDP 为指标转向综合指标考核，实施“绿色 GDP”等可持续发展指标来分析经济态势，改变地方单纯以 GDP 增长速度排名的不当做法。通过改革干部考核制度和建立与完善的环保监督机构，提高地方政府的 dQ 的成本，增加了地方政府被惩罚的风险和成本，从一定程度上改变地方政府与中央政府博弈时成本收益，督促地方政府自觉地关闭违规企业。

2．充分发挥市场经济的作用，制定有关环境的经济政策

制定与完善经济政策例如价格及税（费）政策应上升为国家宏观经济调控的重要组成部分，把经济政策和环境政策相结合。加大有关环境污染税的征收和监控，可以考虑中央直属部门直接控制环境污染税的征收工作，加强对环境污染造成损失的追尝，使企业违规上马从而造成环境污染成本上升，改变λQ 的取值。同时降低地方政府对污染小企业财政的依赖度，在发展地方经济时，重视产业结构的调整，大力提升企业生产率和技术含量①。要动员社会各方共同承担责任，确定地方经济发展规划，取代各部门重叠的发展目标，并赋予其应有的法律地位。

我们改变地方政府在治理违规企业中的行为，就必须找到导致地方政府行为的动机，然后对症下药，提高地方政府投机的成本，给予地方政府监管污染企业激励措施，最终达到经济发展和环境保护的“双赢”。

3．政府主导型的经济增长方式必须改变

我国提出要转变经济增长方式可能有十几年了，不过从 2009 年开始提法有了改变，改为转变经济发展方式了。虽然提法比以前更科学了，但一直到现在，经济增长方式还没有根本转变过来，正因为如此，环境污染与生态破坏却依然严重。这是需要我们深入思考的问题。

政府主导型的经济增长方式的特点是：以追求 GDP 为主要目标；以扩大投资规模为主要任务；以上重化工业项目为主要途径；以行政推动和行政干预为主

① 张维迎. 博弈论与信息经济学[M]. 上海：上海三联出版社，1999.

要手段。许多地方政府官员把“结构调整”理解为大量投入土地、信贷等资源，营建“形象工程”和“政绩工程”，造成了大规模投资和产业结构“重型化”的热潮，并产生如下一些严重后果：放松技术创新和提高效率的努力；造成煤电油资源的高度紧张；给生态环境造成了严重的破坏。因此，如果政府不放弃对经济增长方式的主导权，不将自身对经济运行的干预建立在市场基础上，那么，要转变发展方式还只能是一句空话。

在 30 年的经济高速增长中，地方政府成为获利最大的一个群体。因此，对政府的变革，我们一方面仍要寄望于政府自身，另一方面要靠非政府的外部力量促使政府去变革。一是转变和缩减政府的行政职能，限制行政权力；二是规范行政行为，控制行政权；三是加强社会自治，转化行政权。中国经济的发展表明，政府主导经济运行不缺效率，而缺公平，后者的缺乏主要是由政府权力不受约束和监督造成的。而引入社会力量，来限制和规范政府权力，特别是把一部分原本属于政府的行政权力转化为社会权力，使公民参与国家事务的管理和监督，就显得非常有必要。

在目前利益主体多元化、利益博弈成为基本现实的背景下，靠非政府的外部力量促使政府去变革，这种可能性已越来越大。外部的力量既可以通过立法等法律手段对行政权力进行修正性、补充性的约束和重新界定，也可以严格的程序防止行政权力的过度使用，还可加强社会对行政权力的监督，以加快建立政府的公共治理结构，进而促使地方政府的公权力按照一种比较规范的方式行使。

只有建立政府—企业—公众的架构，倒逼政府进行改革，才能形成一个稳定和完善的政府权力作用的制度框架，从而尽可能减少对经济的不当干预。这样做，经济主体自会在市场的作用下，自然完成产业结构的调整和经济增长方式的转型。只有这样才能够使地方政府承担起环境责任，也只有这样才能根本性的解决战略环境影响评价实施的机制与体制的缺失，才能解决中国的环境污染与生态破坏的趋势。

链接 5-2　我国“十二五”发展规划的思路

今后一个时期中国经济很难再维持 2003—2007 年那种年均 10%以上的高增长，经济增长面临新的挑战；中国长期以来社会发展滞后局面未得到根本性改变，社会和谐面临新的课题；中国改革的环境、改革的动力发生了很大变化，深化改革面临新的矛盾；在新的国际国内形势下，中国扩大开放面临新的考验。

面对新形势、新课题、新矛盾和新问题，今后五年要进一步调整发展思路。

一是以增强经济发展的稳定性、协调性和可持续性为目标，推动需求结构、产业结构、城乡结构、区域结构的全方位调整。

二是以促进和谐社会建设为目标，把社会发展摆在现代化建设更加突出的位置，坚持民生为先，推进公共服务均等化，缩小收入差距，保障社会公平正义。

三是促进人与自然资源之间的和谐，树立经济、社会、生态三者空间均衡原则，把经济效益、社会效益，生态效益放在同等重要位置，加快形成节约能源资源和保护生态的增长方式和消费模式，切实扭转生态环境恶化的趋势。

四是以建立健全保障科学发展、社会和谐的体制为目标，坚持市场化改革方向，消除不利于市场基础性作用、不利于转变发展方式、不利于社会和谐稳定的体制机制障碍。

五是以培育形成国际经济合作和竞争的新优势为目标，统筹国内国际两个大局，丰富开放的内涵，提高开放的质量，完善内外联动、互利共赢、安全高效的开放型经济体系，在更大范围、更广领域、更高层次上提高对外开放水平①。

①“十二五”规划编制全面启动，推动中国从大国变强国. finance.sina.com.cn/. 2010-01-29.

第六章

环境影响评价制度发展趋势的经济与政治背景

我国的环境影响评价制度的完善必须根据国家经济发展的趋势，符合国家政治改革的方向，特别是我们研究战略环评的机制与体制时，必须与国家经济发展趋势合拍与政治体制改革互动。因此，在提出政策建议时，必须深入探讨当前我国经济发展与改革的形势。

全球金融危机后，我国将在深化改革中打破制约内需扩大的制度（机制与体制）障碍，建立扩大内需的长效机制，成为转变发展方式的紧迫任务。我们研究战略环评机制与体制，符合这个大方向。

一、后危机时代国际经济走势对“十二五”改革的影响

国际金融危机后，中国以传统方式继续分享经济全球化红利的时代已经成为历史。世界低碳经济发展，加速我国经济发展方式的转变，加速我国经济与环境的进一步结合。短期给我国带来严峻的挑战，中长期内是我国加快改革、着力转变发展方式、直到经济与环境融合，由经济大国迈向经济强国的一次重大历史机遇。

（一）国际金融危机影响的长期性

随着国际金融危机逐步缓解，全球将进入后危机时代。未来 3～5 年美国实际消费增长将从 1995—2007 年的 4%下降到 1%～1.5%。这将对我国“十二五”的改革发展带来重大的外部冲击。即使欧美市场需求能够在总量上恢复，欧美市场的贸易结构将发生重大变化，而且这是一个长期的过程[①]。

由于金融危机的长期性，我国经济发展的速度不能低于 8%，所以环境影响评价的任务依然很艰巨。

---

① 迟福林．“十二五”改革两大特定背景与思路．河北省人民政府网站．

（二）后危机时代经济全球化的复杂性

国际金融危机后，贸易保护主义有所抬头，周边国家希望中国经济继续高速增长，提供市场需求。例如有人提出中国要由“世界工厂”变为“世界市场”。但是总的来讲，中国以传统方式继续分享经济全球化红利的时代已经成为历史，这有利于环境的改善，有利于环境影响评价制度的实施。

后危机时代，中国经济发展的趋势不会改变，对环境保护的压力不会改变。因此，必须提高环境影响评价工作的质量。

（三）世界低碳经济发展与我国发展方式转型的外部压力

发展低碳经济正在成为各国在后危机时代推进经济复苏和应对气候变化的基本共识。

低碳经济将成为世界性结构调整的基本趋势。比如，美国计划在 10 年内投入 1 500 亿美元发展新能源，创造 500 万个就业岗位；欧盟提出能源气候“一揽子“计划，并在 2013 年前出资 1 050 亿欧元支持发展绿色经济。

我国应对气候变化承担巨大责任，使我国经济增长方式面临空前挑战。美国提出的 2013 年减排计划，其中中国减排指标将占全球减排总量的 41%左右，相当于拉美、非洲和中东的总和。

短期给我国带来严峻的挑战，中长期内是我国加快改革、着力转变发展方式、由经济大国迈向经济强国的一次重大历史机遇。这个判断，是制定“十二五”环境保护规划的基点。我们就要据此完善环境影响评价制度，特别是对高碳行业——重化工业的发展，提高环境准入门槛。

二、我国发展阶段变化对“十二五”改革的现实需求

危机表明，我国粗放型的经济增长方式难以为继，我国其核心竞争力在于成本低廉，主要是劳动力成本、环保成本、汇率低估。我国在下一个 30 年经济增长方式必须加快进行强制性变迁，逐步实现由出口导向型向内需拉动型增长模式转变。

我国开始由以解决温饱问题为目标的生存型阶段跨入以促进人的发展为目标的发展型新阶段，在这期间人们开始追求舒适、优美的生活环境。根据环境保护部的战略方向，要把人体健康摆在议事日程，环境影响评价工作也必须把人体健康问题纳入工作范围，这种措施需要具体，这个需求不能低估。

（一）我国进入发展新阶段

在发展型阶段，社会政策目标拓展到缓解贫困、促进就业、生态与环境保护、社会包容、促进人权等。凡是影响社会成员生活、生计和自身发展的一切计划及其相关措施都被纳入发展型阶段的社会政策目标体系。在这种更宽广的视角下，环境与社会政策被界定为直接影响社会福利、社会机构、社会关系的转变，以及民众获得充足收入、稳定生活和公平发展机会的一种集体干预。发展型阶段的社会政策目标是主动地、积极地促进人的发展。无论项目环评、政策环评还是战略环评，都要采取具体措施，把促进人的发展放在第一位，作为全面推进环境影响评价工作的切入点。

（二）需求结构开始进入战略调整期

随着生存型阶段向发展型阶段的转变，需求结构开始发生明显变化，这主要表现在两个大的基本方面：一是社会需求由生活必需品向耐用消费品升级；二是社会需求由私人产品向公共产品需求的升级，在过去人们只追求个人的生活环境，现在人们的居住环境要考虑大气环境、水环境以及绿化的覆盖率等；三是从注重物的发展开始向注重人的发展，这是环境影响评价政策制定的基点。环境影响评价工作首次将公众参与列入法规之中，在我国需求结构进入战略调整期时，需要加大对公众参与政策的研究力度，推进环境影响评价工作的开展。

（三）政府主导型的经济增长方式需要变革

我们在深入探讨环境影响评价执行率时，就会深入到地方保护主义，这是一个很难解决的问题，但又是一个必须解决的问题。

政府主导型的经济增长方式的特点是：以追求 GDP 为主要目标；以扩大投资规模为主要任务；以建设重化工业项目和热衷批租土地为主要途径；以行政推动和行政干预为主要手段。对此，经济学家吴敬琏曾有过尖锐的批评，他说，在各级政府保持着对土地、信贷等各种重要资源的配置权力的情况下，在现行政绩标准和财税体制压力以及扭曲的要素价格支持下，许多政府官员把“结构调整”理解为大量投入土地、信贷等资源，营建“形象工程”和“政绩工程”，造成了大规模投资和产业结构“重型化”的热潮，并产生一些严重后果：不能有效地配置资源；放松技术创新和提高效率的努力；造成煤电油等资源的高度紧张；造成生态环境破坏；增加解决就业问题的难度；抑制服务业的发展；引发短期的和长期的金融问题。实践证明，政府主导型的经济增长方式需要变革。但是，这种变革是一个长期的过程。环境影响评价执法失灵的解决也是一个长期的过程，所以我们在建立长效机制的同时需要完善区域限批的政策。

（四）引入社会力量，来限制和规范政府权力

转变增长方式，推进各种结构调整，这是从源头解决环境问题的重要措施，关键在于政府治理方式的变革。如果政府不放弃对经济增长方式的主导权，不将自身对经济运行的干预建立在市场基础上，那么，要转变发展方式只能是一句空话，环境问题也难以解决。

中国经济的发展表明，政府主导经济运行不缺效率，而缺效率和公平的协调，后者的缺乏主要是由政府权力不受约束和监督造成的。而引入社会力量，来限制和规范政府权力，特别是把一部分原本属于政府的行政权力转化为社会权力，使公民参与国家事务的管理和监督，就显得非常有必要。

在目前利益主体多元化、利益博弈成为基本现实的背景下，靠非政府的外部力量促使政府去变革，这种可能性已越来越大。外部的力量既可以通过立法等法律手段对行政权力进行修正性、补充性的约束和重新界定，也可以严格的程序防止行政权力的过度使用，还可加强社会对行政权力的监督，以加快建立政府的公共治理结构，进而促使政府的公权力按照一种比较规范的方式行使。最近几年发生的北京六里屯、广东番禺的公众反对建立垃圾焚烧厂的群体事件，这些事件都说明，需要规范公众参与的积极性，把其纳入法制建设的轨道。

总之，只有倒逼政府进行改革，才能形成一个稳定和完善的政府权力作用的制度框架，从而尽可能减少对经济的不当干预。这样做，经济主体自会在市场的作用下，自然完成产业结构的调整和经济增长方式的转型。

（五）发展阶段变化与“十二五”改革的主要挑战

发展阶段变化带来的社会需求结构战略性变化，使我国面临新的矛盾和问题。当前我国的阶段性矛盾，可以概括为三方面：

第一，经济持续快速增长同资源环境约束发展不平衡，这个矛盾越来越突出其中发展不平衡的矛盾也包括贫富差距、收入分配差距；

第二，全社会基本公共需求全面快速增长同基本公共产品供给不到位和供给短缺、基本公共服务不到位的矛盾越来越突出，不仅在落后地区，在发达地区同样越来越突出；

第三，经济发展、环境保护、社会进步同公共治理改善滞后的矛盾越来越突出。在发展阶段明显变化、内部需求结构处于战略调整的关键时期。

面对这样三大矛盾，我国改革发展的出路在哪里？经济发展方式转变很重要，但是更重要的是要从矛盾的阶段性特征出发，鲜明地提出发展方式转型的重大问题。

资源与环境对经济发展的制约越来越突出，在这种情况下，越显出环境影响

评价工作进行源头控制的重要性，深入研究提高环境准入的方法与策略。同时要加快水、气、固体废弃物等的处理，已经成为经济发展、环境保护、社会进步的焦点。

在后危机时代，环境影响评价工作面临着许多问题，需要全面对过去的工作进行审视，研究环境影响评价工作应对发展方式转变的战略部署。

第七章

树立经济与环境的融合理念是解决战略环境影响评价机制与体制缺失的内核

科学发展观的核心是经济与环境的融合。《国务院关于落实科学发展观　加强环境保护的决定》的发布，标志着我国的环境保护工作进入由以牺牲环境换取经济增长为主向以保护环境优化经济增长为主转变的历史新阶段。

解决战略环境影响评价工作中的机制与体制问题，涉及正式约束与非正式约束，而约束机制的建立涉及观念的改变。

经济与环境的关系遵守事物矛盾的法则，即对立统一的法则，这是自然和社会的根本法则[①]，因而也是思维的根本法则。从辩证唯物论的观点看来，经济发展与环境保护的矛盾在经济发展的过程中是客观存在的，贯穿于客观事物和主观思维的全过程。

战略环境影响评价是环境保护工作的重要组成部分，其机制与体制的缺失涉及整个环境保护工作的机制与体制的缺失，因此，深层次分析战略境影响评价的机制与体制的缺失，需要从整个环境保护工作的角度进行分析。

一、“以人为本”是科学发展观的核心

人与物的关系，实质上就是精神与物质的关系。人们所追求的并不单纯是物质生活和物质享受，还需要有精神生活和精神享受。发展的根本目的，不仅仅是物质生活的全面提高，不仅仅是人的生命质量和生活质量的全面提高，还要包括人的精神生活、精神面貌、道德情操和人文修养的全面提高。所以，科学发展观，就是既要人的物质财富的增长，也要人的精神财富的增长，使人获得全面发展。

在环境影响评价工作中的非正式约束，起着一定的作用。随着经济的发展，人们的道德情操和人文修养会提高，有利于建立有效的长效机制。

① 毛泽东.《矛盾论》.

人类与自然界的关系。工业化和现代化过程，对自然环境产生极大的压力。如果说西方国家的环境容量可以承受工业化和现代化压力的话，中国无论如何也难以承受。目前中国重化工业高速发展，能源资源的消耗极高，受环境容量与资源约束，在环境影响评价工作中，为了上项目，一些地方采取非正式约束的手段，破坏了环境影响评价的实施机制。这就是我国的经济发展必须坚持科学发展观的根本所在。

历史是人创造的，人也要对自己所创造的历史负责。“以人为本”不是以“我”为本，不是以今天的人为本，而是以人类的今天和未来为本。科学的发展观讲究发展的可持续性，不吃子孙的饭，为人类的未来负责。所以，“以人为本”的科学发展观，既符合时代发展潮流，又符合当代中国国情；既体现出鲜明的时代特征，又包含着深刻的人文精神；既体现了中华民族对自身历史的肯定，也体现了中国这个世界上人口最多的大国，对全球、对人类的负责态度。

“以人为本”的科学发展观，并不是说经济增长不重要。实际上，经济增长是科学发展的基础，没有经济增长，就不会有经济的发展，没有经济的发展，就不会有社会的相应发展，没有物质财富的增长，也不会有精神财富的增长，也不会有文化的发展。所以说“增长不是一切，但却是一切的基础。”我们所提出的“以人文本”的科学发展观，是要求经济的增长和发展不损害社会发展，不违背人的本质，不与人类未来相冲突。

科学发展观，具体体现为否定追求经济效益而忽视价值判断；否定追求效益而忽视平等；否定追求短期效率而忽视长远发展，否定注重经济绩效而忽视环境与人文价值．在这种以工具理性①为特征的哲学观念主导下，经济发展必然出现重微观效益而忽视宏观效益，重短期效益而忽视长远发展，重经济增长而忽视环境保护。所以，要树立科学发展观，还需要对工具理性作适当的反思，提倡包括工具理性和价值理性在内的全面理性或科学理性。

二、科学发展观是正确处理经济与环境问题的内核，在此基础上才能解决战略环境影响评价机制与体制的缺失

发展是时代的主题，但是怎样发展，如何正确处理经济与环境的关系又是时代的难题。我们的生活因为经济的发展而富裕，但是一些地方的畸形发展又使得

① “工具理性”是法兰克福学派批判理论中的一个重要概念，其最直接、最重要的渊源是德国社会学家马克斯·韦伯（Max Weber）所提出的“合理性”（rationality）概念。韦伯将合理性分为两种，即价值（合）理性和工具（合）理性。价值理性相信的是一定行为的无条件的价值，强调的是动机的纯正和选择正确的手段去实现自己意欲达到的目的，而不管其结果如何。而工具理性是指行动只由追求功利的动机所驱使，行动借助理性达到自己需要的预期目的，行动者纯粹从效果最大化的角度考虑，而漠视人的情感和精神价值。

那里的生存环境日趋恶化。解决经济与环境的矛盾，有许多途径，关键在于树立科学发展观，改变传统的思维模式。

科学发展观反映了时代进步的要求，体现了实践发展的需要，顺应了广大人民的心愿，是指导全面建设小康社会、加快推进社会主义现代化的强大思想武器，也是解决经济与环境问题的根本所在。

发展观是关于发展的目的、手段、途径、方法和标准的基本看法，是选择和制定国家发展战略的出发点。

我国政府提出“坚持以人为本，树立全面、协调、可持续的发展观，促进经济社会与人的全面发展”的发展观，同时还提出了“五个统筹”等具体的战略目标和任务。我们之所以称之为“科学的发展观”是因为这一发展观符合人类的根本利益和追求。它是对以往人类社会发展历程中经验和教训的正确总结和科学提炼，不但符合中国的发展实际，而且符合全世界人类社会发展的实际。

我们认为这一发展观的灵魂在于“和谐”，关键在于“转变”。因为依据这一发展观所得出的发展目标是人与自然的和谐、人与社会的和谐、人与人的和谐，包括经济与社会的和谐、城乡之间的和谐、地区之间的和谐和国家之间的和谐。为实现这一目标，依据这一发展观所得出的必然结论就是“改变发展模式”，就是把以往的经济增长和社会公平、生态环境保护脱节甚至对立的发展模式转变为一种新的发展模式。所以我们说体现科学发展观的关键在于转变。

中国政府在提出“科学发展观”之后，紧接着又提出了推进循环经济和建设资源节约型和环境友好型社会的要求，明确指出我国的生产活动要大力提高自然资源的利用率和废弃物循环利用的水平。这些都是新的国家发展战略的科学注解。

树立科学发展观，不仅是环境形势严峻情况下的权宜之计，而且是人类社会应有责任的具体化。这种发展思想不仅适用于今天，而且适用于明天，其原因就在于真正做到了对人的全面发展的追求，对文化重要性的认识和运用。

三、经济与环境融合是经济发展的必然结果

（一）产业融合是经济发展的大趋势

产业融合的驱动因素包括：成本的降低、供应方式的简单化、管理的简单化、维护费用的降低、供应速度的加快、服务改进、用户生活的简单化等。

产业融合作为一种经济现象，人们最早研究它是从信息通讯业领域的产业融合开始的，即电信、广播电视和出版三大产业的融合现象。信息通讯业领域的产业融合仅仅是作为信息化进程中一个产业变革的特例，预示着信息化进程中产业

经济发展的方向，即产业融合在更大范围内拓展。从现在发展的现实证明，不仅通信业，实际上，金融业、能源业、运输业以及重化工业的产业融合也在加速进行之中，制造业的产业融合也得到进一步发展，从而大大拓宽了产业融合的领域。

随着技术革新的不断发展，产业融合正日益成为产业经济发展中的重要现象。按照技术发展的方向，就是追求资源利用最大化，对危害环境的因素最小化，使传统产业融合呈现加速发展的趋势。加速传统产业的升级改造以及促进信息技术的扩散和渗透。从而使在产业发展中经济与环境融合具有重要现实意义。

传统产业应该积极接受高科技产业的渗透和改造，高科技产业应该坚持以传统产业为基础，形成高科技产业和传统产业的良性互动。

激烈的市场竞争与环境保护的要求给企业提供了发展的动力，企业为了取得竞争的胜利，必须积极改善业务流程、开发新技术，提高企业经营管理的效率。例如，我国的烧结烟气脱硫技术近 1～2 年发展很快，干法、湿法、有机胺法等等百花齐放，从技术层面可以说基本与国际接轨，脱硫效率一般在 90%以上，有的可达到 76%～99%。企业在进行脱硫的同时，已经考虑了脱硝问题，有些企业还考虑了处理二噁英问题。我们的企业家对正确处理经济与环境问题的认识已经有了很大的变化，他们的行动说明经济与环境在企业层面融合是可行的。

发生于产业层面的融合与竞争往往会带动企业整体能力的提高，为产业的发展奠定基础，例如，我国钢铁产业的重组带来经济与环境的进一步融合。

（二）经济与环境融合是经济发展的必然

纵观人类的发展历史，就是一部创新与发明相互交织的科技发展史。每一次科学技术的创新，都会成为人类社会发展史上的里程碑，19 世纪以来，能量守恒和转化定律、进化论、细胞学说等三大发现为标志的近代科技创新；以及以信息科学技术、生命科学技术、能源技术、新材料技术、环保技术、空间技术、海洋技术、管理技术为标志的现代科技创新则会伴随着人类社会不断走向更加深远的未来时空，特别是随着数字技术的发展，使产业融合成为经济发展的大趋势。

20 世纪七八十年代以来，“产业融合”的现象日渐增多，表现为产业之间原有的固定边界逐渐模糊化甚至消失，表现为两个或多个产业的企业之间大量的业务交叉、战略联盟和并购重组。最初引起人们关注的融合是 3C 的融合，即计算机产业、通信产业和电子产业之间的融合。后来，融合进一步扩展到电信、广播电视、互联网以及其他传媒之间。总的来看，产业融合的趋势在信息通信业表现得最为明显，进入 21 世纪，而在金融、物流、能源乃至重化工业等制造业领域也开始发展，最近几年发展很快。产业融合作为一种客观的经济现象，正在全球范围内呈现出蓬勃发展的态势。

正是在这个背景下，随着经济全球化，环境全球化，网络全球化，技术全球化的出现，特别是我国经济的持续、快速的发展，环境与资源的约束日渐严峻，要解决环境问题必须树立经济与环境融合的理念。

经济与环境融合并不是一个“一维空间”的概念，而包括了五个维度的内容：技术融合、经济融合、环境融合、产业融合和管制融合。

经济基础决定上层建筑及其意识形态。上层建筑包括政治上层建筑和观念上层建筑两部分。政治上层建筑指政治法律制度以及军队、警察、法院、监狱、政府机关等设施，以及与之相适应的一套组织。观念上层建筑又称思想上层建筑，包括政治、法律、文艺、道德、宗教、哲学等各种服务于统治阶级的思想体系。政治上层建筑与观念上层建筑之间既互相区别，又互相依赖、互相作用、互相渗透、互相转化。首先，观念上层建筑决定政治上层建筑。政治上层建筑是在一定的思想理论指导下建立起来的，是统治阶级有意识的行动的产物，它随观念上层建筑的变化而变化。其次，政治上层建筑一旦形成，又会成为一种强大的、既定的现实力量，反过来影响观念上层建筑。

因此，当前全球化、信息化的大潮冲击着全球的各个角落，科学技术的飞速发展，推进了产业的融合，使经济的发展进入了新的阶段。在这种情况下，人们的思想意识要适应这种变化，思想的解放将会进一步推进经济的发展。因此，在这时提出经济与环境的融合理念，必将进一步推进经济的发展。

（三）经济与环境的融合是环境保护管理发展的必然

经济发展是否一定会污染环境，保护环境是否一定会阻碍经济发展，经过多年的实践，人们终于认为经济与环境应当协调发展。而在具体的行动中做到真正协调还有许多困难，人们往往还是把经济放在首位。人们通过实践终于感悟到环境因素对经济发展有“障碍”一面，而且也有“促进”一面，随着科学技术进步和经济发展的加快，“促进”一面越来越明显。这就涉及观念的改变，经济与环境协调，还是“两张皮”之间的协调，说“协调”而办起事来总是“不协调”，现在应当倡导环境与经济的“融合”观，要从理论上来看是经济与环境的“协同”。

2008 年 3 月在“中国发展高层论坛 2008 年会”上，环境保护部部长周生贤说，如何正确处理经济发展和环境保护的关系，是当前中国政府关注的一个非常重要的问题。他首先提出了经济与环境融合的理念。他说，通过积极推行历史性转变，目的是把环境保护融合到经济发展之中，坚持以保护环境、优化经济增长，这也是实现全面建设小康社会奋斗目标的必由之路。从此，环境保护事业，应该说当前的中国环境保护已经进入全新的发展时期。这个时期，我们的战略目标是建设环境友好型社会，战略任务是加快推进这三个转变，直至到环境保护完全融入经济发展之中。

回顾 18 世纪产业革命以来，人们乐观地看待由于科学技术发展和工业化所引起的经济快速增长，却没有意识到现代工业化以及它带来的物质文明，本质上是过度消耗资源，无控制地排放废物和破坏生态环境为代价的生产方式，不可避免地带来工业创造力和破坏力的同步增长，乃至引发严重的世界性生态危机。结果，许多发达国家走上了一条严重污染环境和"先污染后治理"的路子，付出了以牺牲生态环境来发展经济的惨重代价。于是，人们开始对传统经济与社会发展模式进行大反思，探求、寻找一条能摆脱传统发展模式的发展道路，这就是联合国环境与发展会议所确立的可持续发展道路。

科学发展观体现了一种新的发展观。它认为，经济的增长无疑是发展的重要方向，也是发展得以实现和可持续的重要条件和基础，但是，发展绝不是经济的连续增长，而应是一种以人类的全面发展为目标，经济、社会和资源、环境的可持续发展。它的质的内核是开源节流，实现社会经济发展的高效性、永续性。而它的外在要求则是，任何国家社会经济的发展，都必须坚持多开发、多利用、多保护、少投入、少浪费、少危害，高度讲求当前效益与长远效益、经济效益与生态效益的统一。可持续发展标志着世界经济发展战略的根本性转变。

科学的发展观是在我国经济快速发展的同时环境污染与生态破坏日益严峻的情况下，面对我国经济发展实际问题，以及科学技术发展所带来的条件和机遇，提出的一个科学的、符合现实实际的、核心概念。

落实科学发展观，真正理解其"经济与环境融合"的内涵，才能纠正一些地方和领域出现的重经济指标，轻环境保护；重物质成果，轻人的价值；重眼前利益，轻长远福祉的偏颇。

解决经济与环境的矛盾必然涉及 GDP 问题。GDP 是一个流量指标，反映的是经济活动量，而不反映存量的变化；只反映经济活动带来的增量变化，而不反映经济活动产生的社会成本；另外，它是一个经济指标，不能科学地衡量社会发展水平。例如，经济活动既有产出也有消耗，甚至还有破坏，如污染环境。不仅经济增长带来环境破坏不能减少 GDP，而治理环境的经济活动及其产生的耗费却都要计入 GDP[①]。这意味着只要"投入""消费"（简单地说，只要"花钱"）都是 GDP 的增长。例如四川地震，造成数百亿元的财产损失并不减少 GDP，但抗震救灾和灾后重建花了数百亿元，却都要计入 GDP。所以就出现了所谓的"大灾拉动内需"。所以，我们在追求 GDP 增长的同时，必须要考虑我们的经济活动所带来的社会成本。

企业在计算成本时，不计算外部成本，不计算社会成本，企业生产造成环境污染和破坏，对社会来说成本极大，但对于企业来说成本并没有发生。在我国，有不少污染企业之所以能盈利，就是因为污染没有计入成本，却把污染强加给了居民。GDP 增长了，环境污染了，造成了外部不经济性。

① 迪克逊（世界银行）. 扩展衡量财富的手段[M]. 北京：中国环境科学出版社，1998.

落实科学发展观，建立经济与环境融合机制不能只靠自觉，必须进行制度设计，规范人们的环境行为。比如，我们在考核干部的成绩时，不能仅以 GDP 为指标，环境质量等环境因素也应当纳入，在建设项目选择上，切实实行环境一票否决制等。所以，落实科学的发展观，建立经济与环境融合机制，必须进行制度设计，进行制度创新。

科学发展观的提出，表明了中国共产党全新的执政观，是中国共产党人文主义精神的深刻体现。中共十六届三中全会强调“按照统筹城乡发展、统筹区域发展、统筹经济社会发展、统筹人与自然和谐发展、统筹国内发展和对外开放的要求”，推进改革和发展。这是贯彻科学发展观的政策方针。与此同时，必须通过制度变革，使这些观念和政策，变成全社会的实际行动。

可喜的是，我国在建立新的领导干部政绩观和考核标准中有些地方已经纳入了环境指标。但是目前最迫切的是尽快制止为了加快 GDP 增长速度和增加地方财政收入，而不顾对环境破坏的发展等。

科学发展观的核心内涵是按照科学规律，以求真务实的精神，全面、协调和可持续地推进经济、环境、社会更快地发展。它要求我们改变以单纯追求经济增长为目标的发展观。落实科学发展观，首先必须继续坚持以经济建设为中心，建立经济与环境融合机制，使在经济发展的同时为人民创造出一个舒适、优美、健康的生存环境。

（四）经济、环境与科学技术高度“融合”的理性分析

早在一百多年前，马克思就预言：自然科学和社会科学在发展中将汇成一体。一百多年来的科技发展完全证实了马克思的这一预言。当代科学技术发展一个最显著的特点是自然科学、技术和社会科学之间互相影响、渗透，联系愈来愈紧密，综合性学科、交叉学科、边缘学科如雨后春笋，层出不穷。据统计，人类近三十年知识的增长要比过去 2000 年的总和还要多。许多综合性、交叉性科学本身就集自然科学、社会科学于一体，并在经济发展和社会进步中发挥着越来越重要的作用。这种自然科学社会化、社会科学自然化的发展趋势，把整个社会经济、文化、环境、科技等构成一个错综复杂、联系密切的大系统，对人类的知识结构、思维方法产生了重大影响，使人类认识世界的观念、理论、方法、手段都提高到一个新的阶段。

当代经济发展、环境保护与技术进步融合的趋势越来越明显，其融合的动力来自于人类对舒适、优美的生存环境的追求。

1. 经济、环境与科学技术的融合成为时代的特征

科学技术系统与科学技术环境的矛盾运动，即人类为了获得舒适、优美、健康的生存环境的必要条件，以及为满足人类日益增长的生产和消费的需要，必须

借助科学技术来实现。在技术进步动力模型中，技术系统和技术环境的因果联系具有正反馈的循环机制，从而使技术进步获得了持续不断的发展动力。技术进步动力经历了从美国的“技术供给推动”，日本的“社会经济需求拉动”，到现在已经进入经济、环境与科学技术融合的新时期。

发展绿色经济、低碳经济已成为时代的最强音。长期以来，美国一直不肯在《京都议定书》上签字，但从今年起突然来个一百八十度大转弯，成了低碳经济的倡导者。这又是为什么？显然是与美国的经济战略调整有关。在IT产业之后，作为低碳经济的技术强国，美国希望通过主导低碳经济来引领新一轮增长。相比之下，中国处于国际产业链的中下端，无论是既有的生产结构还是消费结构都将因此受到很大冲击。在未来的经济发展过程中，科学技术的发展会更加迅猛，经济、环境与科学技术会进一步融合。

中国的经济发展需要“转变发展方式”，也就是说在经济发展的同时，应该保护好环境，我国的发展进入“技术供给推动”和“社会、环境、经济需求拉动”的“耦合模式”。未来经济、环境、科学技术融合的动力主要来自于技术供给和经济需求与环境保护的要求三个方面的结合。其原因在于科学、技术、环境保护、综合化、交叉化、一体化趋势加快，科学技术、环境要求与经济发展之间的结合点往往成为新的经济增长点。当代任何领域的重大问题，实际上愈来愈不仅是单纯的环境问题，同时也是经济、社会和科学技术问题。

伴随着经济的发展，给科学技术的飞速发展，创建了极大的发展空间，科学技术向多层次、全方位发展。随着人们对环境保护的需求加速了科学技术的创新能力与动力。从当前经济发展与环境保护的要求来看，起主导作用的不是某一种技术，而是技术群落。这些技术群落的发展，都有一个共同的理论基础，一是物质系统不同微观层次的量子理论；二是系统论、控制论和信息论。研发与用户携手，专家有效协作，技术集成和各种联盟发展等方式成为推动经济、环境与科学技术融合的动力因素。

2. 科学技术是经济与环境高度融合的纽带

技术进步的动力，一方面来自于技术系统与技术环境的矛盾运动。另一方面为了满足人类不断增长的生产和消费的需要，以及为了消除污染而创建舒适、优美、健康的生存环境。实现人们的目标都必须借助科学技术来实现。在经济、环境、技术进步的动力模型中，技术系统与经济发展、环境保护的因果联系具有正反馈的循环机制，从而使技术进步获得了持续不断的发展动力。随着经济的发展，人们需要在享受物质生活的同时，消除污染，更希望有一个舒适、优美、健康的生存环境。这就需要科学技术的进步，只有在技术进步的基础上经济与环境才能融合。因此“技术进步的推动”和“经济与环境保护融合的需求拉动”的“耦合模式”是实现科技促进经济与环境融合的动力。当代任何领域的重大问题，实际上愈来愈不是单纯的科技问题，经济问题或环境问题。

伴随着科学技术的飞速发展，技术向多层次、全方位发展。也就是说，目前起主导作用的不是某一种技术，而是技术群落。这些技术群落的发展，都有一个共同的理论基础，一是物质系统不同微观层次的量子理论；二是系统论、控制论和信息论。研发与用户携手，专家有效协作，技术集成和联盟发展等方式成为推动技术融合的动力因素。

3. 协同是“环境与经济融合”的重要手段

在协同学理论中蕴含了丰富的系统科学思想：对于局部与整体、宏观与微观、合作与竞争、组织与被组织、稳定与不稳定等等都给予了大量的富有启发性的论述。协同学的理论宗旨是：协同是在竞争中产生的，而竞争则是协同中的竞争，是以达到协同为最终目的的竞争。运用协同学的理论和观点来探讨、理解构建社会主义的和谐社会，有重大的现实意义

系统的有序性是系统内诸要素的协同作用所形成的，协同[①]作用是任何一个复杂系统都具有的一种自组织能力，也是形成系统有序结构的内部作用力。协同导致有序，这在人类社会的各种系统中普遍存在。例如，从技术层面看在解决钢铁烧结烟气脱硫技术中，不仅能够解决脱硫的问题，还同时解决了除尘以及二噁英污染的问题。从管理层面看，河流污染问题涉及中央有关部门、地方政府的有关机构、许多研究单位和许多企业、各个部门协同作用的结果，使河流水质变好。系统的协同作用不是一两次就能完成的，是在不断运动中，在新的层次上进行新的协同作用。

开放系统的有序结构始终处于动态平衡中，从中国环境保护发展的历程中可以看出，中国环境问题的不断解决，例如 COD、SO_2 的减排，而新的环境问题又不断出现，例如重金属污染。特别是当代全球环境问题凸显，全球气候变暖，减排温室气体，已经成为发达国家与发展中国家争论的热点，因为减排温室气体直接涉及发展中国家的经济，涉及发达国家与发展中国家的根本利益冲突，涉及产业结构调整及因而带来的经济损失，涉及千家万户的消费者。2009年底气候变化的哥本哈根会议无果而终，就说明了发达国家与发展中国家的激烈斗争的程度，但是气候变化会影响到全人类的生存，是必须要解决的。从大局出发，协同导致有序，在 2010 年 12 月的关于全球气候变化的坎昆大会上，通过了《京都议定书》继续执行的决议，使减排温室气体的工作得以顺利进行。“协同”是当今社会作为经济与环境融合的着力点，“协同”也是处理复杂事物的一种重要手段。

---

① 协同，就是指协调两个或者两个以上的不同个体，协同一致地完成某一目标的过程。协同学是研究协同系统从无序到有序的演化规律的新兴综合性学科。协同系统是指由许多子系统组成的、能以自组织方式形成宏观的空间、时间或功能有序结构的开放系统。

协同学[①]用序参量来描述一个系统宏观有序的程度，用序参量的变化来表现系统演化过程。一个系统的参变量很多，它们可分为快弛豫变量和慢弛豫变量，其中数量较少但始终左右着系统演化过程的是慢弛豫变量。而整个系统演化为慢弛豫变量行为所决定。

协同是“环境与经济融合观”的着力点，在中国经济快速发展进程中，在21世纪，环境问题已经成为制约国民经济发展的重大障碍。加大环保投入和执法力度只能治标，转变经济增长方式、调整环境保护工作重点并在全社会形成环境保护的合力才能治本。其实，对“十一五”期间顺利完成减排任务各项措施作用大小的评估也能从另一个角度反映这一点：COD 和 SO_2 排放量实现双下降，主要得益于结构减排、工程减排和监管减排三大措施逐步发挥效益。其中，结构减排发挥了最大作用——而这实际上反映的就是调整产业结构、转变经济增长方式，实现经济与环境的高度融合，而通过环境影响评价提高环境门槛对调整产业结构发挥了重要作用。

（五）环境与经济融合决策是在“综合决策”[②]基础上的升华

国内外环境保护发展的历史说明，解决环境问题必须从经济层面入手，环境与发展综合决策是解决环境与发展问题的一项重要措施。《中国21世纪议程》[③]提出要“改革体制，建立有利于可持续发展的综合决策机制，使各部门之间采取协调一致的行动，以保证可持续发展战略目标的顺利实现”。环境与发展综合决策，是指在决策过程中对环境、经济和社会发展进行统筹兼顾、综合平衡，科学决策。

综合决策作为从根本上解决环境问题的政策手段之一，在环境政策中具有重要的地位，但由于涉及国务院各个有关部门与地方的利益，涉及机制与体制，使综合决策很难贯彻。1996 年举行的第四次全国环境保护会议把实行环境与发展综合决策列为“开创环境保护工作新局面”六项任务的第一条，要求“加快建立环境与发展综合决策的机制，逐步使之规范化和法制化”。但是十几年过去了，

① 德国著名理论物理学家哈肯在研究激光理论的基础上，于 1973 年首次提出了协同的概念。经过几年的努力，他在 1977 年写出《协同学导论》一书，正式建立了协同学。协同学采用不同领域分析类比的方法研究各种复杂系统共同演化规律，是一门以研究完全不同类型的系统（物理、化学、生物、社会）中存在的某种共同本质特征为目的的综合性横断科学。因此，它不仅是自然科学研究的前沿课题，而且对社会科学的发展有着重大的意义。

② 环境与发展综合决策就是在决策中，正确处理环境与发展决策，贯彻可持续发展战略，把经济规律和生态规律结合起来，对经济发展、社会发展和环境保护统筹规划，合理安排，全面考虑，实现最佳的经济效益、社会效应和环境效益。环境与发展综合决策，是指在决策过程中对环境、经济和社会发展进行统筹兼顾、综合平衡，科学决策。

③ 1994 年 3 月 25 日，国务院总理主持召开国务院第 10 次常务会议，讨论通过了《中国 21 世纪议程》，即《中国 21 世纪人口、环境与发展白皮书》。

至今“综合决策”很难看见实效。这说明综合决策设计很好，但是没有考虑到部门利益的阻力，使综合决策只是停留在理念上。

经济发展是否一定会污染环境，保护环境是否一定会阻碍经济发展，经过多年的实践，人们终于在认识上有了进步，认为经济与环境应当实施综合决策。而在具体的行动中做到综合决策还有许多困难，人们往往还是把经济放在首位，考虑环境问题似乎可有可无。经济与环境综合决策，实际上还是“两张皮”之间的综合，经济管理部门是“强势部门”而环境保护部门是“弱势部门”，在经济部门与环境保护部门之间实施综合决策困难重重[①]。经济与环境融合决策是指：在经济决策的同时需要考虑对环境的影响，例如国家发改委在制定钢铁工业产业政策时，考虑到对环境的影响；在环境决策的同时需要考虑经济的发展，例如制定环境友好型企业标准时，经济发展也是一个重要指标。特别是在评审建设项目环境影响评价时，考虑到经济发展的需要，最大限度地缩短评价周期，在评价中除考虑对环境的影响外，还考虑到技术的先进性对企业发展的影响。

经济与环境综合决策，是经济与环境的加合决策，是一个物理的概念。经济与环境融合决策，是经济与环境融合，是一个化学的概念。所以说，从综合决策到融合决策是理念升华。

随着经济的快速发展，环境问题已经直接威胁到发展本身，人们通过实践终于感悟到环境因素对经济发展有“障碍”一面，而且也有“促进”一面，随着科学技术进步和经济发展的加快，“促进”一面越来越明显，这就是“环境优化增长”理念产生的历史背景。

环境制约因素警示我们，中国不能继续循着传统的工业化道路走下去，解决中国的环境问题必须树立环境与经济融合的理念，必须实施环境与经济融合决策机制。

经济增长不等于发展，发展不纯粹是一个经济现象，科学发展观的深化还不仅在于承认发展目标，更在于科学发展观确定了发展多重目标中的基本目标，确定了发展过程诸多因素相互作用的复杂性。

现代经济发展的事实已不可争辩地证明：要实现真正的经济增长、经济发展就要为其寻找真实的动力和坚实的基础。这一真实的动力和坚实的基础就是提高劳动生产率。提高劳动生产率关键在于实施从摇篮到坟墓的全过程控制，最大限度地提高资源和能源利用率。这一目标就是环境保护任务的根本所在。发展经济与保护环境目标的一致，说明实施“融合策略”的必要性和可能性，从观念来讲，我们要实现从单纯经济增长向可持续发展观念的升华。这就是要树立“经济与环境融合观”，这是解决环境问题的出发点。

① 曹凤中. 经济与环境的融合是21世纪环境决策的出发点. 中国环境报，2001-12-11.

20 世纪 70 年代以来，随着以信息技术为核心的高新技术的快速发展和扩散，一些基于工业经济时代大规模生产分工的产业边界逐渐模糊或消除，并在原有的产业边界处融合发展成新的产业生态，成为价值的主要增长点和经济增长最具有活力的源泉与动力。这一堪称“革命性”的产业创新，首先发起于服务业，并逐步向制造业和农业渗透扩展，引发了一场新的产业革命，推进了全球经济服务化趋势的发展，并导致社会经济的深刻变化。

转变经济发展方式是我国一直追求的目标，首先必须树立经济与环境融合观。

（六）经济与环境融合的典型案例

山东省通过产业结构调整，从经济发展的源头减少污染，在提升产业和产品水平的同时保护了环境。

人们高兴地看到，在人均 GDP 并不算太高的山东省，以建设生态省、发展循环经济为手段，积极探索环境与经济协调、人与自然和谐的发展模式。例如造纸行业 2003 年与 1997 年相比，COD 排放量下降了 83%，但其产品销售收入和利税总额分别增长 406%和 292%，产品、产值、利税、利润等主要经济技术指标连续 8 年全国名列前茅。

库兹涅茨环境曲线[①]说明生态环境质量与经济发展水平之间遵循倒 U 形曲线的假定，多数发达国家是在 20 世纪七八十年代、人均 GDP 1 万美元左右时跨越倒 U 形曲线的顶点。能不能在人均 GDP 还不太高甚至较低的情况下跨越曲线的顶点？山东造纸行业的发展说明是可行的。

山东人口稠密，水资源严重短缺；经济总量和污染物排放量大，环境容量小；结构性污染突出，生态环境脆弱；区域发展不平衡，东西差距较大。随着经济快速发展，经济规模扩张与环境容量的矛盾，水、土地等资源开发与保护的矛盾，以及资源开发利用方式粗放与资源短缺的矛盾更加突出，环境压力很大。山东省立足省情、把握大势，决定建设生态省，是优化发展环境，创新发展动力，拓展发展空间，增强发展后劲，提高区域竞争力的重大举措。

多年来，山东经济一直保持着持续快速发展，位居全国前列，但山东自然资源供需矛盾突出，水资源严重短缺，人均水资源量不足全国平均水平的 1/6，人均林地只是全国平均水平的 1/5。山东污染物排放总量大，结构性污染问题突出，SO_2、粉尘、COD 排放量均居全国前列。落实科学发展观，建立经济与环境融合机制还有一段路程要走。

---

① 库兹涅茨环境曲线反映了经济增长的不同阶段所对应的环境质量状况，即环境质量随着经济增长而不断下降和恶化，但到一定拐点时环境质量又随经济进一步发展而逐步改善，即倒 U 形曲线假定。

四、解决经济与环境矛盾的关键是把环境保护融合到经济发展之中，最佳切入点是环境影响评价

通过积极推行三个转变[①]，目的是把环境保护融合到经济发展之中，坚持以保护环境、优化经济增长，这也是实现全面建设小康社会奋斗目标的必由之路。从此，环境保护事业，应该说当前的中国环境保护已经进入全新的发展时期。这个时期，我们的战略目标是建设环境友好型社会，战略任务是加快推进这三个转变，直到环境保护完全融入经济发展。

环境影响评价工作，是环境与经济发展融合的结合点，因为环境影响评价是把环境保护的要求直接落实在经济发展上，因此，在环境影响评价领域进行制度设计，是解决机制与体制缺失问题是现实的选择。

规划环评是战略环评的重要组成部分。从理论上讲，政策战略环评应先行，区域与行业的规划环评次之，而建设项目的环评则再次之。但就中国现有国情而言，战略环评的切入点只能在规划环评。战略环评分为法规、政策、规划环评，由于我国环境影响评价法中只规定了规划环评，因此只能将规划环评作为战略环评与综合决策的落脚点。

中国当前所面临的环境问题往往是由于布局性、结构性的不合理促成的问题，因为很多地方在制定工业化、城镇化的有关政策和规划时并没有落实科学发展的要求。这些问题已经不是项目环评能够解决的，必须通过战略（规划、政策）环评，从决策源头上对发展布局、结构、规模等进行优化调整，变过度开发为适度开发，变无序开发为有序开发，变短期开发为持久开发。

国家环境保护部门在全国范围内启动了典型行政区、重点行业和重要专项规划 3 种类型的规划环评试点，其中典型行政区包括内蒙古、山东、广西、新疆、江苏、大连、武汉、宁波、无锡、临汾 10 个行政区：重点行业包括铁路、石化、铝业 3 个行业：重要专项规划包括湖北省“十一五”规划纲要、重庆市三峡库区重点产业发展规划、宁东能源化工基地规划纲要等 8 项规划。

战略环评又是科学发展观的重要制度支持。如果没有规划环评，“两高一资产业”的无序发展、城市中的工业区与生活区的冲突、不堪重负的流域区域生态承载能力，以及能源开发的重化工发展模式都无法根本扭转。规划环评是目前中国高速工业化和城市化进程中至关重要的制度，而相关立法则是该制度得以建立

---

① “三个转变”：一是从重经济增长轻环境保护转变为保护环境与经济增长并重，在保护环境中求发展；二是从环境保护滞后于经济发展转变为环境保护和经济发展同步推进，做到不欠新账，多还旧账，改变先污染后治理、边治理边破坏的状况；三是从主要用行政办法保护环境转变为综合运用法律、经济、技术和必要的行政办法解决环境问题，自觉遵循经济规律和自然规律，提高环境保护工作水平。

的基础。

无论处理项目环评、规划环评还是政策环评存在的问题，本质上就是经济发展与环境保护的问题。要处理好这一问题，就必须正确理解科学发展观。

增长不是一切，但它却是一切的基础。环境保护工作者要切实理解其深刻内涵，一个国家越穷，增长对它来说就越重要，这一方面是因为如果什么都没有就根本谈不上再分配，另一方面是因为收入提高可以让最贫困的人的生活发生根本改变。[①]我国近几年经济发展很快，但还是发展中国家，“发展是硬道理”，没有发展就没有光明的未来。但是，我们需要的“发展”是可持续发展，我们在发展的同时，还需要创造一个适于人类生存的舒适优美的生活环境。如果做不到这一点，那么经济发展的成果，只是“空洞的胜利”。

五、解放思想，改变传统思维模式，进行战略环境影响评价的制度设计

全球发生了金融危机。我国经济发展遇到障碍，企业的成本上升，订单减少等原因导致经济发展放缓。国家投资 4 万亿元以后，经济发展“回暖”。在这种国内外形势下，要实现经济的持续增长，必须解放思想，建立新的思维模式，才能实现从工业文明到生态文明的跨越。

（一）解放思想，落实科学发展观，需要改变人们的传统的思维模式

辩证唯物主义认为：存在决定意识，意识对存在具有能动作用，通过把握客观存在事物的规律性和内在联系，指导我们认识和改造客观世界。随着我国经济的快速发展，人们的意识也在改变。我们倡导的解放思想，一方面，要改造我们自己的主观世界，提高自身的觉悟和素质；另一方面，要学习科学发展观，冲破旧的观念禁锢和束缚，把主观世界的思维与变化了的客观实际结合起来，克服“惯性思维”（例如一些地方政府考核以 GDP 为标准的思维模式），建立与经济基础相适应的思维模式。

20 世纪最伟大的科学发现，是人类对自己生存危机的发现。正是有了这个发现，人们才提出了可持续发展的问题。它要求人们不仅要顾及今天自己的利益，还要顾及子孙后代的利益；不仅要顾及一部分地区、一部分人的利益，还要考虑到全球问题，顾及所有人的利益；它要求人的全面发展，不仅要顾及自己，还要顾及他人，不仅要追求物质的享受，还要追求情操的高尚等。这样，它也就要求经济、社会、环境、资源等方面协调地发展。

---

① 促进经济快速发展过程中的有益和有害做法. 金融时报，2008-06-04.

所以，在真正实践过程中，绝不可能是一帆风顺的，一定会遇到创新与保守；改革与守旧等的碰撞，说到底，它涉及人的思维方式的深层次方面的世界观、发展观、价值观等问题。它要求人们不仅要处理好人与自然的关系，还要处理好人与人的关系。

由于经济基础的变化，人们的思维模式肯定要适应经济基础的变化，那就是建立新的思维模式成为历史发展的必然。

只有改变传统的思维模式，才能改变传统的发展模式。才能从经济发展的源头解决环境问题。

（二）解放思想，进行战略环境影响评价制度安排时，要求建立与经济基础相适应的思维模式

1. 把经济与环境看成是融合的统一体，建立“经济与环境融合”思维模式，深层次解决经济与环境的发展问题

纵观在人类历史发展的长河中，人类为了加速发展，得到了大自然的报复。人们经过实践总结出，必须实施可持续发展战略，才能保障人类的繁衍与生存。发展经济与保护环境目标的一致，说明实施“融合策略”的必要性和可能性，从观念来讲，我们要实现从单纯经济增长向可持续发展观念的升华。这就是要树立“经济与环境融合的理念”，这是解决环境问题的出发点。

系统的有序性是系统内诸要素的协同作用所形成的，协同作用是任何一个复杂系统都具有的一种自组织能力，也是形成系统有序结构的内部作用力。例如白银市采用“协同”思维的模式，建立了联动机制，有关部门协商解决环境问题，不但发挥了各自优势，解决了现存的环境问题，还解决了历史遗留问题，取得了很好的效果。系统的协同作用不是一两次就能完成的，是不断在运动中在新的层次上进行新的协同。

2008 年 9 月，美国加利福尼亚州空气资源治理委员会（CARB）通过了降低复合木制品甲醛排放的有毒物质空气传播控制措施①。该项措施要求自 2009 年 1 月 1 日起，在加利福尼亚州出售和使用的硬木胶合板、刨花板以及中密度纤维板等的甲醛排放量限定要求分别由原来的 0.2 µl/L 降为 0.08 µl/L（胶合板）。

我国由于因原材料、石油和劳动力成本上升，加之国际上特别是美国和欧盟对中国家具实行的反倾销浪潮和技术壁垒，以及美国次贷危机的影响，2009 年家具出口量虽可能继续增长但增速将明显放缓，家具出口形势不容乐观。

在进行诸如此类的这种行业规划环评时，因环境因素限制了其发展，那么必须采取鼓励行业适应国际潮流，迎头赶上，而不是退缩和停止。在进行规划环评

① 美国新规筑起“绿色壁垒”我家具出口受到考验. 经济日报，2008-09-18.

时，支持对传统产业结构的调整，把环境因素不能看成为“限制”和“阻碍”，而应看成“推动”和“促进”，把实现经济与环境“双赢”作为主要目标，只有这样才有更大的比较利益。在后危机时代，一定要强调技术创新和制度创新的作用，尽快转变经济的发展方式，加速我国经济的增长。

2. 树立“规制”的概念，进行全新思维，全力推进经济增长方式的转变，提高经济发展的质量

我国市场经济的发展要求转变政府职能，建立一个灵活、高效、廉洁的政府。当代西方政府改革的“新公共管理”的取向模式对于我国市场经济的发展和行政改革的深化，对于在市场经济条件下发展循环经济过程中，处理好政府与市场、企业和环境的关系，完善宏观调控机制，形成新的管理模式，提高政府行政效率具有一定的参考价值。

“规制”一词源于古希腊，原意是控制、引导和操纵，长期以来它与统治一词交叉使用，并且主要用于与国家的公共事务相关的管理活动和政治活动中。但是，自20世纪90年代以来，西方政治学家和经济学家赋予“规制”新的含义，不仅其涵盖的范围远远超出了传统的经典意义。在众多关于“规制”的定义中，联合国全球规制委员会的定义具有很大的代表性和权威性：“规制”它是使相互冲突的或不同的利益集团，得以调和并且采取联合行动的持续的过程。它既包括政府制定的制度和规章，也包括公众和社会团体同意的或以为符合其利益的各种非正式的制度安排。

规制不是一整套规则，也不是一种活动，而是一个过程，规制过程的基础不是控制，而是协调，规制既涉及国家公共管理部门，也可应用于企业，规制不是一种正式的制度，而是持续的互动。

规制理论为我们解决环境问题提供了“全新”的思路，由统治向规制的过渡过程带来了这样一个“规制社会”：政府并不完全垄断一切合法的权力，环境问题的解决要靠政府主导但也要靠非政府组织、公司、企业和社会其他主体，它们一起构成了国家的某种政治、经济和社会调节形式，这些主体相互依存，以共同的价值观为指导，以达成共同的目标。

在战略环评中我们需要利用规制的理论，充分发挥各个部门、非政府组织、公司、企业和社会其他主体的作用。对所达到的目标与路径进行探讨，通过合作的形式来解决各个层次上的冲突问题，在这里，“参与”“谈判”和“协商”是规制的三个关键词，通过它们，实施战略环评的目标。

随着全球化、信息化、民主化进程的加快，民间组织、公众参与的力度在加大，范围在延伸。公众参与的概念首次纳入环境影响评价法，环境问题成为公众参与的热点。战略环境影响评价要充分发挥公众参与的力量，但是不能让公众参与推着战略环评走，进行战略环评时，要对公众参与进行正确的引导，要采取“参与”“谈判”和“协商”各种不同的方式解决问题。

转变经济发展方式是一个大的系统工程，不仅涉及经济、环境、社会的各个层面，还涉及许多技术、市场的细节。在进行战略环境影响评价时，要与时俱进，树立新的思维模式，动员各个方面的有利因素，转变经济发展方式，只有这样中国的经济发展才能实现跨越。

3．树立“整合”观念，建立在竞争基础上不断合作的思维模式，加速高新产业的发展

当前以信息化为代表的新经济的最大特征是融合与共享，竞争与合作。未来几年内，国际与国内的双重市场竞争格局将会使中国工业产业面临大范围的调整，一大批产品单一、没有一定规模的企业也唯有加强在竞争基础上的不断合作，才能与国际跨国公司同台竞争获胜。随着全球化进程的加快，企业之间在竞争中逐步形成合作，利益共享、风险共担将成为21世纪经济发展的潮流。

解决我国的环境问题需要“命令手段”，也需要技术产业的支持。有着技术需求的环境保护工业界和有着解决这些难题的能力的科学技术界之间，存在着沟通渠道方面的需求。但他们往往是单一地、孤立地解决问题，缺乏一个稳定的、连续的对接渠道。谁建立了一个好的战略联盟，谁就在产业竞争中占据优势，联盟让企业在更大范围内去配置资源。

我们在进行战略环评时，要扩大我们的视角，例如在进行规划环评时，主张发展高新企业，关闭小企业，这本来无可非议。但是，如果是地方的领导还会考虑就业等问题。朝阳县在进行发展规划时制定的政策实践说明“整小促大”是获得经济与环境双赢的重要举措。

经过多少年的实践说明“关小”投入的力度很大，但收效甚微，这是因为关闭小企业涉及社会一些深层次问题，单凭环境保护部门去“关”是关不了的，必须给“小企业”以出路。辽宁省朝阳县提出了“整小促大”的政策，这里提出“整合”的概念，整合不是联合，而是在联合的基础上，进行技术改造，产业升级，进行体制与机制的创新，使企业提到一个新的高度。只有对小企业加大“整合”力度，加大对小企业的技术与政策支持，促进产业更新换代，才能促成大企业脱颖而出。只有“整合”，才能腾出市场与原料，腾出动力与运力，腾出环境容量和排污总量，让更多的大企业拥有广阔的发展空间。“促大”有两层含义，一是经过小企业整合后的大企业，二是原有的大型国有与民营企业。在把握“整合”与“促大”二者的关系上，关键在“整合”。

“关小”这里还涉及就业问题，小企业基本上都是劳动密集型企业，从地方政府来讲，关小除涉及GDP外，还涉及就业与社会稳定。“关小”谈何容易，朝阳县采取“整小促大”的政策是非常正确的。

（三）解放思想，实现从工业文明到生态文明的跨越

我们所进行的各项战略环评，都是为了实现从工业文明到生态文明的跨越。环境影响评价工作者思想上要有这个高度，在工作中才能解放思想。

1. 我国经济发展受到环境与资源因素的制约

随着我国经济的快速发展，钢铁、水泥、聚乙烯等产量均占世界第一，与此同时，西方的工业文化和消费文化同时以迅雷不及掩耳之势席卷中国，北京的小汽车以年增 100 万辆左右的速度递增我们还来不及醒悟，更来不及采取有效措施，就已经身处污染的包围之中。资料显示，我国荒漠化土地每年以约 1 万 km^2 的速度增加，有 1/3 的国土遭到酸雨的污染，7 大江河的水质接近废水的占 41%，1/4 人口饮用水不合格，1/3 城市人口呼吸严重污染的空气等，人民群众的身体健康受到严重损害，经济持续发展遇到环境与资源的严峻挑战。不解决环境与资源问题，中华民族的伟大理想难以实现。

2. 要落实科学发展观，把推进生态文明落实到行动

建设生态文明，基本形成节约能源资源和保护生态环境的产业结构、增长方式、消费模式；循环经济形成较大规模，可再生能源比重显著上升；主要污染物排放得到有效控制，生态环境质量明显改善。发展是我们所追求的，但我们追求科学发展；增长是我们所追求的，但我们追求节约增长。这就必须用生态理性取代经济理性，在实践中充分展现。说到底，环境问题的本质是社会公平问题。资本主义世界的经济理性只会使劳动者失去人性变成机器，有中国特色的社会主义在自己的伟大实践过程中认识到，生态理性力图适度动用劳动、资本、资源，多生产耐用高质量的产品，满足人们适可而止的需求，因而适时地提出在全社会牢固树立生态文明观念。正因为只有社会主义才能真正解决社会公平问题，从而在根本上解决环境公平问题，所以我们党在新的阶段着力于生态文明建设，特别是在环境保护制度建设方面有了很大进步。

中国作为社会主义国家，对外要团结发展中国家反抗导致环境不公平的国际经济秩序；对内要建立起防止不平衡发展导致生态危机的一系列制度。由此可见，党中央提出的科学发展观、和谐社会、建立资源节约型和环境友好型社会等系列政治理念是何等英明与正确，为推行新型工业化的跨越式发展，为建设社会主义新的文明体系奠定了基础。

3. 公众的环境意识提高，迫切需要改善环境

随着经济发展的加速，人民生活水平有了很大的提高，人们在解决温饱问题之后，开始追求舒适、优美的生存环境，其生活方式与消费模式也有了很大的变化。在一次对绿色冰箱进行的市场调查中，我们发现：70%的人宁可多花 100 元，也要选购绿色冰箱。

公众开始对不达标的污染企业进行上告，保护环境已经深入人心。人们深刻地理解了“尚若没有蓝天碧水，雄心勃勃的奋斗目标，也是空洞的胜利”。

在后危机时代，我们必须深刻领会科学发展观的深层内涵，解放思想，改变观念，用生态文明观规范我们的行为，并且在战略环评中落实到行动上，才能实现从工业文明到生态文明的跨越。

第八章

建立具有中国特色的环境影响评价管理模式的思路

具有中国特色的管理模式是指以中国管理哲学来妥善运用西方现代哲学，并充分考虑中国人的文化传统以及心里行为特征，以达到更好的管理效果①。据此定义，中国环境影响评价管理模式是指：根据国内外环境影响评价的管理经验，结合中西方管理哲学，充分考虑中华民族的文化传统以及心里行为特征，创建的环境影响评价管理模式。

从目前具有中国特色的管理的讨论中，多是逻辑的思辨色彩，没有内化于制度。而任何管理的理念都要内隐于制度才能长久而公平地运作。在第三章中谈到建立经济与环境融合机制，是解决经济与环境问题的根本出路。中国的环境影响评价管理工作，多年来取得许多成绩，在管理模式上有许多创新，特别是以“区域限批”为代表的管理模式，是环境影响评价管理模式的重要创新，是环境影响评价管理工作的深化，是经济与环境融合的典型案例。

一、建设项目环境影响评价是经济与环境融合决策的切入点

对建设项目进行环境影响评价是从源头上，防止环境污染和生态破坏，这是经济与环境融合的最佳结合点，是环境保护进入经济领域的抓手。因此，实施经济与环境融合决策就是需要严把新建项目环保准入关，通过建设项目环境影响评价，严格执行清洁生产标准，最大限度地节能降耗，降低污染排放强度；以改建、扩建项目环境影响评价为抓手，促进“以新带老”治理污染，实现“增产不增污”“增产减污”的目标。

在环境影响评价评审与管理过程中，建立部门联动机制，与发改委等部门建立联动机制，互通信息，实现环境资源有效共享，避免发生部门矛盾。使企业在执照申领、年检和项目备案中，做到环保优先审批，优先审核把关。

① 郭毅夫. 中国式管理的创建与发展方向展望[J]. 企业活力，2007（2）：80-82.

链接 8-1 环评工作管理到位

“十一五”期间，在苏北经济欠发达地区快速工业化、产业化的同时，环境影响评价工作有效防止污染环境、破坏生态的项目在苏北地区扎根，优化了产业布局、选址，推动了企业技术进步和清洁生产的推行，提高了全社会环境意识，有效地调动了公众参与和政府综合决策。加强环境影响评价管理应从以下 3 个方面着手:

首先，要严格落实宏观经济调控政策，严把项目准入门槛，提前介入项目引进过程。

苏北地区在组织招商引资活动中，合理提高环保门槛，从源头上把好关，对限制、淘汰类的项目和环保措施不完善的项目坚决不批。强化审批责任制，责任到人，严格按规定的程序审批，谁审批谁负责，杜绝审批差错的发生。使污染较重、能耗较高、不符合项目投资额度或不符合国家产业政策，违反《苏北地区建设项目环境准入条件》和《建设项目环境保护分类管理名录》规定的项目，得以及时“剔除”。2006 年以来，面对我们严格的准入制度，仅新沂市便有 12 个投资千万元以上的工业项目在咨询中被劝退、14 个项目因不符合环保要求被否决，众多江浙等地想来苏北地区投资生产重金属的污染项目被拒之门外，部分想投资污染企业的客商经过积极宣传、主动引导，最终改变投资经营方向，有效地保护当地的投资环境。

第二，切实依法行政，树立法律制度权威，对未按规定履行环评报批手续、未批先建的项目，依法处罚。

在环评管理过程中，力求部门配合到位，与工商、发改委等部门建立不定期的项目审批联席会办制度，互通信息，实现环境资源有效共享，使企业在执照申领、年检和项目备案中，做到环保优先审批，优先审核把关。及时与经济技术开发区、工业园区管委会协调会办，做好项目审批后的后续管理工作，及时掌握重点行业的第一手资料，实行重点监管。

认真落实好环境风险应急预案和事故防范措施，对辖区内的企业全面排查，从政策、规划、环境风险因素等角度进行全面的环境风险排查。近年来，对江苏花厅酒业、新大纸业、恒盛化肥等 13 家重点企业的扩建及技改项目，补充对原有工程的环境风险评价，针对存在的环境风险，提出“以新带老”、整改、搬迁及关闭等改进完善措施，收到了较好的效果。

第三，健全、完善公众参与机制，促进环境决策民主化，全面引入信息公开及公众参与机制。

二、规划环境影响评价是经济与环境融合的结合点

战略环境影响评价是对规划、政策、法规进行深入分析对环境的影响、预测和科学评价。我国《环境影响评价法》设立了规划环评制度，目的在于通过对规划开展环评，分析、预测和评估规划实施后可能造成的环境影响，提出预防或减轻不良环境影响的对策和措施，以保障规划的实施有利于可持续发展的目标。规划环评是战略环评的重要组成部分，当前，推进了规划环评就是推进战略环评，政策环评也将会开始。

《规划环境影响评价条例》已于 2009 年 10 月 1 日正式实施。新的条例不仅解决了规划环评具体操作的法律依据问题，而且将规划环境影响评价纳入到政府决策的程序之中，成为政府决策的依据。因此《规划环境影响评价条例》（以下简称《条例》）的颁布，必将进一步推进我国经济的发展和环境的改善。

（一）《规划环境影响评价条例》的重要作用

1.《规划环境影响评价条例》强调了预防为主的原则

《条例》第一条规定："为了加强对规划的环境影响评价工作，提高规划的科学性，从源头预防环境污染和生态破坏，促进经济、社会和环境的全面协调可持续发展，体现了损害预防和风险预防的双重环境法原则。《条例》要求将区域、流域、海域生态系统整体影响作为规划环评的着力点，有利于从决策源头防止生产力布局、资源配置不合理造成的环境问题，是"预防为主"环境保护方针的重要抓手。

2.《规划环境影响评价条例》强调了国家利益，突破了部门的核心利益

《条例》涉及国民经济的各个领域，面临部门的核心利益，大多数部门的规划都属于其范畴。

国家意志应突出反映环境保护的社会主流意志。严格来说，由于环境问题的实质是利益冲突，所以作为协调和解决这种冲突的国家意志不可能照顾所有各方的所有利益。在一定程度上，国家意志是为了克服这些局部利益的局限而存在的，因此不排除国家意志与局部利益具有一定的对立性。在环境保护问题上，这个特点更为突出，因为环境作为公共资源具有开放性，更加需要"国家"这个公共利益的维护者来预防和纠正局部主体对环境的过度利用。《规划环境影响评价条例》强调了国家利益，突破了部门的核心利益，必将进一步促进经济与环境高度协调。

《条例》明确了制定规划环评的技术导则和技术规范的责任主体分别为国务院环保行政主管部门和行业主管部门，这一规定非常科学，符合国际上的普遍做

法，是《条例》的一大亮点。由于规划环评的覆盖领域广、涉及范围大、时间跨度长，技术导则难以考虑到每个规划和行政层级的具体特点，行业主管部门可根据技术导则，制定具体技术规范。指导性、原则性强的技术导则与可操作性强的技术规范相结合，能更有效地指导规划环评的开展。

《条例》明确了审查部门、程序、内容等，在跟踪评价和责任追究等方面也增加了内容。很重要的一个条款就是“设区的市级以上政府审批的专项规划由环保部门召集审查小组，省级以上政府审批的专项规划，由国务院环保主管部门会同国务院有关部门制定审查办法。避免过去的规划编制和审批存在自编自审的问题。经济部门的规划不能都由经济部门来审查，而应由能代表公众的第三方来审查。从目前国务院机构的架构来看，环保部门是最合适与公众代表沟通的政府部门。

规划环境影响评价是直接为决策部门服务的，规划环境影响评价的审查是直接为决策部门提供依据的，特别是将保护环境的内涵融入政府宏观决策，最终目的是为决策部门提供专业性的环境保护参考意见。

《条例》的颁布使环境保护进入经济领域有法可依，把综合决策落到了实处，这是条例颁布的重大贡献。

链接 8-2　节约型社会 vs 部门利益：哪个才是硬道理

我国汽车燃油税方案已经制定，经人大常委会讨论原则上同意。之所以一再推迟开征燃油税，主要障碍无非是两大因素：①现在油价高；②各方利益关系没有协调好。确实，一段时间以来，油价一直处于高位震荡态势，国际基本能源局势已经发生重大变化。随着中国、印度等发展中国家相继跨入耗油大国的行列，再加上石油输出国组织（OPEC）调节国际油价的潜力已经越来越小，一个高油价时代已经来临。加之国内中石油与中石化的“双寡头”垄断格局，中国在规避石油价格风险方面，也缺乏足够的动力。因此，在国内外双重力量影响下，决定了油价难以下滑，所以等待并不是好办法，其结果只会越来越被动。

利益格局调整是燃油税改革的另一个难点。燃油税改革牵涉到能源、运输、汽车消费等许多行业，涉及公路养护、能源开发、交通工具管理等多个行政部门，各方利益就像一团乱麻纠结在一起。燃油税改革后，不但影响多个行政部门的现有利益格局，也势必影响地方政府利益。如何平衡上述各方的利益，确实是个难题。因此，燃油税的开征考验着政府机构的协调智慧，也直接导致燃油税改革一再“流产”。随着低碳经济的发展，燃油税的改革必须加速。

> 但是有一点是毫无疑问的：部门利益、地方利益不应该影响一个重要的国家战略决策。至于燃油税何时出台，与油价也没有必然联系，高价时更应该出台燃油税政策。因为汽油、柴油本来是稀缺资源，油价高说明油源供应紧缺，紧缺下需要节约用油，厉行节油则需要提高油价，燃油税改革有利于节油。正是在这样的意义上，油价的上涨不仅不应是燃油税改革的阻力，反而应是推进改革的动力、是改革的有效契机。实行燃油税改革可以抑制公路乱收费，可以解决屡禁不止、愈演愈烈的货运车辆严重超载问题，更可以引导民众节能。可以预言，燃油税一旦开征，小排量、低油耗轿车将更多地进入家庭。
>
> 从最早被提出到现在，已经10年过去了，燃油税一直“难产”。权威人士和权威机构常常表示将“择机”出台燃油税，但这个“机”什么时候才能来呢？我们正在建设节约型社会，笔者认为这就是最佳的“机”，特别是哥本哈根气候变化会议之后，低碳经济的快速发展，这是一个很重要的“机”，我们应该抓住这个机会，毅然斩断部门利益、地方利益的纠缠，尽快开征燃油税[①]。

3．《规划环境影响评价条例》强调了环境优化增长的原则

我国提出科学发展观是非常重要的，这是解决我国经济与环境问题的标尺，但更重要的是“用科学发展观统领经济社会发展全局”，因为一旦把科学发展观确定为一种执政理念，作为执政党治理国家的根本原则和思路，那么，原有的经济增长方式、人们社会生活方式等各方面都必将发生重大变化。《规划环境影响评价条例》强调以规划环评优化经济发展，明确提出：“促进经济、社会和环境的全面协调可持续发展”，比《环评法》规定的“促进经济、社会和环境的协调发展”更能符合当今中国的基本国情和发展需要。与“协调发展”相比，“全面协调可持续发展”既体现了资源节约、环境友好的理念，也体现了生态文明建设和绿色经济发展的要求，与科学发展观的本质要求是一致的。

《条例》将经济效益、社会效益与环境效益的统筹作为推进规划环评的关键点，有利于在机制体制层面促进经济、社会与环境的全面协调可持续发展，是推进生态文明建设和探索中国特色环保新道路的重要举措。

4．《规划环境影响评价条例》把保护人民健康，首次纳入环境法制轨道

保护人民的健康，不断提高人民的健康水平是环境保护工作的出发点与归宿，《条例》首次将对人群健康的长远环境影响作为推进规划环评的出发点，体现了社会主义制度的优越性与以人为本的基本原则。这也说明保护人的生存权是环境保护的第一职责，经济发展的根本目的是不断提高人们的生活水平，因此环境保护与经济发展的目的是一致的，在具体工作中经济发展与环境保护发生矛盾

① 马国川．国际金融报．

是正常的，实施环境保护与经济发展高度融合是可行的。因此，这一条的列入有利于更好地从源头解决环境保护与经济发展的高度融合，更有利于解决关系民生的环境问题，维护人民群众的环境权益。

5．《规划环境影响评价条例》明确了“区域限批”的法律地位

“区域限批”政策是根据《国务院关于落实科学发展观　加强环境保护的决定》（2005年）和《环境影响评价法》等相关法律法规出台的监管措施，是这些法律法规的具体化。

根据我国环保法有关规定，环保机关的行政执法手段有以下几项，警告，罚款，报同级人民政府同意，给予责令限期治理，责令停产，责令关闭等，区域限批制度不在法定执法方式之列。根据我国立法的规定，行政处罚手段必须有法律法规规定，其他任何单位个人无权擅自设立执法手段，有专家提出：“区域限批制度是落实科学发展观的一个决定，无权设立执法手段，国家环保总局擅自设立行政处罚方式，实在是有点于法无据”。行政许可法规定对于材料齐全，手续完备，符合法定条件的许可申请，有关行政机关应当予以批准。而区域限批制度则是“一刀切”，对于所有涉及环保项目（循环经济项目除外），包括符合国家环保要求，遵守环保法规的项目，一概不予审批，显然违反了我国行政许可法的有关规定。因此，“区域限批”政策尽快纳入环境影响评价法的法律体系内，是大势所趋。

《水污染防治法》在 2008 年修订后规定了“区域限批”。此项规定仅局限于水污染防治领域。《条例》有效地扩大了现有“区域限批”制度的适用范围，使环保部门的执法重点由项目执法到项目执法与区域监管并重，部分解决了区域限批的法律依据问题。

6．《规划环境影响评价条例》的颁布，解决了“区域限批”的执法窘境

按照《条例》规定，将规划环评结论作为规划所包含建设项目环评的重要依据，未进行环境影响评价的规划所包含的建设项目，不予以受理其环境影响评价文件。

因此，大力推进重点领域规划环评。切实加强区域、流域、海域规划环评，把区域、流域、海域生态系统的整体性、长期性环境影响作为评价的关键点。努力提高城市规划环评质量，把规划环评早期介入城市总体规划及有关建设规划编制，实现与规划的全过程互动作为切入点。将区域产业规划环评作为受理审批区域内高耗能项目环评文件的前提，避免产能过剩、重复建设引发新的区域性环境问题。

区域限批已经纳入环境保护执法的正常行动。2009 年 6 月 15—18 日，环保部和有关单位组成 3 个督察组，分别赴云南、山东和内蒙古，对被暂停审批的区域和企业进行现场督察，督促整改措施的落实。6 月 11 日，环保部对外发出通报，暂停审批位于上述三地的环保违法违规项目，即金沙江中游水电开发项目、华能集团和华电集团（除新能源及污染防治项目外）建设项目、山东省钢铁行业建设项目环境影响评价。

区域限批在实践中已经从单纯的违反“三同时”向未能完成节能减排指标的方向的发展。

山东省从 2009 年 8 月 22 日起，对连续 3 个月空气质量不达标的临沂市罗庄区、兰山区，济南市历城区、长清区、天桥区，淄博市张店区，东营市东营区和德州市德城区 8 个区提出黄牌警告，责令限期整改，逾期仍达不到标准的将实施“区域限批”，停止审批或受理这一区域新增废气排放的所有建设项目，直到空气质量有明显改善。

7. 《规划环境影响评价条例》明确了环保部门审查跟踪职责

关于规划环评的跟踪评价，《条例》规定，环保部门发现规划实施过程中产生重大不良环境影响的，应当及时进行核查。这一规定明确了环保部门的责任主体地位，有利于环保部门主动开展规划环评的跟踪监督，保障项目的落实。

环境保护的控制链是：战略环评—规划环评—项目环评—“三同时”检查—企业污染治理设备的运行—监控污染物达标排放。

在现实环境保护监督管理中“三同时”检查后，就完成了任务。实际上一些企业的污染处理设施在正常情况下不进行运转，环境保护部门管理失控。这次《规划环境影响评价条例》的颁布明确补充了这一点，完善了环境保护污染控制链。

8. 《规划环境影响评价条例》进一步完善了公众参与机制

环境影响评价法是我国首先把公众参与纳入法制轨道，极大地提高了公众的地位，直接推动了公众参与的热情。这次《条例》在公众参与方面又更上一层楼。

规划环评中的公众参与要充分考虑规划及规划环评的特点，对于政策性、宏观性较强的规划，应更加关注规划涉及的有关部门、专家等专业意见。《条例》完善了论证会和听证会制度，初步保障了规划草案编制的科学性。大多数规划涉及的主体众多、利益复杂，不可能没有争议，期望召开一次论证会、听证会就能达成共识是非常困难的。《条例》设立的进一步论证机制值得肯定。

《条例》中新增了进一步论证的规定。这个规定等于为公众参与留了一个很好的通道。如厦门 PX 事件等问题，就属于《条例》所列的“有重大分歧”范畴，规划编制机关就应该组织论证会、听证会等进一步论证。

《条例》建立了信息查询和公众监督两项制度，有效地保证了规划编制和审批的民主性。

在信息查询方面，《条例》规定规划审批机关对环境影响报告书结论以及审查意见不予以采纳的，应当逐项就不予以采纳的理由作出书面说明，并存档备查。有关单位、专家和公众可以申请查阅。这为相关利益方维护自身的合法环境权益打下了知情权基础。

在公众监督方面，《条例》规定任何单位和个人都有权向规划审批机关、规划编制机关或者环境保护主管部门举报，有关部门接到举报后，应当依法调查处理。

9.《规划环境影响评价条例》坚持公开、公正的原则，确保环评公正性

《条例》在规划草案审查等环节设立针对性的法律责任，可确保规划环评的客观和公正。

针对规划编制机关在组织环评时弄虚作假或者失职、规划审批机关违法审批和有关部门在组织审查时弄虚作假或滥用职权的行为，《条例》规定“对直接负责的主管人员和其他直接责任人员，依法给予处分”。

针对现实中一些环评技术机构追逐经济利益而放弃客观公正立场的现象，《条例》通过“用利益剥夺的手段来对付违法追逐利益行为”的机制，设立了严厉的经济处罚措施甚至刑罚制裁措施，可有效地规范环评技术机构的行为。

（二）《规划环境影响评价条例》的发展

1. 法律责任规定有待强化

《条例》规定，规划编制机关在组织环评时弄虚作假或有失职行为的，依法给予处分，但没有对其不作为进行规定。

《条例》规定，环保部门具有主动核查的权力，但却没有明确环保部门不核查或核查后不作为的法律责任，缺乏对环保部门的法律约束将不利于跟踪评价的落实。

《条例》对环评技术机构的法律责任进行了规定，规划环评的开展有规划编制机构内部开展和委托技术机构开展两种方式，只对技术机构的法律责任进行规定，导致环评实施主体责任的不对等，这将不利于环评的有效开展。

关键在于有些部门或单位根本不遵守条例，没有具体的规定，《条例》是否落实这一条最为关键。因为这一条会受到有关部门的抵触。

2.《条例》对县级规划环评的规定不具体

县级及其以下的单位的项目环境影响评价执行率相当低，一般来说不到30%，中小企业，农村的污染非常严重。由于地方保护主义的作用，污染问题实质上很难解决。因此，对县级的规划环境影响评价不具体，则缺乏可操作性，这一点感到非常遗憾。

党的十七大报告指出，“推进省直管县管理方式”。国家所有规划的最终落脚点在县级，而《条例》只在附则中简单提及，这可能会影响规划环评的有效落实。实际上对县级单位应该有具体的规定。

3. 需要强化环境影响评价的执法

虽然《条例》规定“规划审批机关在审批专项规划草案时，应当将环境影响报告书结论以及审查意见作为决策的重要依据”，但对于行政不作为的行为，《条例》既未将他们列为违法行为，也未规定相应的法律责任。

目前，在环境影响评价问题上，不仅环境影响评价远滞后于政府规划，没有成为地方制订发展规划、确定发展目标的重要抓手，而且边评边建、先建后评的问题也相当普遍。地方政府不重视环境影响评价的行为，主要来自于政绩的冲动。在一些地方，尽管环境污染和生态破坏已让地方政府付出了惨重的代价，消耗了大量的人力、物力和财力，但是在政绩面前，放弃环境和生态保护成了一些地方政府的不自觉选择。因此，规划环境影响评价这项工作能否取得实效，能否在改善环境、保护生态方面发挥应有的作用，地方政府的态度以及对待政绩的认识至关重要。

要改变目前的政绩评价机制，真正将规划环境影响评价纳入政府考核、政绩评价、干部任用机制，对不重视环境和生态保护、不重视规划环境影响评价的实行一票否决制。

4. 要进一步扩大公众参与的力度与深度

《条例》进一步提高了公众参与的力度，但还要提高群众的知情权、参与权、表达权、否决权和监督权，扩大政府决策的信息公开和披露范围。对涉及环境影响的项目和决策，公开征求广大群众和社会各方面的意见。特别是需要支持民间环境保护组织的工作，发挥他们的作用，逐步形成政府—公众（民间组织）—企业的运行机制解决环境问题。以此来提高政府决策的公众认可度和社会接受度，有效遏制地方政府政绩冲动对环境影响评价实施的影响。

（三）《规划环境影响评价条例》实施的保证条件

环境保护法规制定得再好，如果不执行或不完全执行，那么成效就差很多。《规划环境影响评价条例》的落实，不是条例本身的问题，而是涉及国家的整体的宏观政策的保证。

1. 完善运行机制与体制是我国环境影响评价制度执行的保证

我国环境影响评价工作，多年来取得了很大的成绩。但是，环境影响评价制度在执法中，存在着有令不行、有禁不止的现象，环境影响评价执行率一般不到50%。环境影响评价制度不能有效实施的原因有以下三种情况：①这种制度设计不合理或者实施的成本太高；②环境影响评价政策的实施会影响地方的暂时的经济利益；③我国环境影响评价法，缺乏有效实施的机制与体制①。

在我国建立与完善环境影响评价法规体系并不难，难在实施的程度。中国人的权力观（等级的权力观，而不是西方人的相互制约观）、人情观（而不是契约观）往往使环境影响评价制度软化甚至形同虚设。中国人在实施制度（包括政策）时还喜欢讲灵活性、弹性、例外（实质上是特权）等。因此，完善运行机制与体制是我国环境影响评价制度创新的突破口。

2. 落实科学发展观，树立经济与环境协调发展观，建立经济与环境协调的联动机制

环境影响评价工作，是环境与经济发展协调的结合点，因为环境影响评价是把环境保护的要求直接落实在经济发展上，因此，在环境影响评价领域进行制度设计，是解决机制与体制缺失问题是现实的选择。

解决经济与环境问题需要建立综合决策机制——经济与环境捆绑式实施机制；建立经济与环境联动系统。白银市强化环保在全市经济社会发展中的宏观决策地位，环保执法挺直腰杆，敢于动真碰硬，切切实实逐步解决白银市多年遗留的环境问题，为经济发展、招商引资等腾出更大的发展空间。

3. 建立问责制，明确地方领导的首要的环境责任

温家宝总理执政以后，建立了问责制度，应当说是一个很大的进步。

问责制是一套完整的责任体系，而不等同于引咎辞职。要进一步明确问责范围和问责对象。综观备受关注的几起问责事件，我们不难发现问责范围存在一定的不确定性，只有在事故或事件引起了相关领导的重视后，才能促成有关责任人被动辞职。总之，目前“引咎辞职”还锁定在大事上，尚未引入决策失误等领域。另外，问责对象具体到何人，在党政领导、正副职、不同阶层的官员之间，责任如何分配，也带有一定的不可预期性。这种不可预期性又与权责不清相连，因而很难令当事人心服口服，所以应当建立科学的问责机制，使其成为官员做好日常工作的动力。环境影响评价未能充分发挥作用，就是没有建立科学的问责机制。

环境影响评价制度实施的成功与否，关键在于地方政府的环境行为，所以建

---

① 体制：是指管理系统的结构和组成方式，即采用怎样的组织形式以及如何将这些组织形式结合成为一个合理的有机系统，并以怎样的手段、方法来实现管理的任务和目的。具体地说：管理的体制是规定中央、地方、部门、企业在各自方面的管理范围、权限职责、利益及其相互关系的准则，它的核心是管理机构的设置。各管理机构职权的分配以及各机构间的相互协调，它的强弱直接影响到管理的效率和效能，在中央、地方、部门、企业整个管理中起着决定性作用。

机制：是指在环境保护工作有规律的运动中，影响这种运动的各因素的结构、功能及其相互关系，以及这些因素产生影响、发挥功能的作用过程和作用原理及其运行方式。是引导和制约决策并与人、财、物相关的各项活动的基本准则及相应制度，是决定行为的内外因素及相互关系的总称。各种因素相互联系，相互作用，要保证社会各项工作的目标和任务真正实现，必须建立一套协调、灵活、高效的运行机制。

制度就是在人类社会当中人们行为的准则。人们依靠制度来衡量自己的行为。制度包括：约定俗成的道德观念，法律，法规等。

立有效的问责制非常必要。由于环境影响评价直接与经济挂钩，以环境影响评价执行情况，建立问责制实属必要，这也是建立环境影响评价机制的重要环节。

要着重从人大制度建设层面上来保证问责制的正确实施。保证人大依法履行职能，把人大建设成为名副其实的国家权力机关，当前仍然需要进一步转变观念。

4. 地方保护主义尚待突破

地方保护主义是解决环境问题的阻力。由于地方检察权、审判权仅仅依靠的人、财、物权都隶属地方政府部门，地方保护主义者不是主动去接受法律的监控，反而要求地方司法机关对污染企业等提供司法庇护，或钻法律空子，或对法律作有利于地方利益的解释，或捏造事实虚构证据隐瞒真相，大行地方保护主义之能事。例如，县以下环境影响评价执行率不到30%，就是明显的例证。这是由于在体制上的两个核心要素——利益和权力机制失衡而畸形运行的状态下，给地方保护主义生存和膨胀腾出巨大空间。

现在要改革地方的机制与体制，并非易事，就是对地方利益的合法范围的界定，也不是一蹴而就的，远未形成系统的、确定的规范。因此，《规划环境影响评价条例》的落实会遇到部门利益与地方保护的阻力，我们要有一定的思想准备。

链接 8-3　依法开展规划环评促进区域流域全面协调可持续发展

——环境保护部副部长吴晓青就《规划环境影响评价条例》答记者问（摘要）

2009 年 8 月 17 日，国务院以第 559 号令颁布了《规划环境影响评价条例》（以下简称《条例》）。

《规划环境影响评价条例》颁布实施后，我们将着重做好以下几方面工作：

一是集中抓好《条例》的宣传贯彻。将组织各方面力量广泛宣传《条例》及规划环评制度，并分层次、分行业、分部门举办规划环评人员培训班，提升队伍管理能力。加强与发改、建设、水利、交通等部门的沟通，尽快联合制定不同领域规划环境影响报告书的审查办法，切实增强《条例》的可操作性。

二是突出抓好重点行业和区域规划环评。开展重点行业规划环评，适时出台相关规范性文件。加强对钢铁、水泥等产能过剩行业规划的环境影响评价管理，深入论证行业规划确定的发展规模、布局等的合理性，作为受理审批区域内高耗能项目环评文件的前提；按照“让江河湖泊休养生息”的要求，推动造纸、化工等对水环境影响较大的产业规划环评，严格控制有毒有害物质排放；不断强化矿产资源开发规划环评的实效性，防止规划实施对区域自然保护区、风景名胜区等重要生态功能区产生不良影响，维护好重要生态系统的服务功能；认真做好交通基础设施规划环评。重点关注路网、港口布局与区域生态安全格局、生态功能区划以及景观生态格局之间的协调性；努力提高城市规划环评质量。把规划环评早期介入城市总体规划及有关建设规划编制，实现与规划编制的全过程互动作为切入点，从城市建设布局上保障人居环境质量、优化城市生态安全格局、引导城市全面健康发展；严格规范开发区及工业园区规划环评，明确开发区环境保护措施和入区项目环境准入标准。推进关系经济社会发展全局的重点区域开发建设规划环评，促进重大生产力合理布局和区域产业合理衔接，推动建立维护国家生态环境安全的产业空间布局体系。

三是切实强化规划环评的执行效力。联合有关部门加强《条例》实施的监督检查，使规划编制、审批机关和环保部门都履行好各自职责；发挥规划环评的指导作用，完善规划环评和项目环评的联动制约机制，对于未依法组织开展规划环评的部分重点行业，暂停受理和审批规划所包含的建设项目环评文件；组织开展规划环境影响跟踪评价试点，促使规划环评提出的对策措施落到实处。

四是着力推进五大区域战略环评工作。继续做好环渤海、海峡西岸、北部湾、成渝和黄河中上游等五大区域重点产业发展战略环评工作，统筹协调15个相关省（区、市）的工作，在年底前提交阶段性成果，为相关区域“十二五”发展战略制定及规划编制做好服务。

五是不断拓展规划环评的内涵。着眼于“后金融危机时代”的发展要求，顺应世界范围内的低碳经济发展趋势，在规划环评中对温室气体减排、低碳生产等问题开展前瞻性的研究。在生物多样性敏感区域的开发建设规划环评中，探索引入生物多样性评价，重点关注规划实施对生物多样性的累积性影响。

链接 8-4[①] 南京电网规划环评

该项目评价内容主要是针对南京市“十一五”期间的输变电建设对南京市的电磁辐射环境及生态环境的影响作出评价与预测。本次评价内容除了电磁辐射方面（工频电场、工频磁场、无线电干扰等）外，还包括对南京市生态敏感点、自然保护区、饮用水源保护区、景观影响等作出了分析。该项工作是国内较早开展的区域性电网规划环评，具有一定的创新性。其后山东电网、青岛电网等又开展了规划环评。

此次环境影响评价的时段包括：①2006—2010（2012）年，作为评价重点时段；②2020年远景规划。

评价重点包括：①电磁辐射环境（包括工频电场、工频磁场、无线电干扰）；②敏感地区声环境；③敏感地区生态环境。

① 朱法华，王圣，刘思湄. 中国电力规划环评的发展与建议.

此次规划环评通过环境质量现状调查，初步评价区域内的环境质量现状；通过导则推荐的工频电场、磁场以及无线电干扰的模式计算，定量分析南京市输变电电磁辐射的影响，为进一步制定电磁辐射控制措施奠定基础；通过对典型变电站的声环境分析，得出南京市输变电对声环境的影响，同时为进一步制定声环境控制措施奠定基础；通过定性分析电网建设期对生态环境的影响，预测评价电网建设对区域生态环境的影响；在以上评价工作的基础上，提出消除或减轻污染的对策建议和环境可行性，为区域规划和环境管理提供科学依据。

三、战略（政策）环评是经济与环境融合的控制点

政策环评是指对政策、战略及其替代方案可能产生的环境影响进行规范的、系统的综合评价，并把评价结果应用于负有公共责任的决策中。发展战略与政策的失误是最大的失误，是环境污染与生态破坏的源头。

（一）政策环评的作用

政策环境影响评价是环境影响评价原则在政策层次上的应用，具体是指对各种政策及其替代选择的环境影响进行系统、综合的分析和评价过程。它是可持续发展影响评价的一个重要组成。进行政策环境影响评价的目的就是要把对环境的考虑纳入政策的制定，通过分析各种政策选择的环境影响来提高决策的质量，从而建立起一种环境、经济、社会综合的决策机制。因此，进行政策环境影响评价，研究对于进一步完善环境影响评价系统、提高决策的水平、促进可持续发展战略的实施和更有效地保护环境等都具有重要的理论和实践意义。

但是，目前政策环境影响评价还处于研究的初级阶段，既没有完整的理论体系和统一有效的方法学，也没有较充分的实践。

对发展战略、政策，进行环境影响评价。战略（政策）环评体现了中国所处发展阶段的必然要求。目前，环境问题严重制约经济社会发展，并对国家形象造成很大损害，已经成为中国谋求和平发展必须突破的主要“瓶颈”，基本国情和国际环境决定了中国不可能再继续复制西方传统工业化的模式。

推进战略环评已刻不容缓。一些地方在推进工业化和城市化时，较少在宏观决策和具体政策上考虑环境与资源因素，带来了深刻教训。近日引起广泛关注的煤制油超常规发展等问题就是如此。必须通过战略环评，综合分析环境资源的承载能力，对各类重大开发、生产力布局、资源配置进行更为合理的战略安排，为此必须制定与其适应的政策。感到高兴的是 2009 年 10 月 1 日开始实施《规划环境影响评价条例》，战略环评向前迈了一大步，但政策环评还尚待时日。

目前政策环评还面临认识不到位、制度不健全、技术基础不牢固等制约因素，很多地区和部门没有对政策环评给予应有的重视，致使空间布局混乱、产业结构不合理等问题积重难返。至今，一些滞后于形势的惯性思维，仍使政策环评相关法规的出台步履维艰。

通过加强环境影响评价制度建设，促进先进生产技术的应用和环境保护资金的投入，进一步建立和完善环境与发展综合决策机制，开展对重大经济和技术政策、战略发展规划等环境影响评价的研究与示范工作，使综合决策进一步规范化、制度化，从科学决策的高度全面评估政策的环境影响，提高环境影响评价的有效性，将是我们今后一段时间的工作重点。

（二）国外战略（政策）环评的发展

20 世纪 70 年代中期，欧美一些国家开始把环评应用扩展到规划层次，80 年代初期，又将环评提高到政策层次。到 80 年代末，战略环评开始得到世界范围的广泛接受。加拿大在 1990 年以《内阁指令》的形式，要求政府各部门在战略层次考虑环境因素，进行严格的环评，并成立了专门的环境评价局，在美国，环保、能源、住房与城市发展、交通及林业等部门都积极参与战略环评。

荷兰的综合环境影响战略实施经验值得借鉴，它不仅全部流程透明化，还细化了公众参与的方式、时间和内容。如规定公众可以在一个战略环评中参与两次。第一次是在启动文件公布后约两个月内，任何人只要愿意都可以就战略环评和计划中的相关内容提出意见；第二次是在评价、计划开发和公布以后，可以对战略环评及战略、政策或计划草案的质量提出意见。

英国政府已于 2004 年 7 月将欧盟 2001/42/EC 指令转化为国内法律，明确规定对交通、土地等规划必须进行环评。根据规定，由环评单位编制的环评报告书必须向公众公开，公众的意见在报告书中必须得到反映和反馈。如果没有这方面的内容，规划与计划是不可能获得通过的。通过政策环评，可以达到如下效果：一是确保政策制定者能够从一开始就考虑环境影响；二是确认那些基于充分证据就可以直观感知的环境影响，并能识别那些隐藏在背后的环境影响；三是提供一个制订计划与政策，以缓减环境影响的机会；四是在政策制定过程中显示对环境因素的考虑。

政策环评目前正步入世界范围的制度化阶段。但由于近年来快速发展，各国或国际机构关于战略环评实施的程序和方法也不尽相同。比如世界银行建立的战略环评框架所涉及的各种方法就和经济合作与发展组织存在很大不同。因此，根据我国国情，制定适合各行业特点的战略环评方法和程序就显得十分重要。

（三）战略（政策）环评在我国的实施思路

1．树立早期介入理念和跟踪评价机制应成为政策环评制度建设中的两个重要内容

政策环评应该在决策制定的早期阶段，也就是其重大的环境影响能被合理识别而各种选案仍然可以选用的时候，就加以应用。而目前的规划环评多数是在规划草案编制完成后，甚至在规划已经提交审批机关后才进行环评。在这种情况下，环境影响分析会与规划编制过程脱离，从而几乎不可能进行替代方案的比较，因此很难影响规划。

为此，政策环境影响评价，必须与政策的制定同时进行，必须以有效的制度和措施进行跟踪监督，确保政策环评提出的改进方案得到有效落实，并掌握环评带来的效果。这样，才能保证政策环评得到切实落实。

我国目前还没有普遍开展对重大政策的战略环评。而在重大政策实施之前，进行环境影响评价分析，能够使政策实施更科学、更民主。如从 2000 年在中国开始实施的“黄金周”休假制度，虽然“黄金周”旅游对全年旅游收入的增加具有拉动作用，使旅游经济产生明显的时间集中效应，但由此引发的高度集中旅游、出行和相关部门缓解人流压力的措施，不仅涉及个体行为，还引起国家社会层面的行为，其影响具有一定的广泛性与宏观性，对环境的影响必然重大。如在“黄金周”的短时间内，大量人群集中活动，给环境造成了高强度和高频度的冲击。这是一种对自然资源高需求、高消耗的活动方式。“黄金周”引发的景区旅游人数的饱和甚至超载及衍生的其他问题，必然对自然生态系统的水、气、声、土壤和旅游资源等造成重大影响。

2．建立科学的公众参与机制

目前我国相当绝大部分政策制定还存在较为明显的封闭运行现象，其编制、审批、实施主要在政府机关内部进行，透明度不高。此外，对于各种类型的政策应该开展何种形式的公众参与，公众意见对政策制定的约束力如何体现也没有统一规定。因此，必须尽快建立我国的环境影响评价公众参与机制，包括健全信息公开制度、扩大公众参与范围、规定参与方式和内容等。

此外，为了加快推动政策环评的实施，还应该在积极加快规划环评实施的同时，总结经验，深化政策环境影响评价内容，最终将我国的政策环评拓展到对政策、法律等全面实施战略环评，让战略环评在国家经济发展的大环境下发挥更好的作用，促进经济社会又好又快发展。

3．政策环评的特殊性，需要分步实施，进行政策试验

国家环境保护总局为推动战略（政策）环评的深入开展，从 2005 年起选择有关典型行政区、重点行业、重要专项规划开展了规划环评试点工作。在第一批共 11 个试点中，内蒙古自治区的试点工作具有重要地位，其国土面积约占全国的 1/8，能源矿产资源十分丰富，是国家重要的战略资源接续地，同时又是中国重要的生态屏障区和水源涵养区，是华北乃至全国的生态防线。在这样的背景下，环境保护总局和内蒙古自治区政府于 2005 年 8 月共同启动了自治区的规划环评试点。

作为中国第一个真正意义上的政策环评，这一实践为实现环境与经济协调发展开辟了道路。政策环评是环境影响评价的最高阶段，是指对政策法规进行分析预测和科学评价，并采取预防措施从源头上控制环境污染，被普遍认为是遏制中国当前环境破坏态势的根本手段。

2009 年 10 月 1 日，我国规划环境影响评价条例颁布后，一些地方在推行规划环评的同时，开始研究与实施政策环评。

上海市环境保护局将以制定政策环评技术体系、调整建设项目环评审批权限为切入点，进一步强化污染预防机制。重点是研究制定政策环评技术体系，积极探索开展政策环评试点，为拓展战略环评做好准备。加大区域和行业限批力度，对环境基础设施建设推进缓慢、项目管理混乱的工业区或区域，以及节能减排措施难以落实、新建项目难以达到环保要求、居民矛盾较为突出的行业，由市、区有关部门联动实施限批措施。

2009 年底，深圳市在全面实施规划环评的基础上，在《条例》中创设了政策环评，从而建立起完善的地方性战略环评制度体系。

《条例》规定，法规、规章和规范性文件实施后可能对环境产生重大影响的起草单位在起草时应当组织进行环评，并形成政策环评说明书。政策环评说明书和审查小组的书面审查意见应当作为制定政策的重要依据。对应当报送而未报送政策环评说明书及书面审查意见的政策，不予以审议、审查。

“政策范围主要包括可能对环境产生重大影响的法规草案、规章和规范性文件三类，涵盖了市政府和市人大起草的法规草案。

（四）建立包括战略（政策）环评在内的环境影响评价长效机制

1. 建立长效机制首先必须建立健全环境影响评价法律制度

建立健全环境影响评价法律制度是一个不断改进和完善的发展过程，把战略环评等纳入法律体系。

环境影响评价法律制度应该逐步实现从微观控制到宏观控制。

2. 建立与完善环境影响评价运行机制

建立有关各个部门的联动机制，充分发挥各个部门的重要作用。在“风暴”中形成的联动机制，有些地方保留了下来，希望充分发挥各个部门的力量，协同作战。

在环境影响评价的审查、监督管理机构方面，坚持政府审批、监督管理与专家审查相结合、政府环境保护行政主管部门与专门性的环境影响评价审查委员会相结合的改革方向。

3．强化环境影响评价执法能力，从体制上需要理顺

在环境影响评价法律制度的监督管理手段方面，应该实现从着重行政手段到全面采用经济手段、法律手段、科学技术手段等的转变。对违反环境影响评价法律规定的法律责任的追究与惩罚应强化。

链接8-5　黑龙江省环保厅通报五家环境违法企业[1]

日前，省环保厅经调查核实，黑龙江正大实业有限公司（哈尔滨市呼兰区利民开发区）牧工商一体工程项目、黑龙江凡奇生态有限公司（哈尔滨市阿城区）凡奇生态园项目、宝泉岭兴汇粮食加工有限公司（农垦宝泉岭分局）冰醋酸工程项目、黑龙江泽龙粮食加工技术开发有限公司（大庆市高新技术产业开发区）新型聚羧酸盐及副产品项目、大庆银亿热力有限公司（大庆市西城区）集中供热项目在未进行环境影响评价或未获准环评审批文件的情况下，擅自开工建设，且有些工程已基本完成。这些项目严重违反了《环境影响评价法》和《建设项目环境保护管理条例》的有关规定，在全省造成不良影响。环保厅决定对上述五家违法企业进行立案查处，依法追究其法律责任，责令停止项目建设，及时补办环境影响评价审批手续。

省环保厅指出，在当前松花江水污染防控工作十分严峻的形势下，上述企业无视法律法规，擅自违法开工建设和生产，暴露了其环境意识和环境法制观念的淡薄，同时，也反映出违法项目所在地环保部门存在日常管理工作不到位，执法不严，监管不力的问题。各级环保部门要认真履行法律赋予的职责，严把审批关，切实做好建设项目环境影响评价和“三同时”监督管理工作。认真吸取教训，举一反三，强化日常监督管理工作，建立和完善长效管理机制，防止类似事件的发生。

四、区域限批政策是具有中国特色的环境影响评价管理模式

我们推进政策环境影响评价有许多困难，区域限批政策在社会上又有一些争议，我们初步对区域限批政策进行了评价。

中国的环境影响评价管理工作，多年来取得许多成绩，特别是在管理模式上有许多创新，以“区域限批”为代表的管理模式，是环境影响评价管理模式的创

① 黑龙江日报，2008-07-15.

新，是环境影响评价管理工作的发展，是经济与环境融合的典型案例。

2010 年 3 月 10 日下午，在人民大会堂举行的记者会上，环境保护部张力军副部长说：环境保护工作不是靠一两个“风暴”就能从根本上解决问题的。环保风暴的成绩应当给予充分的肯定，但是，想通过环保风暴解决一切环境问题，那是一个天真的幻想。

（一）“区域限批”实施的经济与环境捆绑式实施机制，是经济与环境融合决策的创新

翻开世界环境影响评价工作发展史，没有“区域限批”的概念，区域限批是环境影响评价工作的创新，是具有中国特色的环境影响评价模式的主要内涵。

2007 年 1 月 10 日，国家环境保护总局首次启动“区域限批”政策，对河北唐山、山西吕梁、贵州六盘水、山东莱芜四个行政区域和四个电力集团的所有建设项目实施停批、限批。此后，广东、天津、陕西等地都采取了“区域限批”政策①。陕西省韩城市成为全省首个实行“区域限批”治理污染的地区，将被停止批准除循环经济项目和污染治理项目以外的所有建设项目，以此来遏制高污染高耗能产业的迅速扩张。在环境有所改善之前，限批令将不会解除。

区域限批政策也反映了我国环保执法体制的缺陷。

根据我国有关环保法规定，对于环保违法行为，环保机关有权给予警告，罚款，报同级政府批准，给予责令限期治理，责令停产整顿，关闭等。据此，对于环保污染的企业有关部门只能给予警告、罚款的处罚，且罚款幅度也有严格限制，如果要对企业进行其他严厉处罚，只能报请同级政府批准，政府若不同意，环保部门只能听之任之，毫无办法。而对于中央企业，地方环保当局无权处罚，只能层层上报，报请国家环保总局给予处罚。中央直属企业多规模较大，违法行为也大多非常严重，经过漫长的等待期，得到国家环保总局来查处时，早已时过境迁。因此，改革我国的环保执法机制，赋予环保机关足够的执法权，加大环保机关的查处权限，非常必要。我国经济快速发展，环境污染与生态破坏日益严重，环境污染突发事件时有发生，要等待环境保护法的完善，再解决环境问题，那将会发生一场巨大的环境灾难。从这个意义上说区域限批政策的出台是时代的产物。

由于机制与体制的缺失，在以往环保行动中，被叫停的违法违规项目往往补办环评手续后就能过关，然后用各种手法拖延或拒绝兑现环保承诺，使一次次声势浩大的环评执法效果有限。一些企业因违法生产或者不按环保“三同时”要求投产后获利以千万计，甚至更多，而环保部门很难作出关停处理的决定，至多罚款 20 万元后予以补办手续，形成了“先建设、后处罚、再补办手续”的怪圈。说明采取常规的办法解决在经济发展中的环境问题是难上加难。

① “区域限批”是提高环保执法能力的重要举措. 经济日报，2007-02-06.

2007年7月6日国家环保总局宣布自即日起对长江、黄河、淮河、海河四大流域水环境污染严重、环境违法问题突出的6市2县5个工业园区实行“流域限批”①；对包括6家污水处理厂在内的38家重污染企业实行“挂牌督办”。同时严肃指出，一日没完成，一日不解除“限批”。环保总局将建议监察部依照《环境保护违法违纪行为处分暂行规定》，对造成上述流域严重水污染和严重环境违法行为的相关负责人追究责任。要达到上述目的，并非环保一家的动作就能奏效，必须有各级政府的积极支持和各个职能部门的主动参与。

“区域限批”（包括流域限批）政策是国家环保总局在环境影响评价管理工作上的一个探索，就目前来看，也是一种行之有效的手段。但“限批”不是最终目的，最终目的还是要促进建设单位严格按照国家的相关法律、法规落实整改要求，从而确保国家宏观调控政策得以贯彻，实现国民经济又好又快发展。

（二）我国实施区域限批政策的必然性

工程建设项目仍然存在一些较为突出的环境保护问题：“未批先建”等违法行为屡禁不止，规划未依法进行环评就通过审批，个别地方将“保增长”片面理解为“保投资”，导致环保政策放松，监管措施软化。对上述问题如不加以调控和引导，势必带来重大的环境影响。

1. 我国经济的快速发展给环境保护带来了巨大的压力

随着我国经济的快速发展，资源环境形势十分严峻，集中表现为主要污染物排放量超过环境承载能力，生态系统功能退化，资源保障能力不足，环境问题已成为经济快速发展的硬约束。中国的污染状况已经到了一个危险的临界点上，2007年入夏以来接连发生的太湖、滇池、巢湖的蓝藻暴发，不是偶然的突发性事件，而是传统的发展模式积累的环境成本到达临界点的标志。

在发生全球性金融危机时，我国政府为了拉动内需投资4万亿元，一些高碳行业又有所抬头，解决发展问题关键在于转变经济增长方式，提高企业的国际竞争力。这是我国经济持续发展的必然要求，但是落实的情况难以令人乐观，环境污染与生态破坏依然严重。其中一个重要的原因就是环境保护机制与体制变革的滞后。

2. 在政绩驱动、利益驱动的情况下，违反环境影响评价法时有发生

为了追求政绩一些地区和部门存在着“未批先建”“批小建大”“未评先批”等违法现象。同时，一些企业“批小建大”造成环境隐患。陕西省黄陇煤炭基地大佛寺矿井环评批准生产规模为400万t/a，建设过程中擅自将工程规模变更为600万t/a。有些地方行政部门管理责任缺失，致使一些建设单位用环评备案代替环评审批，取得了建设行政许可，实质上是“未批先建”。在规划环评方面，

① 人民日报，2007-07-06.

存在“不环评也审批”或“先审批后环评”的违法现象。

这种现象已经严重损害了法律的权威性和严肃性，增加了环境污染负荷，破坏了国家的经济安全。

根据这种情况，单纯地依靠环境保护部门执法，已经解决不了这种问题，这种现象已经见怪不怪了。为此，环境保护部门为了保护人民的生存环境，采取果断措施，突破了部门利益的羁绊实施了“区域限批”（环保风暴）政策。

3. 环保风暴在短的时间内形成了巨大的浪潮，冲击着环境违法行为

环保部门是一个弱势部门，在环境保护执法过程中会遇到各种障碍。但环保风暴可以在很短的时间内，集中政府、人大、政协、公众的力量，形成巨大的浪潮，冲击着违反环境影响评价法的事件，涤荡着单纯追求 GDP 的思想意识和行动，唤起保护生存环境的爱国热情，这种力量巨大无比。在风暴中，冲破了部门利益与地方保护势力的羁绊，在地方政府的领导下，建立了以地方环境保护局牵头，有关部门组成的联动机制，不但解决了违反环境影响评价法的行为，还解决了不少遗留的“老大难”环境污染问题。

环保风暴的成绩应当给予充分的肯定，但是，想通过环保风暴解决一切环境问题，那是一个天真的幻想。在发生环保风暴的初期，中国环境污染反而有持续增高的趋势，全国平均每两天发生一起突发性环境事故；群众环境投诉增加 30%；2006 年主要污染物排放不降反升。这说明环保部门通过“风暴”只能解决局部环境问题。

4. 环境保护管理部门处于严重缺位的状态

从一个广阔的视野来观察，解决环境问题的障碍关键在于突破部门利益与地方政府形成的追求 GDP 的合力；而与此同时，中国环保事业的主体——环境保护管理部门却处于严重缺位的状态，难以与这种合力相抗衡。

5. 环保风暴是在全球政府规制改革的大背景下发生的

从全球范围看，政府规制[①]改革正在发生着深刻而迅速的变化。这不仅包括各种规制工具之间的设计和实施，以及规制工具之间的协调与配合，更包括透明性、可问责性、适应性和一致性，效率与公平的兼顾性等目标[②]。规制改革在不同的国家，不同的产业结构和利益分布会带来不同的问题，也会带来政策设计上不同的因应之道。美国、加拿大等国的环保风暴是以提高环境标准，发展低碳经济，减排二氧化碳为目的发生的。

---

① 规制作为具体的制度安排，是“政府对经济行为的管理或制约”，是在市场经济体制下，以矫正和改善市场机制内在的问题为目的，政府干预和干涉经济主体（特别是企业）活动的行为，“包容了市场经济条件下政府几乎所有的旨在克服广义市场失败现象的法律制度以及以法律为基础的对微观经济活动进行某种干预、限制或约束的行为”。

② 经济合作与发展组织的报告，2006。

政府行为的外部性[①]是政府规制，发挥其职能以弥补市场缺陷所呈现的一种状态。政府规制与政府行为外部性具有一定相关性，环保风暴就属于政府行为的正外部性[②]。

政府规制（如规划环境影响评价条例）是指在市场经济条件下，政府以矫正和改善市场机制内在问题对经济主体（企业）的活动所实施的法规条例约束行为。环保风暴初步解决了违反环境影响评价法使市场失灵的情况，也部分消除了环境污染的外部性的存在，既可以作为政府消除垄断，维护市场竞争进行经济规制的理由，又可以作为政府保护环境质量，维护人民的健康和经济安全进行社会规制的原因。

① 政府行为的外部性是政府行为对其他主体强加了不可补偿的成本或给予了无需补偿的收益的情形。同时，政府行为的外部性又有其特殊性。政府行为正外部性是维持社会经济的稳定与发展的基本条件；而政府行为的负外部性的存在引起了对它的内部化的分析。

② 何立胜. 政府规制与政府行为外部性研究. 经济评论，2005（6）.

第九章

战略环境影响评价实施机制与体制的政策建议

改革开放非常重要，没有改革开放就没有经济快速发展的中国，解决我国经济发展的环境资源约束，必须进一步改革开放。建立与经济发展相适应的环境保护的机制与体制必定成为改革的一个重要方面。

我们所面临的诸多深层矛盾的化解，发展方式的实质性转变，实际上就是环境优化增长。我国环境友好型社会与和谐社会的建设，都不可能离开环境保护的内涵。改革是为了发展，最终要由发展的成果来检验，环境影响评价机制与体制的研究必须以“发展”为导向。

在以政府职能转变为重点，加快行政管理体制改革中，环境影响评价机制与体制的研究必须与行政管理体制改革衔接，才能保障研究成果有可操作性。

如果战略环境影响评价能够通过有效的制度（机制与体制）安排，鼓励行为主体将主要精力投入于生产性努力的同时，保护好环境，则会增加产出，促进经济增长；否则，如果制度供给滞后或缺失，即便一个国家或地区拥有充裕的资源与资金，也会诱使人们将主要精力投入于攫取性努力，造成资源的浪费，环境的污染，从而抑制经济增长。深化国有企业和金融体制改革，是完善科学发展的微观基础。在继续推进国有经济结构和布局的战略性调整中，结合大的政策，环境保护部要对此进行战略环境影响评价，在推动国有大企业产权结构多元化和治理结构的同时保护好环境。

无论是从历史还是现实的角度来看，我国以寻租为目的的攫取资源行为的产生都与制度设计的质量密切相关。因此，提高战略环境影响评价制度（机制与体制）质量是保证在经济增长的同时，创造一个舒适优美的生存环境的有效途径。

战略环境影响评价制度的实施，关键在于执法的力度，执法又直接和环境保护管理体制相关。因此，必须探讨环境保护管理体制。

应当说，相对集中行政处罚权和相对集中行政许可权是相对集中行政执法权的重要组成部分，是深化环境保护管理体制改革的重要途径。相对集中行政许可权制度的实施，必将进一步解决执法交叉、多头执法的问题，为我国下一步的机构改革奠定基础。

一、战略环境影响评价机制与体制设计的基础

中央政府非常重视环境保护工作，提出了加大环保投入的要求。尽管地方政府响应了国家环保政策的号召，环境保护的投资量不断攀升，但中西部地区不少省份受到经济条件限制，环保投入比重极低，与控制环境污染、改善环境质量的需求差距较大。

（一）中央政府忽略了地方政府的“经济人”理性

作为国家权力机关的执行机关，政府是代表区域内全体社会成员履行行政管理职责的，政府工作的价值取向是发展经济社会各项事业，实现区域公共利益的最大化。因此，各级政府及其公务人员没有独立于公共利益之外的任何其他特殊利益，是一心为公、专门利人的“公共人”。上、下级政府之间和同级政府之间以及政府内部公务人员之间，基于共同的价值追求（维护和发展公共利益），均能够实现工作上的“无缝对接”和政策执行上的畅通无阻。但是环境影响评价执行率低的实际情况表明，作为一种社会组织，地方政府同样承载着一定的组织利益和组织成员的利益。

根据公共选择理论，官僚也是追求个人利益或效用最大化的“经济人”，其目标既不是公共利益，也不是机构的效率，而是个人效用。他们在“政治市场”上追求着自己的最大效用，如权力、地位、待遇、名誉等，而把公共利益放在次要地位。

在当前我国现行的政治经济体制和环境考核制度下，我国各级地方政府既担负保护生态环境的责任，又担负发展地方经济的责任，而地方政府不能有效地协调经济增长与生态环境保护两者的关系，存在着片面重视经济增长而忽视环境保护的内在冲动。尤其是分税制实施后，极大地调动了地方政府促进辖区经济利益的积极性，追求经济增长和财政收入最大化成为各级地方政府行为的基本目标。地方政府与当地企业存在利益上的一致性，地方政府对企业违反环境影响评价法行为的限制就意味着自身利益的减少，因此地方政府难以积极地对当地违法企业采取有效的干预措施。许多时候地方政府不但不去制止当地违规企业，而且还充当地方企业的“保护伞”。

中央政府忽略了地方政府环境规制的外部性。地方政府相对于中央政府，在对待环境保护目标上存在很大的差异。中央政府是从整个国家利益的角度考虑全局经济、社会发展与生态环境保护的协调。站在中央的角度来看，地区之间环境质量改善所带来的外溢效应是不存在的，任何地区环境质量的改善都意味着国家整体环境质量的改善。在地方政府层次上，环境规制的外部性既表现

为不同利益群体之间的财富转移，还体现为环境政策效应的溢出，例如对于邻近地区和本地代际成本或收益的溢出。既然其他地区的环境治理政策对于这个地区的居民存在溢出外部性，那么对于这个既定的地区来讲，其理性的反应也就是减少这种“公共品”的供给。在缺少利益补偿机制下，各地方政府在生态环境保护成本和收益分配上很难达到均衡，从而导致地方政府合作保护区域生态环境成为一句空话。

在环境领域，政府绝非是个完美的外生变量。它具有自身的效用函数和复杂的行为约束条件。此外，与市场一样，政府也存在着失灵的可能性。萨缪尔森（Samuelson，1998）认为，“当政府不能改善经济效率或者政府把收入再分配给了不适当的人时，政府失灵就产生了。”

（二）构建合理的地方政府目标责任考核制度

从根本上减少地方政府为维护自身利益所导致的环境规制失灵现象，中央政府就应该构建合理的任期目标责任考核制度来激励地方政府按照可持续发展的要求行事，有效整合中央与地方利益。构建合理的任期目标责任考核制度，考核范围和指向不能仅限于单个行政区，考核内容不仅要把人口、资源、生态环境保护指标列入考核体系，而且还应把公众对地方政府为环境保护而努力的满意程度纳入考核内容，构建环境规制政策实施效果评估体系。

从政策过程来说，它应该是一个包括“问题导向或目标驱动—政策制定—政策执行—政策评价—政策监督—新的问题（目标）—政策制定”的循环往复的闭环系统。政策评价和政策监督职能要贯穿政策运行过程的始终，而且是最为关键的机制和功能。

美国最早在政府规制领域引进系统的成本—收益分析，即政策环境影响评价。尽管我国当前已出台了《环境影响评价法》，但没有把政策环评纳入，从而导致决策主体失误。

随着人们环境保护意识的不断提高，人们对政策执行效果的关注也不断提高，这为实施政策环境影响评价提供了有利条件。

二、环境影响评价管理体制的设计思路

战略环境影响评价体制是环境影响评价管理体制的一部分，因此要做好战略环境影响评价的工作，必须完善环境影响评价体制。但是，环境影响评价体制是国家环境保护管理体制的一部分，所以环境影响评价管理体制的缺失与完善，必须从分析国家环境保护体制入手。

环境执法工作既面临着前所未有的机遇和动力，也面临着前所未有的压力和

挑战。按照胡锦涛总书记提出的“研究探索健全国家监察、地方监管、单位负责的环境监管体制”指示，曾培炎副总理“环保总局和有关部门要加强协同配合，研究解决环境执法中存在的法制、体制、机制、能力等方面的问题，进一步提高环境执法水平”的要求，加强环境执法工作，立足于首先落实地方政府对环境保护的责任，从体制、机制、法制、能力上进行必要的调整和加强。

中国的各级环保机构尽管在业务上受环境保护部的领导，但作为一个职能部门，其真正的管理领导权属于同级的各级地方政府，尤其是最为重要的人事任免权和财政管理权。这就使得地方的环保部门在行使其正当权利时无法避免当地领导和其他部门的干预和影响，尤其当地方的环保效益与地方经济利益甚至是长官意志发生冲突时，其公正执法的能力就受到了极大的挑战，当然更谈不上“一票否决”权力的行使。环保部门领导职务的升迁变动往往取决于地方领导对其“满意”与否，环保部门的行政事业开支同时又间接受惠于当地污染企业的排污收费，在这样的具体生存环境中，环保部门只有主动积极地配合当地“政治、经济的需要”才能客观地“生存”下来。所以，我们许多地方环境质量的持续走低，既有环保部门客观条件有限、工作不力的原因，但更多的是当地的政府部门尤其是主要行政领导的“注意力偏好”所致。

（一）实施垂直领导有一些难以逾越的障碍

如果要想能够真正保证国家和地方环境保护目标的实现，加强各级环保部门在当地独立的监管、处置和管理能力，变横向领导为纵向领导，将环保部门从地方的管辖中“解脱”出来，从根本上改变当前环保系统的行政管理体制和地方环保部门的经济来源是最为有效的措施之一。只有在地方的实际工作中，存在一个可以“挺直了腰杆”监督、限制地方政府不顾环境代价，盲目追求“政绩”的独立机构，才能从客观上确保当地环境破坏的“失控”，国家订立的环保目标才有了真正的守护神。

但是，这里有个问题，地方上的环境保护工作由谁去做？环境保护部门的主要职责是监督管理。如果由直属的地方环境保护部门去做，那么又监督谁？还有其他一些问题，实施垂直领导有一些难以逾越的障碍。我们觉得单纯实施垂直管理时机不成熟。

我们可以借鉴美国的模式，地方环境保护局归地方管理，与环境保护部只是业务指导关系。关键在于强化大区的环境保护职能。

（二）在现有体制下，强化地方环境保护部门的职能

主要是强化国家监察体制，包括加强国家环境保护部环境监察机构建设，加快区域督察派出机构设置，实行国家环境监察专员制度。各省、自治区、直

辖市环保局也可参照国家的做法，设立派出机构，加强监督协调，努力克服地方保护主义。

（三）强化大区督察中心的职能

现有的环境保护督察中心为环保部派出的执法监督机构，是环保部直属事业单位。受环保部委托，督察中心在所辖区域内承担以下职责[①]：①监督地方对国家环境政策、法规、标准执行情况；②承办重大环境污染与生态破坏案件的查办工作；③承办跨省区域和流域重大环境纠纷的协调处理工作；④参与重、特大突发环境事件应急响应与处理的督察工作；⑤承办或参与环境执法稽查工作；⑥督察重点污染源和国家审批建设项目“三同时”执行情况；⑦督察国家级自然保护区（风景名胜区、森林公园）、国家重要生态功能保护区环境执法情况；⑧负责跨省区域和流域环境污染与生态破坏案件的来访投诉受理和协调工作；⑨承担环保部交办的其他工作。

内设机构。各督察中心目前暂内设 3～4 个机构，由督察中心与环境监察局（以下简称环监局）共同提出意见，报环保部批准。

华东、华南、西北、西南、东北督察中心分别设置在南京、广州、西安、成都、沈阳，督察中心均为司局级建制。但是，从目前的实施情况来看不甚理想。

在运行中还存在一些问题：一是督察能力不强；二是督察机制不够完善；三是督察工作面窄；四是督察方式单一。

1．近期目标——在现有机制体制基础上，强化环境保护职能建设

一是建立多部门联合执法和移办制度。在六部门环保专项行动部际联席会议基础上，建立司级协调机制，定期召开会议，形成纪要，共同执行，进一步加强国家监察力度。

二是建立全过程环境监管制度。加强对建设项目环境影响评价文件审批后的环境监管，主要包括设计过程、建设过程中和建成投产后三个环节。

三是完善社会监督机制。借助媒体的力量，对大案要案进行适度的公开揭露，引导公众参与监督，不断提高环境执法的影响力。

四是健全大案要案查处机制。

强化违法企业和单位的法律责任，使法律对其具有足够的震慑力和权威性，从根本上解决法律“软”的问题。对重点违法排污企业，特别是屡查屡犯企业，由环保部门实行停产整顿；对污染物排放总量超过环境容量的污染严重的地区，上级环保部门暂停审批该地区建设项目。同时，赋予环保部门对发生污染事故或拒不执行行政处罚决定的企业的查封、扣押等强制执行权，保证执行到位。尽快出台《刑法》“破坏环境资源罪”缺乏的司法解释，加强环境保

① 国家环境保护总局文件关于印发《总局环境保护督察中心组建方案》的通知 2006 年 81 号.

护司法。

重点推进全国环境应急网络建设、环境监察执法标准化建设、严格环境监察人员“准入”制度。加强行风建设和政务公开工作，完善环境执法公示制，实现“阳光执法”，增强执法效能。

2. 中期目标——应当提高督察中心的层级

战略环境影响评价的实施，关键在于机制与体制的缺失。因此，首先必须强化机构建设，提高督察中心的层级，明确区域环境督察中心是公务员系列，而不是事业编制，明确其有执法的能力。

3. 长期目标——应当强化督察中心的能力建设

派驻地区的环境保护督察中心负责对其督察范围内地方人民政府环境保护情况进行监督检查，不改变、不取代地方人民政府及其环境保护主管部门的行政许可、行政处罚等管理职权。

美国环境保护局也可以越过州政府行使权力。比如一个排污者，没有将所排放出的有害废物储藏在规定应有的储器内而造成环境污染，而该州又没有对这种违法行为采取有效的法律行动，美国环保局就可以越过州政府单独对这个污染者采取必要的法律行动。

虽然美国也因政府机构庞大而采取一些精简措施，但从美国环保局的历史可以看出，其机构和职权不但没有精简，反而是在不断得到扩大和增强。

参考美国环境保护工作制度的模式。环境保护部也可以越过地方政府行使权力。比如在没有进行规划环评，没有进行项目环评的新建企业，而该地政府与环境保护部门又没有对这种违法行为采取有效的法律行动，环境保护部区域督察中心经调查就可以越过地方政府单独对此采取必要的法律行动。为此，必须强化督察中心的能力建设。

在这种情况下，国家环境保护部门对地方政府产生了威慑力，这种威慑力反而加强了地方环境保护部门的建设。

（四）建立大部制，扩大环境保护的职能

地方保护与部门利益是造成环境保护机制与体制缺失的主要原因，建立大部制，可能有些缓解。

由于环境问题涉及国务院许多部门，环保机构的改革涉及的职能面很宽。在这种情况下，把环保的职能扩展多大或者压缩到多小，都会有边界问题与职能划分问题。

链接 9-1　美国环境保护管理机构的设置

美国环境保护局成立于是 1970 年 12 月。美国的环保法授权环保局行使执法的权力，作为一个既是制定政策法规同时又是执法的政府部门，美国环保局已经从 1970 年开始时的 4 000 多人，财务预算 10 亿美元，发展到 1999 年的 1.8 万人，财务预算 75 亿美元。

作为联邦政府的一个部门，除总部设在华盛顿外，美国环保局共设有 10 个大区。每个区都在根据本区的情况制定政策和标准。

虽然美国环境保护局的机构遍布各州，但是每个州都设有环保部门。美国各州有自己的法律，因此各州的环保法规也有所不同。对于环保法规，任何一个州的每项标准在严格性上不得低于美国国家环保标准。比如，美国环保局规定饮用水标准中砷质量浓度为 0.05 mg/L，美国各州可以使用 0.05 mg/L 标准或者比之更为严格的标准。

美国国会在制定环保法时考虑由州政府负起重要责任。该州还必须拥有足够的执法能力，以及像联邦政府所采用的信息提供能力，举办听证会等能力。不过，一个州即使在州的立法中采用全部同环保中一样的标准和方法，它也不能完全取代美国环保局在执法中的角色。

每个特许地位是由环保局给予而且每年都有必须由环保局进行重新审批。如果环保局在审批过程中。发现这个州在有害废物管理中的某些方法和标准已经不能和环保局的方法及标准的变更保持一致的话，这个州的特许地位就有可能被撤销。失去了特许地位意味着美国环保局将取代州的有害废物全权管理。即使没有撤销该州的特许地位，美国环保局也可以越过州政府行使权力。比如一个小量排放者在一个特许州内没有将所排放出的有害废物储藏在规定应有的储器内而造成环境污染，而该州又没有对这种违法行为采取有效的法律行动，美国环保局就可以越过州政府单独对这个污染者采取必要的法律行动。

虽然美国也因政府机构庞大而采取一些精简措施，但从美国环保局的历史可以看出，其机构和职权不但没有精简，反而是在不断得到扩大和增强。

三、战略环境影响评价的运行机制设计思路

在环保风暴过中，一些地区仍然保留了各部门的联动机制，对环境影响评价执法起了非常好的作用。希望逐步在全国推广（参阅第四章）。特别是对战略环评来讲，主要在中央，理顺各部委的关系相当困难、我们要尊重各个部委的意见，采取“蚂蚁啃骨头”的策略，走一步是一步；另外，抓住机遇，快速前进。

链接 9-2 国外设置跨部门的环境管理协调机构简况

国外许多国家都建立了这种跨部门的环境管理协调机构。

美国国家环境质量委员会（CEQ）是根据《美国环境政策法》而设置的。CEQ 设在美国总统办公室下，原则上是总统环境政策方面的顾问，也是制定环境政策的主体，其职责为：①为总统提供环境政策方面的咨询；②协调各行政部门有关环境方面的活动。该委员会在美国的国家环境事务中具有重要的地位。

在澳大利亚，除环境与遗产部以外，在中央层次上，还有两个重要的环境管理协调部门。他们是澳大利亚和新西兰环境与自然保护委员会（ANZECC）及国家环境保护委员会。澳大利亚和新西兰环境与自然保护委员会由各管辖部门的部长组成，是国家和部级各部门间主要实施环境合作的机构。国家环境保护委员会委员由与环境保护相关的各部门的部长组成。国家环境保护委员会是法人机构，有权通过投票就国家环境保护事务设立国家法规、办法，如空气质量标准（但不包括生物多样性保护问题）。部门间的环境事务能够通过国家环境保护委员会协调解决。

泰国国家环境委员会是泰国最高环境保护机构，主席由总理担任，成员包括各部部长、各委员会秘书长和私人机构代表。主要负责审议环保计划、修订环保法规等。

保加利亚环境保护委员会的主要职责是：组织、协调环境保护管理系统；协调、控制国家环境保护计划；协调、控制自然资源合理利用；实施环境保护特殊控制等。

（一）战略环境影响评价的动力机制

我国战略环境影响评价之所以呈现举步维艰的特点，在政府和公众两个层面上都存在明显的动力不足的因素。各级政府在以任命为主要形式的干部选拔制度背景下，其最大的利益推动就是尽可能地满足上级政府下达的各项政绩考核指标。当前，一方面在政绩考核指标体系中，尽管在环境方面已有一定的进步，但轻视环境和生态的特征依然相当明显，尤其是在考核指标中缺乏较为刚性的环境治理和生态保护目标。从而使得各级干部尤其是地方主要领导干部追求环境改善的动力明显不足；另一方面，政绩考核程序不是基于独立的调查统计，而是以层层上报为主要形式，这就使得各级地方政府在虚报成绩方面存在较大的可操作空间。在我们与阜阳市、临夏市领导座谈中，他们对规划环评、政策环评没有需求，只是关心建设项目。特别是在当前我国经济发展放缓的情况下，拉动经济发展成为主旋律，环境问题更是放在一边。在这种情况下更要强调环境保护因素要纳入地方领导考核指标体系。

与政府保护和改善环境动力不足的原因相对照，中国公众的“动力不足”则来源于对自身生存环境了解的知情权和表达愿望的参与权。中国公众在获取环境和生态信息的渠道一般只限于每年一次的环境公报和大中城市的空气质量周报以及新闻媒体的有关新闻报道。国家投入巨大的人力物力所获得的许多基础资料变相地成了某些部门的“资源”，有些甚至使得这些关系百姓身心健康的信息成了“内部消息”和牟利的工具。发达国家环境保护的进步，其中的一个主要的动力来源是发达的民间团体和个体在维护公民环境权益方面给予政府和企业的压力，这种压力是积极的。

现在呼唤战略环境影响评价的是社会知名人士和一些学者，他们是先行者但不是主力军。

随着经济的发展，公众的环境意识有了很大的提高，人们开始追求舒适、优美的生存环境。现在的问题是唤醒公众，加大公众参与的力度，形成推进环境保护的主力军。

（二）有关部门组成战略环评会商机制

1. 确定有关部门参与会商机制的基本原则参加会商的人员、层级等

进一步明确对各个部门规划环评、政策环评的内涵，例如对任何国土开发和国土整治，都要进行战略环评。同时，严格实施资讯管理，建立健全环境预警系统，加强环境安全监管，以利于实现战略环评的法制化、信息化。

2. 确定会商的程序

对未列入专项规划且规划未经环境影响评价的项目，原则上不受理项目环评报告；项目在规划中，但规划未依法进行环评的，原则上不受理项目环评报告；对于已开展规划环评的，规划内建设项目的环境影响评价工作可以依法在审批程序上和内容上予以简化。

3. 有关部门共同制定战略环评的管理细则

规划环评环境影响评价条例已经颁布，在实施过程中还会遇到一些问题，明确了环保部门在规划环评中的统一管理作用，还需要征询有关部门的意见对规划环评的经费、程序、内容、方法等问题予以全面规范。探索人大、政协和环保部门如何联合推动规划环评工作，保证规划环评及其审查论证的有序开展，促使规划环评的结论在规划最后决策时能予以落实。

4. 提高战略环评的整体水平

加强对政策环评、规划环评技术方法的研究。制定重点领域和行业规划环评的技术导则，开展多种形式的技术培训和交流，提高理论和实践能力。

加强培训，培养战略环评技术队伍。

（三）战略环评应早期介入机制

战略环评早期介入理念和跟踪评价机制应成为战略环评制度建设中的两个重要内容。战略环评应该在决策制定的早期阶段，也就是其重大的环境影响能被合理识别而各种选案仍然可以选用的时候，就加以应用。而目前的战略环评多数是在规划草案编制完成后，甚至在规划已经提交审批机关后才进行战略环评。在这种情况下，环境影响分析会与规划编制过程脱离，从而几乎不可能进行替代方案的比较，因此很难影响规划。在进行环境影响评价之后，必须以有效的制度和措施进行跟踪监督，确保环评提出的改进方案得到有效落实，并掌握环评带来的效果。这样，才能保证包括战略环评在内的环境影响评价得到切实落实。

我国目前还没有普遍开展对重大政策的战略环评。而在重大政策实施之前，进行环境影响评价分析，能够使政策实施更科学、更民主。

（四）建立领导干部考核机制，提高环境影响评价执行力

就提升行政执行力而言，应当把实施战略环评列为领导干部政绩考核的必备内容。领导干部是落实战略环评的决策者与组织者，理应认真履行推进这项工作的重要职责。为此，必须建立健全领导干部环境保护工作考评机制、环境效益问责制等，强化绿色 GDP 意识，树立循环经济理念，坚决摒弃盲目崇拜、片面追求 GDP 的政绩观，为实施战略环评奠定坚实的思想和制度基础。

（五）建立环境影响评价有效技术与资金支撑体系

应当加快建立实施战略环评的有效支撑机制。应统筹规划、加强预算，投入必需的财力、物力和人力，及早建立重点开发区域（包括跨区域、跨流域）环境资源数据库和评价指标体系，明确本地区人口、生态容量和环境承载能力，设置战略环评准入门槛。在这个前提下，坚持对建设项目环境影响评价实行分类管理，最大限度地减轻建设项目对环境的不良影响。

（六）建立与完善公众参与机制

建立科学合理的公众参与机制也非常重要。目前我国相当一部分规划管理还存在较为明显的封闭运行现象，其编制、审批、实施主要在政府机关内部进行，透明度不高。此外，对于各种类型的规划应该开展何种形式的公众参与，公众意见对规划管理决策的约束力如何体现也没有统一规定。因此，必须尽快建立我国的环境影响评价公众参与机制，包括健全信息公开制度、扩大公众参与范围、规定参与方式和内容等。荷兰的综合环境影响战略实施经验值得借鉴，

它不仅全部流程透明化，还细化了公众参与的方式、时间和内容。如规定公众可以在一个战略环评中参与两次。第一次是在启动文件公布后约两个月内，任何人只要愿意都可以就战略环评和计划中的相关内容提出意见；第二次是在评价、计划开发和公布以后，可以对战略环评及战略、政策或计划草案的质量提出意见。

四、架构政府—市场—公众共同治理模式，推进战略环评

随着全球化、信息化、民主化的大潮在全球兴起，人们的思想意识有了很大的变化。

我国在经济与环境发展中面临的复杂性、动态性与多元性的特征，环境问题的日趋复杂性，使得政府的不可治理性的可能性增大。从另一方面看，政府的治理过程绝非政府单方面行使权力的过程，更为重要的是政府与社会互动过程，经济的发展，环境的保护需要政府和社会力量的共同努力和合作。政府与社会各种力量之间互动的能力越强，越能产生巨大的能量。随着经济的快速发展，人民生活水平的提高，政府部门已经无法成为一个唯一的治理者，政府必须和民众、社会共同治理，共同管理，共同生产与共同配置。

建设项目环境影响评价是环境进入经济领域的切入点，规划环评是环境保护进入经济领域的结合点，政策环评是环境保护进入经济领域的源点。形成“政府—社会—公民”的共同治理模式，还需要在实践中补充与完善。

（一）社会主体多元化是全球发展的大趋势

随着经济的迅猛发展。全球化和现代化的推进，加剧了社会分化，导致社会变得多样化、异质化。使政府面临的内外矛盾和治理环境变得更加复杂多变。政府无法再是社会的唯一管理者，它必须依靠市场机制、众多非政府组织、广大群众来共同管理社会公共事务，需要更多地依赖于各种利益相关者的参与、协商好共同行动。只有这样才可能达到经济、环境、社会稳定而有序的运行状态。因此，政府作为唯一管理主体的传统模式正受到严峻的挑战。

由于我国经济发展迅速，一些重化工企业蜂拥而起，与此同时，人们开始追求舒适、优美的生存环境，两者之间必然产生矛盾。在环境影响评价过程中如果处理不当，必然发生一些事件，这是非常正常的。

（二）当前我国政府管理社会中存在的问题，环境影响评价成为焦点

我国社会建设与社会发展滞后于经济增长，社会发展与政府社会服务滞后于经济市场化和国际化的进程。突出体现在我国社会安全网的建设缓慢，社会

保障覆盖面和公共卫生覆盖面较低。在我国经济与社会发展的过程中，出现了环境问题，贫富差距加大、社会保障覆盖面过低、就业形势严峻、社会事业发展缓慢、政府债务风险与财政风险加大等。目前，人民内部矛盾呈现出新的特点和复杂的情况，社会不稳定、不和谐的因素增加了社会风险。但是，在我国由于长期实施计划经济，没有公众参与的内涵。环境影响评价法是我国首次把公众参与纳入法制轨道。因此借道反映一些公众所关心的问题，例如，借新建项目，反映老百姓的住宅搬迁问题等。在这种情况下，我们要耐心解释，并转给有关部门。

（三）夯实战略环境影响评价公众参与的制度

在推进战略环评的过程中．公众参与的效率不高，其根本原因在于信息公开制度不完善，对战略环境影响评价中公众参与的特点认识不足。要对什么样的信息可以公开、如何保障公众获得这些信息、受政策、计划及规划的直接影响的一般公众，如何确定等方面的问题作出明确的规定。

战略环境影响评价公众参与的层次会高，一些社会知名人士、专业人士等也会参加。我们要充分利用他们对环境保护的关心，推进战略环评的发展。

项目环境影响评价的公众参与在全社会逐步引起重视，例如，厦门 PX 事件等引起了国内外的广泛关注。战略环评的公众参与的方式与内涵会与项目环评有很大的区别。关于怒江水电开发就是一个鲜明的例证。

（四）社会善治[①]——多元主体管理的归宿

随着经济的发展，一个必然的趋势就是形成公民社会，进而达到社会善治。社会善治实际上是国家权力向社会的回归，善治的过程就是一个还政于民的过程，它有赖于公民自愿的合作和对权威的自觉认可。战略环境影响评价主要是对政策、规划的环境影响进行环评，必然引起全社会的重视。

在战略环评中要充分发挥非政府组织的作用，把公众参与职能中的一部分，转移给非政府组织来承担使战略环境影响评价能够为实现善治提供前提。

在进行战略环境影响评价制度设计时，首先抓住核心价值，核心价值体系既是精神理念，也蕴涵着现实的目标追求，“富强、民主、文明、和谐”体现了社会主义核心价值体系的精神。

要逐步把社会环境影响评价纳入环评体系。

① 社会善治在当前最核心的任务，就是妥善处理转型期中国社会利益分化与可持续发展的关系，在政党治理的框架内实现利益矛盾协调和促进共同发展的制度创新。

链接 9-3 新公共管理运动[1]

对“新公共管理运动”本身进行全面、综合的评价，现在还为时过早，因为，它还处在探索和发展的复杂进程之中。但“新公共管理运动”的实践，已经体现出了与传统公共行政模式重大的差异，如更注重管理绩效和管理效率，更注重市场的力量，更注重管理的弹性而不是僵化，更注重公共部门运行于其中的相关的政治环境，更注重私营部门管理方式在公共部门的应用等。“新公共管理运动”的兴起，特别是它业已表现出的新特征及其发展趋势，都明确地提醒世人：一个全新的管理模式已经在公共管理领域逐步形成。在目前改革的实践中，尽管出于操作上的需要仍表现出政府继续承担运动主体的角色，但从这场改革运动的发展趋势来看，无疑包含着对近代以来的传统公共行政模式进行全面检讨的意蕴。

“新公共管理运动”，在一些大规模实践中虽然显示出了生机和活力，但也积淀着不少理念性的矛盾和冲突。例如，从“企业家政府”和“企业化政府”引出的公共机构与私营企业之间的异同比较；在政治家与高级文官签订业绩合同及其评估过程中，如何避免政治和价值观的影响；在以“3E”——经济（Economy）、效率（Efficiency）、效益或有效性（Effectiveness）作为政府绩效的评估标准时，如何协调这三者之间的关系；它对照以公平（Equity）替换经济的政策评估的“3E”标准孰优孰劣等。这些矛盾和问题都将是“新公共管理运动”在未来需要认真面对并切实加以解决的。

金融危机的出现，引起了对新公共管理的争论。

五、后危机时代，环境保护问题在很大程度上还是机制与体制上的问题

后危机时代，气候变化问题已成为全球性的热点、难点和必须解决的重点问题。国际社会已意识到其严重性、复杂性、顽固性和长期性，并从拯救地球和人类的战略、道德高度应对。今后，谁能走在前头，谁就能占领国际战略制高点，进而引领世界新的产业革命。中国经济发展已驶入快车道，但二氧化碳的排放量已经提前达到世界第一的水平。作为世界性的大国，中国不但要正视自身存在的实际情况，而且要努力解决问题。近年来，中国政府为治理污染、节能减排、开发新能源等采取了一系列措施，并取得了有效的成果。中国的产业也极力向环保产业、新能源、新材料迈进，从而在这些领域取得突破性进展，更好更快地走在世界环保产业的前列。但我们依然需要进一步加强环境保护、污染治理，这项工

① http://paupc.blogchina.com/3168119.html.

作依然是任重而道远，因为我国的技术水平还远远落后于世界上的发达国家及其他国家。

1. 后危机时代，我国在经济发展中，环境保护问题在很大程度上还是机制与体制上的问题，但是，环境影响评价工作，必须紧密结合形势，为国家的发展服务，这就是环境影响评价工作的国家责任

如何在政府职能转变和行政管理体制改革的过程中，形成一套能够体现科学发展观要求的地方政府考核指标和行为机制，是体制建设的重要任务。选择一些发展和环保矛盾突出的省市开展规划与政策环评试点。根据不同区域的资源条件、产业现状、生态环境承载能力，来帮助这些省市确定可持续发展的总体战略思路，从而促进省市范围内的生产力合理布局、资源优化配置、产业结构调整、可再生能源开发。在规划环评完成之前，要暂缓、限制和停批有可能加重这些区域环境污染和生态破坏的某些行业建设项目。与此同时探讨环境影响评价的机制与体制问题。

虽然规划环评可以解决许多项目环评所无法解决的环境问题，但规划环评的层次仍不够，许多更大的环境问题，需要在更高层次即大政策层面予以解决。因此，还将尽快开展相应的立法准备和政策试点，争取早日将政策环评纳入法规程序。

为认真贯彻落实中央保经济增长的精神，自从国家推出 4 万亿元经济刺激方案以来，环境保护部共批复项目环评文件 153 个，总投资达 4 700 多亿元。环评既为中央政策措施支持符合扩大内需要求的建设项目开辟了一条“绿色通道”，又为不符合法律法规规定的建设项目设置了一道不可逾越的“防火墙”。在“绿色通道”方面，环境保护部批准涉及交通、水利等基础设施建设项目 31 个，总投资 1 393 亿元。但与此同时，在提高审批效率的同时，环境保护部更加注重“防火墙”建设，对 11 个高耗能、高污染和资源型煤化工、火电项目予以暂缓审批，总投资达 438 亿元，有力地推动了产业结构调整和落后产能的淘汰。

2. 后危机时代，以低碳产业、清洁能源、环保产业等为代表的新兴产业却显现出一番非凡的增长态势。哥本哈根会议表明中国经济发展的态势不会改变，在经济发展中解决环境问题的战略不会改变，因此环境影响评价工作必须强化

2009 年，国家出台的多项财税和金融措施，在危机中找寻到新的经济增长点，带动中国经济结构优化调整。2009 年开始，国家财税部门提高成品油消费税税率，取消了公路养路费等六项收费；财政部等四部委联合开展节能与新能源汽车示范推广试点，补贴消费者，鼓励企业生产、研发节能与新能源汽车；“金太阳”“太阳能屋顶”等计划伴随着一系列政策和意见出台，不断加大对光电建筑应用示范工程的资金补助。

2009 年 5 月召开的全国财政新能源与节能减排工作会议上提出，中国将把应对国际金融危机与建立中长期新兴产业发展机制结合起来，着力支持新能源与节能环保产业发展，培育新的经济增长点。在一系列节能减排举措推动下，2009年上半年，中国单位 GDP 能耗下降 3.35%，进入第三季度，随着宏观经济回升向好趋势增强，中国的能源需求持续回暖。这表明，节能减排工作并未因“扩内需、保增长”受到削弱，而且推动着中国经济加速回暖。

国家发展改革委提供的数据显示，4 万亿元投资计划中，有 2 100 亿元投资将投向节能减排和生态建设工程。在 2009 年财政收支紧张情况下，中央财政全年安排资金 300 亿元用于节能减排支出，并额外安排 80 亿元用于发展可再生能源。

发展低碳经济是结构调整的重要方面，信贷需要“有保有压”，对存在投资过热的部分产业需要收紧信贷，而像新能源和节能环保等产业应投入更多信贷支持，刺激其发展。银监会先后出台了《节能减排授信工作指导意见》《商业银行并购贷款风险管理指引》等一系列政策措施，人民银行、银监会、证监会和保监会联合下发了《关于进一步做好金融服务支持重点产业调整振兴和抑制部分行业产能过剩的指导意见》，要求金融机构减少高耗能、高排放产业信贷投放，淘汰落后产能，推动经济发展方式转变和经济结构调整。

据统计，自 2008 年底至 2009 年 9 月末，中国主要商业银行钢铁、电解铝、平板玻璃等高耗能产业贷款增速分别为 13%、19%、−45%，均大大低于同期 31%的贷款平均增速，信贷结构调整成效明显。

由于国际市场需求疲软以及中国经济规模进一步扩大，扩大内需尤其是最终消费是保持中国经济可持续增长的必由之路。中国经济增长由外需拉动到内需驱动的转变，是 2010 年中国经济发展的主要态势。

2009 年 12 月 7 日闭幕的中央经济工作会议为中国经济发展定下基调：在中国经济企稳向好之际，2010 年经济工作将重点在“促进发展方式转变上下工夫”。强调要“发展战略性新兴产业，推进产业结构调整”，在培育新经济增长点的同时，将坚决管住产能过剩行业新上项目，开展低碳经济试点，努力控制温室气体排放。

可以预测 2010 年环境保护工作的重点也应在推进产业结构调整方面下工夫。环境影响评价工作在向广度发展的同时还要向深度发展。

3. 地方政府是发展的主导，追求效率最大化；建设服务型政府是主持社会公平与正义，在这两者之间的矛盾，有时缓和、有时激烈，因此处理环境保护的机制与体制问题有长期性和艰巨性

发展社会主义市场经济，要求政府职能由传统计划经济体制下的政企不分转向经济调节、市场监管、社会管理和公共服务。如果是这样，切断了地方政府与企业的联系，环境保护工作就单纯了，环境影响评价工作就好做了，因为政府的任务就是服务。但是，现在的地方政府是当地经济发展的主导，负责经济主要是追求效率最大化，但是建设服务型政府主要是主持社会公平与正义，在这两者之间有一定的矛盾，使解决环境保护的机制与体制问题上有一定的困难。

一些地方出现了片面追求 GDP 增长、片面强调经济增长指标而忽视社会发展等倾向，政府不但政企不分，而且，直接操办招商引资，经常出现地方政府的官员亲自出面跑环评。一些领导亲自出面疏通关系。试想，在这种情况下，还要坚持环境影响评价的原则，所以环境影响评价政策的软化是一个很正常的现象，因此，环保风暴还是要掀起的。

如何在政府职能转变和行政管理体制改革的过程中，形成一套能够体现科学发展观要求的地方政府考核指标和行为机制，是机制与体制建设的重要任务。

4．公众参与是环境影响评价工作中的重要环节，在“理性经济”的驱动下，公共政策的主体必然在利益冲突过程中进行公共选择

环境信息的公开是公众参与环境影响评价能够得以进行的前提，没有相应的环境信息，环境影响评价的公众参与就无法进行，公众即使参与也是盲目地参与，甚至仅仅是一些情绪的发泄。这就决定了在环境影响评价过程中，公众必须享有充分的知情权，而一切担负环境保护责任以及其行为对公众环境利益发生实际影响的主体，都有义务和责任公开相关环境信息。其中，政府在环境信息公开的问题上负主要责任，而企业自觉地把环境信息向公众公开，又是环境影响评价得到有效实施的先导。

公众参与环境影响评价的目的在于保护有关受影响群体的利益，同时，也为政府有关部门进行规划与建设项目的科学决策和民主决策提供依据，以保证决策的正确性和民主性。因而，公众参与环境影响评价不过是国家民主行政和公民政治参与的一个环节，其重点在于保证政府行政的科学性，防止行政效率的低下和行政决策的失误。所以，不论是在政策层面的环境影响评价还是建设项目层面的环境影响评价上，都需要公众参与，而公众参与又需要政府将有关环境影响评价的信息向公众予以公开。

继续探索并逐步完善环境保护公众参与的新机制。形成以公民监督举报制度、信访制度、听证制度、环境影响评价公众参与制度、新闻舆论监督制度、公益诉讼制度等为主要内容的公众参与制度。制定更加具体的规章制度和更加可行的程序，例如《公众参与环境保护管理办法》《企业环境信息公开管理办法》等，保障公众对环境保护事务的知情权、参与决策权、监督权、诉讼权，调动公众参与的积极性。特别是要探讨实施公益诉讼的途径和方法，让没有直接利害关系的人也可就社会公益的损害提起诉讼，使行政机关和企业处于公众的监督之下，不敢懈怠。减少行政机关“立法时争权，立法后不管”的现象，促使开发利用和污染破坏环境者自觉采取环境和资源保护措施。

随着科技的发展，公共政策制定越来越需要公众广泛参与，但另一方面公众又由于自身能力不足而渐渐地变得不能参与。当公民的文化素养普遍偏低时，就会导致公民对公共事务参与的低效。受较低水平的生产力制约，使公民参与缺乏必要的知识和技能。我国较落后的教育科学文化状况客观上必将限制公众有效地参与政治。

根据公共选择理论的观点，在“理性经济”的驱动下，公共政策的主体必然在利益冲突过程中进行公共选择，公共政策的制定成为政府与社会公众之间进行的一场政治交易。公共选择理论认为，政府也是“经济人”，也会追求自身利益最大化。政府本身具有特殊利益，一旦出现追求自身利益最大化的倾向，在各种机制不完善的背景下，极易使政府制定的公共政策与公共利益相背离。这样政府就有可能无法有效代表公众实现公共利益，甚至会自发产生规模膨胀、官僚主义等问题。

公众在作为公共政策客体的同时，也是政策主体的一个重要组成部分。公众的“经济人”本性驱动着其通过各种方式，去参与政策制定的利益博弈过程，以为自己争取更多的利益。在现代民主社会中，公民参与是一种间接的“以脚投票”的选择方式，公众通过对政府政策的支持或反对来寻求自身利益的最大化，与政府以及其他团体进行利益的博弈。这种倾向在某些情况下还相当严重，这是一个不能忽略的倾向。

5．后危机时代，战略环境影响评价的发展趋势

20 世纪 70 年代末至 80 年代初，一场声势浩大的行政改革浪潮在世界范围内掀起。在西方，这场行政改革运动被看成一场“重塑政府”“再造公共部门”的“新公共管理运动”。2008 年底暴发了全球金融危机，美国财政权威人士格林斯潘承认没有政府干预是不行的。在这种情况下，如何看待政府与市场的关系，在这个背景下探讨强化环境影响评价的改革很有必要。

坚持政府管理的法制方向，在修订环境影响评价法时，纳入战略环评的内涵。

坚持提高政府的效能与绩效。全球化、信息化的程度的日益提高，使全球性的“政府效能”横向竞争的时代成为现实。政府绩效采用单一 GDP 的时代已经结束，环境保护指标开始作为一个重要指标。

坚持充分发挥各个部门的能力，建立经济与环境协同机制，随着全球经济一体化、环境一体化的趋势，政府各个部门业务交叉增多，建立协调机制成为必然趋势。

坚持政府—社会—公民共同治理模式，单一依靠政府治理国家的传统模式已经成为过去，充分发挥民间组织的作用成为改革的方向。

坚持发挥市场经济的特点，充分利用经济手段。

但无论如何，尽管“新公共管理运动”尚处在艰辛的探索之中，还没有形成一种固定统一的模式，尽管“新公共管理运动”本身还远非完美，还存在着不少批评和毋庸置疑的问题，但 20 世纪大多数国家普遍存在的传统公共行政模式却无疑已经是一去不复返了，“新公共管理运动”及其引发的公共管理模式的变革必将成为一股不可逆转的时代潮流。

环境保护部部长周生贤指出：“要充分发挥环评制度的宏观调控作用，深化环评制度改革，实现从过去单纯注重环境问题向综合关注环境、健康、安全和社会影响转变，开辟‘绿色通道’，设置‘防火墙’，拓宽领域，加强调控，强化验收，全程监管。”这里实际上提出了及时抓住机遇发展环保制度的重要命题。

环境影响评价是我国环境保护制度体系中比较早地引进和实施的管理手段，由于它是在经济活动早期阶段实施的法定制度，预防性功能突出，实施成本又较低，所以一直受到环保部门的高度重视，被视为环境管理的“杀手锏”。环评制度是处在发展之中的，最显著的发展是从项目环评扩展到了战略（规划）环评，扩大了管辖的对象范围。这个变化，立刻提升了环境保护参与国家宏观决策的层次，其意义是显而易见的，并且已在一些地方显现出了实际的效果。

现在，提出深化环评制度改革，从单纯注重环境问题转向综合关注环境、健康、安全和社会影响，这是在新形势下推动环评制度发展的一个重要思路。它扩展了环评的内容范围，使环评进一步成为关注公共利益的制度。

这是以人为本思想的进一步体现。在环境、健康、安全、社会等要素中，相对来讲环境是物质层面的要素，而健康、安全和社会都是比较“人性”的因素。环境影响评价实质上是评估人类活动对人的实际利益的影响程度，因此环评制度仅仅关注物质化的环境是不够的，而应该综合评价由于这些环境影响而带来的对人类利益的影响，做到见“物”更见“人”。

为了使环境保护工作更好地担负起为“保增长、扩内需、调结构”服务的职责。环评制度作为项目和规划审批的必经关口，必须把人民群众的切身利益放在更高的位置，替人民守好这道门槛。

环境保护部的成立，主要目的之一是使环境保护的要求纳入国家宏观决策之中，达到大部制的目标。走向大部制需要一个过程，其中，对环境保护部的职能进行不断扩展和综合是比较现实的做法。环评制度的发展是使环境保护部职能得到积累和发展的一个步骤。无论如何改革，部门之间的边界始终会存在。

科学发展看环保，加强环保靠管理，实施管理靠制度。环境管理制度是环境保护的基石，这块基石必须不断加固和扩大，才能使环境保护承担起落实科学发展观的重任。因此，抢抓各种机遇，及时发展环境管理制度，是我们持续不断的任务。

6．战略环境影响评价的机制与体制的研究，也需要在理论与实践中探索

机制设计理论给我们解决战略环评的机制与体制问题提供了理论依据，如何在战略环境影响评价中，采用资源的有效配置、信息的有效利用以及激励相容的理论。这就需要进一步研究，并且需要进行政策试验。我国建立战略环评的机制与体制还有许多问题去探索。

根据机制设计理论，从经济与环境信息的观点出发，把战略环评的机制与体制看成是各个部门一个信息交换和调整的过程，在统一的经济与环境目标框架下研究达到目标的最佳路径。

机制设计理论认为实践中可以从一个经济机制信息空间维数的大小来评价机制的好坏。从这个角度出发，环境保护战略环评机制设计过程就是针对想要实现的既定目标，寻求既能实现此目标，又要信息成本尽可能小的设计过程。比如设定资源与环境的帕累托最优[①]配置为社会目标时，竞争的市场机制就保证了此目标的达成。然而，竞争的市场机制是否是经济信息效率最高的呢？许多这样的问题需要进行深层次探讨，而且，这种探讨必须理论与实践结合。

激励相容是一个核心概念，他将其定义为，如果在给定机制下，如实报告的经济、环境、社会信息是参与者的占优策略均衡，那么这个机制就是激励相容的。根据这个理论，要对“区域限批”进行分析是激励相容吗？我们应当利用机制设计理论，对环境影响评价进行回顾性评价，这是非常必要的。

激励相容是现代经济学的一个基本假定是每个人在主观上都追求个人利益，例如，污染企业偷排废水，按照主观私利行事。机制设计理论认为除非得到好处，否则参与者一般不会真实地显示有关企业经济与环境特征方面的信息。赫尔维茨（1972）给出了著名的“真实显示偏好”不可能性定理。这样，在制度或规则的设计者不了解所有个人信息的情况下，他所要掌握的一个基本原则，就是所制定的机制能够给每个参与者一个激励，使参与者在最大化个人利益的同时也达到了所制定的目标。这就是机制设计理论的激励相容问题。具体来说，比如环境保护“十二五”规划目标的最大化，战略环境影响评价制定什么样的游戏规则就能够激励环境保护相关者（包括企业、个人、地方机构等）实现这个目标。因而在机制设计中，要想得到能够产生帕累托最优配置的机制，在很多时候就必须放弃占优均衡假设，这也决定了任何机制设计都不得不考虑激励问题。由此，激励相容成为机制设计理论，甚至是现代经济学的一个核心概念，也成为战略环境影响评价机制设计中一个无法回避的重要问题。

---

① 帕累托最优：不管是马克思经济学还是西方经济学，在描述经济社会的理想时，都强调“最大多数人的最大福利”，但是，“大多数人的福利”不只是空洞的口号，要落实到具体行动。现实中如何行事才是实践了“最大多数人的最大福利”的原则呢？意大利经济学家帕累托用数学方法对这一原则作了逻辑严密的描述，并为经济学界普遍认同，于是，人们将符合这一描述的经济现象称为帕累托最优。现在，帕累托最优已成了经济学的理想境界的代名词，指的是已经达到“不损害一些人就不能进一步改善任何人”的状态。用帕累托标准衡量，就是任何经济活动，不损害任何一个人的利益，但至少会使其中一个人收益，这样，社会财富总量就会增加，这就是“帕累托改进”。

后危机时代，更需要机制设计理论，对于我们深入理解“好的市场经济”与“坏的市场经济”，对于我们在改革中所遇到的环境保护机制与体制等许多现实问题都有许多值得参考和借鉴之处。

制度经济学在分析制度的重要作用时，提出了一个很有价值的观点，即在缺乏有效制度的领域或地区，或者一国处在新旧体制转轨时期，此时此地制度效率是最高的。而我国现在正处在这样一个转轨时期，同时环境影响评价也正是一个缺乏有效制度的领域，通过对环境影响评价进行制度经济学分析，从明确产权关系、进行正确的成本收益核算、发挥意识形态的作用等方面来探讨如何使环境影响评价制度发挥应有的作用。

六、环境保护工作应当适应新的形势，把创建舒适、优美、健康的生存环境提到新的高度

后危机时代，全球经济进入中低速增长期，主要发达国家复苏放慢迹象增多。各国发展理念和道路的多样性更加受到重视，构建公平、公正、有序、包容的国际经济新秩序成为趋势。

新技术、新市场将形成新的投资热点，科技创新和产业发展孕育新突破。以绿色和可持续为特征，以信息技术和新能源革命为主导的科技创新及产业发展，将成为未来世界经济发展的主旋律。

1. 后危机时代环境、能源，技术、气候问题成为国际经济政治博弈的焦点

后危机时代，环境、能源、技术、气候等问题成为国际经济政治博弈的焦点。美欧日等发达国家已经纷纷作出跨越危机的先导性战略安排，把新能源、绿色经济、低碳经济、信息产业提升到国家战略高度，大力扶持其发展。美国政府在气候与环保议题上已经发生积极转变，开始全面实施新的国家战略，为确保在新一轮国际竞争中的经济、外交、安全和全球范围内的核心领导力奠定基础。发展低碳技术将成为世界性结构调整的基本趋势，美国计划在 10 年内投入 1 500 亿美元发展新能源，创造 500 万个就业岗位；欧盟提出能源气候一揽子计划，并在 2013 年前出资 1 050 亿欧元支持发展绿色经济。因此，在日本的振兴计划中，60%与低碳相联系；在美国的振兴计划中，40%与低碳相联系。

在这个背景下，发展中国家也要顺应时代发展的趋势，改变过去依赖能源资源投入和“人口红利”求发展的老路，通过应用新技术、新能源，发展新经济，成为大趋势。我国全力推进节能减排，发展战略型新兴产业，努力实现可持续发展。发展绿色经济与低碳经济，短期给我国带来严峻的挑战，中长期内是我国加快改革、着力转变发展方式、由经济大国迈向经济强国的一次重大历史机遇。这个判断，是我国制定“十二五”环境保护规划的基点。

低碳使世界价值体系在发生变化，新的市场在形成。这对我们企业来讲，既是机遇，也是挑战。对重化工业的企业，将要面对很多挑战，新技术的发明，新市场的占领，成为许多企业的机会。

绿色使世界价值体系在发生变化，新的市场在形成。这对我们企业来讲，既是机遇，也是挑战。对重化工业的企业，将要面对很多挑战，新技术的发明，新市场的占领，成为许多企业的机会。

当前低碳经济正在成为新一轮世界经济的增长点和竞争焦点，发达国家在支持本国低碳经济发展的同时，通过设置技术、标准壁垒，通过主导国际节能环保标准的制定，迫使发展中国家以高昂代价进口其技术设备，用新一轮的国际规则，确保其在国际竞争中的优势地位。

在这种形势下，中央经济工作会议明确提出，着力提升产业核心竞争力，用信息技术等高新技术和先进适应技术改造提升传统产业。发挥科技支撑引领作用，培育发展战略性新兴产业。不管将面临何种困难和风险，但一个不争的事实是：一个全球性的低碳时代已经来到了，必须努力占领低碳发展的先机和制高点。

2. “十二五”我国实施包容性增长①是必然的选择。

“十一五”期间国内生产总值年均增长 11.4%，人均 GDP 超过 3 700 美元，目前中国经济总量已排名世界第二。仍处于工业化、城镇化快速发展阶段的中国，消费结构、产业结构酝酿升级，基础设施建设加速推进，社会事业发展方兴未艾，生态环境保护是大势所趋。所有这些，都蕴藏着巨大的市场需求和发展空间。高增长不等于高质量。持续的高增长，累积了不少环境、社会等深层次矛盾，后危机时代、全球经济深度调整之中，中国发展的内部矛盾亦愈加突出。环境承载力的约束，现在的污染物排放的总量已经用到尽头。

“十二五”期间，中国将落实减排目标责任制，强化污染物减排和治理，加大重点流域水污染防治力度，有效控制城市大气污染，严格控制机动车尾气排放，将区域大气环境作为整体进行部署，着力构建和完善区域空气联防联控工作新机制。

内需与外需、消费与投资的失衡，环境资源的不可持续，“大进大出”把污染留在国内的粗放增长模式难以为继。中国经济的结构调整有必要从重点调整产业结构转向全面调整需求结构、产业结构、城乡结构、区域结构和要素投入结构等，难度大幅增加。社会事业发展相对滞后，就业、社保、教育、医疗、住房、收入分配、环保等关系全民切身利益的问题成为焦点，利益主体的多元化则大大增加了解决问题的难度。

---

① “包容性增长”这个概念，是 2007 年由亚行首先提出来的，中国年均经济增速高达 11.65%，但是经济增长过程却出现了一些问题，环境污染严重，社会收入分配不公。经济增长了，特别是贫困人口受益更少。提出通过实现共享式增长构建和谐社会。

中国的经济改革，已经由皆大欢喜的增量改革，进入了痛苦博弈的存量改革阶段。存量改革①更加必要也更加艰难和复杂……所有这些，都是中国政府在制定“十二五”规划中必须直面的难题。

“十二五”时期中国面临的最大风险将是“中等收入陷阱”②，处理不好经济可能陷入长期低迷。发展模式的调整是唯一出路，实施包容性增长是必然的选择。

3．要实现发展方式的根本转变，经济发展速度必须慢下来

（1）资源与环境的承载力已经承担不了经济的高速发展

如果未来 20 年，GDP 增速长期保持 9%，即便“十二五”和“十三五”乃至后十年仍然坚持 20%的节能目标，2020 年能源消费总量将达 47 亿 t 标煤，2030 年还将超过 70 亿 t 标准煤。即使 2030 年煤炭占一次能源消费量的比重能够调整到 50%，届时尚需近 50 亿 t 煤炭，将给安全生产、生态保护、环境治理、和谐社会建设等方面带来难以承受的压力。制定科学、适度的 GDP 增长目标，为调整经济结构、转变发展方式才能留出足够空间。

“十二五”期间，我国环境保护面临的压力非常大，环境承载力已经没有多大的余地，承载不了经济的持续高速增长。“十二五”期间我国还将处于一个工业化、城市化和现代化推进时期，再加上经济发展方式转型可能较慢，经济总量继续加大，这都将大大增加资源环境的压力。此外，新的高位水平上的复合型污染也将给环境保护带来难题。在这些情况下，要想实现 2020 年主要污染物排放总量得到有效控制，环境安全得到有效保障的目标，难度还非常之大。所以适当降低我国经济发展的速度是客观需求。

（2）我国碳减排受到巨大的国际压力，需要控制高耗能产业的发展

适度的“十二五”GDP 增速和产业结构是总量控制之必需。高耗能行业是否还能支撑经济发展？2009 年人均水泥产量已达到 1.24 t，分别是美国、日本和英国 2000 年水平的 3.3 倍、2 倍和 5.8 倍，2006 年我国人均水泥蓄积量已达 17～18 t，即使保持目前年产量不变，10 年后我国的人均水泥蓄积量将达到 30 t，将明显超过发达国家水泥消费饱和时人均水泥蓄积量为 20～22 t 的水平。

如果高耗能行业规模继续保持年均 5%的增长速度，在 10 年内我国就会出现 1 倍于我国现有建筑面积的新建建筑，150 万 km 的新建公路，10 万 km 高速公路，2 000 km 高速铁路，新建 150 个机场。

我国高能耗产品产量已经过高。国内消费不了，只有出口，采取两头在外，

① 存量改革的性质决定了在利益格局的重新划分中，改革并不必然保证部分利益集团利益增加的同时其他利益集团的利益并不必然相对减少甚至绝对减少。

② 到人均 GDP 3 000 美元附近，快速发展中积聚的矛盾集中爆发，自身体制与机制的更新进入临界，很多发展中国家在这一阶段由于经济发展自身矛盾难以克服，发展战略失误或受外部冲击，经济增长回落或长期停滞，陷入所谓“中等收入陷阱”阶段。

环境污染留在国内的发展模式，在低碳时代，不符合我国的国情，因此，我国经济发展速度应当慢下来，把转变发展模式，提高经济发展的质量应当作为主攻方向。

表 9-1 我国高耗能产业 2000—2008 年发展情况 单位：万 t

高能耗产业	2000 年			2008 年		
	中国	世界	中国占世界比重/%	中国	世界	中国占世界比重/%
生铁	12 770	57 009	22.4	47 162	92 712	50.9
钢材	14 121	82 847	17.0	55 321	140 000	39.5
水泥	59 700	175 588	34.0	137 458	270 000	50.9
电石	331			1 349	1 420	95.0
烧碱	648	4 500	14.4	1 718	5 866	29.3
纯碱	803	3 460	23.2	1 553	4 800	32.4
乙烯	479	9 000	5.3	2 431	12 040	20.2

我国从 1990—2009 年单位 GDP 能耗下降了 55%，但由于同期 GDP 增长 6.6 倍，所以二氧化碳的排放总量实际上增长了 3 倍。近年来，重化工业和高耗能产业快速发展，产业结构的变化减缓了 GDP 能耗强度的下降趋势[①]。如果 2010—2020 年，我国 GDP 的年均增长率为 8%，那么 2020 年，全国的能源需求量就将达 50 亿吨标准煤，二氧化碳排放量将达 100 亿吨左右。另一方面，我国已在 2009 年向世界承诺，到 2020 年实现单位 GDP 的二氧化碳强度下降 40%～45%，相应能源强度下降 40%。这就意味着，在保持经济持续增速的同时，还将背负起二氧化碳和化石能源需求减量的重担。

目前，发达国家二氧化碳排放的 2/3 在建筑交通等消费领域，所以他们的减排对策主要是降低消费排放。而我国，70%排放在工农业生产领域，出口产品隐含的碳排放占全国总排放的 1/4 以上，因此转变发展方式，控制和减少转移排放则是我国现阶段的关键对策。

据测算，能源结构的优化对实现 2020 年 GDP 碳强度下降 40%～50%目标贡献率可达 20%左右。虽然，在我国，碳排放的主体是工农业生产领域，但不可忽视，公众有效参与和社会消费模式的转变是向低碳经济转型的社会基础，是对低碳产业发展的需求导向。公众通过选择低碳消费，迫使企业发展绿色经济进行低碳生产。

为此，我国将实施碳减排的政策。国家发改委对中国未来碳排放权交易的发展给出了更为积极的政策信号，透露《中国温室气体自愿减排交易活动管理办法（暂行）》已基本成熟，争取尽快出台，在“十二五”计划（2011—2015 年）

① 坎昆会议后中国减排或提速. 碳排放重在生产领域. 中国青年报，2010-12-20.

开展碳交易项目，以实现2020年我国单位GDP二氧化碳排放下降40%～45%的约束性指标。

所谓碳税，是根据产品加工过程所排放碳的多少收税的一种环境税，在现实操作中也常常采用能源税的形式，直接提高燃料最终用户支付的价格。目前，世界上已有丹麦、芬兰、荷兰、挪威和瑞典五个北欧国家实施了碳税政策，而法国也准备步其后尘，将从2010年起开征碳税与碳关税。我国也准备实施碳税，一开始试行期间大约10～20元/t，以后根据具体情况有所变化。

4．地方政府的作用不能低估

中国现有促进绿色经济实施低碳发展的政策包括三个层面，即国家战略、部门政策和地方实践。战略和政策主要是由中央政府部门负责 制定，地方政府负责实施和落实。而在中国现行的分权制度，特别是财政分权制度下，地方政府被要求对其地方经济发展负更大的责任。所以，在低碳政策实施方面，一个很大的挑战在于很多地方政府为了促进经济的快速发展，消极执行或不执行中央 的政策，甚至很多措施与投资方向与中央的指导原则相违背。这一点需要引起我们足够的重视。

“十一五”以来，中央政府“科学发展”的导向已经十分明确，但是大多数地方和企业并没有给予足够的重视，有的甚至认为节能减排会阻碍其经济发展。目前，对地方政府政绩的评估主要还是以当地的经济发展作为考核指标，而不是绿色经济与低碳政策的执行力。为了刺激经济增长、维持地方的高财政收入，阻碍或降低了，高能耗行业，特别是火电厂、钢铁、水泥等高收益行业的低碳政策的执行力。甚至出现了一些地方政府直接干预环境保护领域执法的现象。因此，中央政府在制定政策时，应该考虑地方政府的政绩考核指标，能够激励地方政府的执行力。

在行政强制下，国家意愿很难转化为地方和企业的自觉行动。为了实现“十一五”减排目标，中央通过将节能减排绩效与地方政府考核挂钩来约束地方政府，地方政府也用同样的方式来约束重点企业。但是，由于地方高耗能 企业的生产规模与地方财政收入直接挂钩，又缺少相应的落后产能退出机制，企业和地方政府节能减排的动力非常不足，出现了“数字节能”和“数字减排”的现象。有时又发生了“拉闸限电“，从而引起居民恐慌的事件。

“十二五”开局之年，地方政府追求GDP的思维惯性得到了一些抑制，与“十一五”规划相比，大部分省区纷纷调低GDP增速。“十一五”期间，广西地区生产总值由3 984亿元增加到9 150亿元以上，年均增长13.7%。在“十二五”规划中，该地区生产总值调低为年均增长10%。内蒙古全区生产总值“十一五”年均增长17.6%，“十二五”时期调低为年均增长12%。北京、上海、广东、浙江等东部省份将GDP增速目标降至个位数，充分显示地方政府淡化与强化经济发展总量目标的矛盾心情，但是强化结构调整、转变发展方式是“十二五“发展的大趋势[①]。

从客观上来看，尽可能地把中央与地方的财权与事权关系纳入法制化的轨道，通过增加政府间纵向转移支付力度来调控和约束地方政府经济的行为，而不是直接控制地方政府首脑的任免来控制和约束地方政府的经济行为，从而在制度化的环境中使地方政府形成正确的政绩观。

我国由于缺乏科学系统的信息公开制度，信息不透明严重阻碍了公众对各项政策的参与。由于政府对政策的宣传解释不足，公众对政策的认知、认同、接受和参与程度都非常低，这不仅大大影响了政策的执行效果，也大大制约了公众对政策反馈和评估机制的建立。由于公众参与的途径极为有限，公众参与的激励机制严重不足等因素。随着政治民主化进程的加速，逐步建立政府—企业—公众共同治理的机制非常必要。

5．制定指标体系，积极推进发展模式的转变，提高经济发展的质量

许多专家建议，“十二五”规划指标应作出调整，在沿用“国内生产总值”和“人均国内生产总值”等 22 个指标的同时，需要增加“劳动生产率增长率”和“居民消费价格指数”等 6 个指标。国务院发展研究中心研究后，提出建议“十二五”规划可以提出 GDP 为 8，我们认为实际上可能为 7 左右。

根据我国经济发展的实际情况，环境保护部应协调中组部将环保指标纳入干部政绩考核指标体系，并加强对地方政府环保目标责任制的指导。进一步加大行政责任追究的力度，实现“查人”与“查事”相结合，公开处理一批责任人，实行环境保护问责制，在此基础上试行对下级政府及有关部门的环境保护行政监察，联合颁布《关于监察机关环保部门在查处环境保护违法违纪案件中加强协作配合的通知》和《环境保护违法违纪处分暂行规定》。将进一步加大政务公开的力度，定期通过新闻媒体向全社会公布违法企业名单，充分利用各方面力量监督违法排污和破坏生态的行为。

其他有关部门也应采取类似行动，形成组合力，强化执行力，只有这样才能尽快转变发展方式，实现“十二五”发展的目标。

6．我国经济发展速度放慢，环境保护工作应当适应形势，把创建舒适、优美的生存环境放在一定的高度上

国务院总理温家宝于 2011 年 3 月 5 日在十届全国人大三次会议上作政府工作报告时说，要抓紧解决严重影响人民群众健康安全的环境污染问题。温家宝说，要以水污染防治为重点，加强工业和城市污染治理，加强农村面源污染治理，加强饮用水源地保护。实行严格的排污总量控制制度，加大环保监督和执法力度。大力推行清洁生产，发展环保产业。继续搞好天然林保护和草原建设，加强风沙

① 多数省（市、自治区）调低“十二五”GDP 增长目标　改造升级并举. 人民日报，2011-01-27.

源治理。我们的奋斗目标是，让人民群众喝上干净的水、呼吸清新的空气，有更好的工作和生活环境。

由于我国长期环境污染严重，据国家环保总局 2007 年统计，全国 1/3 的城市人口不得不呼吸被污染的空气。全国每年有 200 万人死于癌症，而重污染地区死于肺癌的人数比空气良好的地区高 4.7～8.8 倍。北京市肺癌发病率已跃居恶性肿瘤之首，大气污染最重的石景山区，肺癌死亡率比全市平均值高 30%。

现在，许多城市郊区的环境污染已经深入到土壤和地下水，即使控制了污染源短期内也难以修复。全国三大城市群近郊土壤、水体污染问题由来已久。2005 年，国家环保总局调查显示，珠江三角洲几个城市近 40%的农田菜地土壤重金属污染超标。在这些土壤里生长的蔬菜、大米等作物，重金属残留情况不容忽视。

当前，在我国经济发展速度放缓的情况下，环境保护工作要把创建舒适、优美、健康的生存环境作为发展方向，全面提高环境管理水平。环境影响评价工作应当在这个大的背景下，环境影响评价工作遇到了新问题，我们就要有新的视角，新的战略，要把全面提高环境影响评价工作的质量放到应有的高度上。

后 记

本书是在刘鸿亮院士主导的《环境影响评价机制与体制的障碍分析与政策建议》的基础上编写的。在课题研究过程中，得到了环境保护部环评司有关领导的支持，中国环境科学研究院以及环境保护部环境与经济政策研究中心、环境保护部环境工程评估中心以及中关村国际环保产业促进中心等单位领导与专家的大力支持，特别是环境保护部环评司的有关领导以及刘峰、潘英姿博士给予了直接帮助。

对此，我们表示衷心的感谢。

参加本课题研究工作的人员如下：

组长：刘鸿亮　研究员　　中国环境科学研究院

成员：席北斗　研究员　　中国环境科学研究院

霍守亮　博　士　　中国环境科学研究院

曹凤中　研究员　　环境保护部环境与经济政策研究中心

刘伟生　研究员　　环境保护部环境工程评估中心

徐　云　博　士　　中关村国际环保产业促进中心

王玉振　研究员　　环境保护部环境发展研究中心

曹　葵　副教授　　中国人民大学

李　京　副教授　　北京广播电视大学

参加课题的还有吴迪、樊小贤、牛恒云、穆华、栾怡等。

我国环境影响评价工作已经有了很大的进步，环境影响评价管理实现了从“末端控制”向“前端预防”的方向转变。下一步可在战略环评、人体健康以及社会影响等方面拓展和深化，战略环评必将在和谐社会、资源节约型和环境友好型社会建设中发挥更加重要的作用。

我们在环境影响评价机制与体制研究方面，进行了探索性研究，迈出了坚实的一步。但是战略环境实施的机制与体制是一个崭新的领域，涉及的领域多，还有相当的深度，还需要进一步探索。

我国环境总体形势依然十分严峻，随着经济的发展，建立环境影响评价长效机制成为时代的需求。为了更好地为经济发展与环境保护决策服务，中关村绿色国情与战略研究小组在课题研究的基础上，补充了大量素材并进行了分析，由曹凤中、刘伟生、徐云执笔编辑成书，以飨读者。

由于时间匆忙，书中会有许多不当之处，请各位读者给予指正。

中关村绿色国情与战略研究小组

2011 年 6 月 18 日